渠道开发与管理

主　编　董常亮
副主编　黄业妙　黄金芬　邹　平　柯俊绘　雷丽媛
　　　　覃　竞　张　萍　谭婧婧　冯双林
主　审　林家驹　罗　侃　陈　军　李春阳

北京理工大学出版社
BEIJING INSTITUTE OF TECHNOLOGY PRESS

内 容 简 介

本教材总共分为四个项目，项目一是认知营销渠道，包括了解营销渠道的相关概念、确定营销渠道成员、掌握营销渠道的类型；项目二是开发营销渠道，包括设计营销渠道目标、掌握营销渠道的影响因素、制定营销渠道设计方案；项目三是管理营销渠道，包括了解营销渠道管理的内容、掌握营销渠道的招商管理、选择营销渠道终端、帮助终端进行商品的陈列；项目四是维护营销渠道，包括激发渠道成员的积极性、解决营销渠道的冲突、做好终端顾客的拜访等内容。

本教材适用于高职市场营销、工商管理、电子商务、财务管理、会计等财经商贸大类专业学生学习，亦可作为从事市场开发、渠道管理等工作人员学习的参考书目。

图书在版编目（CIP）数据

渠道开发与管理／董常亮主编. －－北京：北京理工大学出版社，2024.1
ISBN 978-7-5763-3072-4

Ⅰ.①渠…　Ⅱ.①董…　Ⅲ.①市场营销学-教材
Ⅳ.①F713.50

中国国家版本馆 CIP 数据核字（2023）第 205885 号

责任编辑： 王梦春　　**文案编辑：** 邓　洁
责任校对： 刘亚男　　**责任印制：** 施胜娟

出版发行 /	北京理工大学出版社有限责任公司
社　　址 /	北京市丰台区四合庄路 6 号
邮　　编 /	100070
电　　话 /	（010）68914026（教材售后服务热线）
	（010）68944437（课件资源服务热线）
网　　址 /	http://www.bitpress.com.cn

版 印 次 /	2024 年 1 月第 1 版第 1 次印刷
印　　刷 /	唐山富达印务有限公司
开　　本 /	787 mm×1092 mm　1/16
印　　张 /	13.75
字　　数 /	320 千字
定　　价 /	72.00 元

前　言

　　数字经济是随着互联网信息技术的发展而出现的一个新词语，凡是直接或间接利用数据来引导资源发挥作用，推动生产力发展的经济形态，都可以纳入其范畴。在技术层面，数字经济包括大数据、云计算、物联网、区块链、人工智能、5G 通信等新兴技术；在应用层面，"新零售""新制造"等都是其典型代表。数字经济是继农业经济、工业经济之后出现的一种主要经济形态，是以数据资源为关键要素，以现代信息网络为主要载体，以信息通信技术融合应用、全要素数字化转型为重要推动力，促进公平与效率更加统一的新经济形态。全球经济的一个重要变革便是数字化，数字经济已经成为全球经济发展的主线。数字经济发展速度快、辐射范围广、影响程度深，正推动生产方式、生活方式和治理方式的深刻变革，成为重组全球要素资源、重塑全球经济结构、改变全球竞争格局的关键力量。在数字经济时代，传统企业渠道的开发与管理方式均发生了巨大的变革。在数字经济时代，企业的渠道如何变革，是任何一个从事企业的经营与管理的工作者都要思考的问题。

　　近年来，随着数字经济的发展，其与实体经济深度融合，催生出更多新兴的灵活就业创业形态。在年轻人职业选择变化的背后，是就业观念的改变，更是数字行业基础设施、产业链条逐渐完善的结果。随着"直播带货"和短视频成为各品牌的销售亮点，一大批年轻人纷纷涌入直播和短视频行业，与企业、平台联动，共同构建全新的就业创业生态圈。

　　数字经济打破了时空界限，模糊了各产业之间的边界，形成了协同、开放的经济模式。随着数字技术发展而兴起，特别是随着互联网技术的进步，众多传统行业的就业岗位也在数字技术影响下发生了新的变化。

　　基于数字经济时代整体竞争体系的变革，在品牌制胜观念的指导下，企业需要重视渠道方面的建设，因此，如何应用移动互联网背景下的数字经济来进行渠道开发与管理显得尤为重要。

　　本教材建立了基于渠道开发工作过程为导向的内容体系，在注重渠道的开发与管理工作的同时，也注入了新零售的渠道管理工作，并且在每个工作任务中通过"思政小故事"环节注入课程思政元素，引导学生树立正确的世界观、人生观和价值观。渠道开发与管理是一项艰巨而又复杂的工作，需要营销人员具有坚韧的工作毅力、责任心以及恒心。学习本教材后，学生可以提高工作能力并树立"终身学习"的理念。

本教材主要有以下几个特点。

一、建立了基于渠道开发与管理工作为导向的内容体系

数字经济时代，更注重利用移动互联网进行线上渠道的开发，如前所述，本教材对渠道和终端的工作进行了整合，创新性地形成了完整的渠道开发工作体系。

二、融入课程思政元素

本教材在每个工作任务中通过思政小故事引入课程内容，可以激发学生的学习欲望，让他们在学习知识的同时也能体会做人的道理。

三、体现了基于能力培养的内容体系设计

在教材中注入了以能力为导向的项目，在项目的任务实施中采用了进阶学习的形式，让学生思考问题，培养学习能力和思考问题的能力。

参加本教材编写的有广西工业职业技术学院工商管理学院董常亮老师负责项目一的任务一、任务二、任务三以及项目四的任务一，黄业妙老师负责项目三的任务三和任务四，邹平老师负责项目二的任务一和任务三，谭婧婧老师负责项目二的任务二，张萍老师负责项目三的任务一，雷丽媛老师负责项目三的任务二，柯俊绘老师负责项目四的任务二，覃竞老师负责项目四的任务三、任务四和任务五，黄金芬老师负责项目四的部分内容编写工作。全书由董常亮老师担任主编，对整个教材的体系进行设计，并负责教材的统稿。在教材的编写过程中得到了广西工业职业技术学院教务处和北京理工大学出版社的大力支持和帮助，在此一并表示衷心的感谢！

此外，在教材的编写过程中，我们得到了合作企业南宁百货大楼股份有限公司新零售事业部李春阳经理的悉心指导，同时，也参考了大量的文献和资料，在此一并表示感谢。

本教材虽经多次修改，但受编者水平及工作经验所限，其中尚存不当及疏漏之处，还望读者批评指正。

编　者

目　　录

项目一

认知营销渠道

项目学习指南

    本项目首先讲解营销渠道的含义、营销渠道的成员。根据营销渠道成员在商品流通中的作用分为参与性成员，如批发商、零售商、代理商、生产商、用户等，除了这些成员之外，还离不开特殊的渠道成员，这些特殊的渠道成员被称为非参与性成员，如运输公司、仓储公司、物流公司、银行等中介机构。其次讲解营销渠道的类型，根据是否有中间环节可将其分为直接营销渠道和间接营销渠道，间接营销渠道又分为一级营销渠道、二级营销渠道、三级营销渠道和四级营销渠道，还讲解了直销与传销的区别。营销渠道有三种选择策略，即广泛性分销渠道策略、独家分销渠道策略和选择性分销渠道策略。营销渠道是一个复杂的系统，渠道成员非常多，根据渠道成员之间的关系亲密程度又可分为传统渠道系统、垂直渠道系统、水平渠道系统和复合渠道系统。最后讲解营销渠道扩张的几种形式，如直营、联营、特许经营、直复营销、收购、快闪店、无店铺营销渠道、连锁加盟等类型。通过本项目的学习，除了掌握了以上知识之外，还需要具备营销渠道开发的能力。

营销渠道的产生与发展

任务一　了解营销渠道的相关概念

▶ **学习目标**

（一）知识目标

1. 了解营销渠道的含义。

2. 掌握营销渠道的类型。

3. 理解营销渠道系统的含义。

（二）能力目标

1. 能够说出营销渠道的含义。

2. 能够说出营销渠道的特点。

3. 能够说出营销渠道管理的特点。

(三) 素质目标

1. 拥有渠道系统化的思维以及对产品市场的认知。

2. 具有团队合作意识、创新精神和执着精神。

3. 遵守团队合作的商业道德。

▶ 任务导入

你想从事创业活动吗？你知道作为一名创业者需要具备哪些精神吗？作为一名创业者，想要自己的事业成功，需要具备敏锐的洞察力、积极的创新精神和敢于冒险的精神，对自己经营的事业要有坚定的信念和执着的精神。如果你刚开始没有什么资金，可以选择开一家小店，当你积累了一定的资金，经营规模扩大之后，就需要考虑采用什么样的商业模式，如何使自己的事业发生裂变。这时，你可能需要掌握系统的渠道开发与管理方面的知识，而本部分内容就是告诉你什么是渠道，为什么要进行渠道开发以及如何进行渠道开发等。

课前思考:

(1) 你知道中国有多少个地级市、多少个乡镇、多少个村吗？你觉得了解这些常识对你的产品推广有什么作用？

(2) 你知道麦当劳、肯德基、星巴克咖啡、沃尔玛等大型公司在全球有多少家分店吗？他们那么多门店是怎么运行的？你了解过什么是商业模式吗？

(3) 如何设计企业的营销渠道？

▶ 任务分析

任何一家企业要想有效地运转，必须建立自己的营销渠道系统，如果公司规模小，刚开始也可以借助别人的营销渠道，采用"借船出海"策略，但最终想要获得更好的发展，还需要建立自己的营销渠道系统。对于创业者或企业的经营者而言，首先要明确什么是营销渠道，营销渠道有什么作用，怎样去建立自己的营销渠道系统。创业者或企业的经营者在对营销渠道系统的知识有一定认知的基础上，选择好营销渠道成员，并且具备相关的营销渠道开发和维系能力，这样才能更好地构建适合企业自身的营销渠道系统。

这就是我们所说的认知+技能=解决问题的方法或对策。

对于任何一个创业者或经营者来说，必须要认识到企业存在的价值和意义所在，这就是我们常说的底层思维。只有明确了底层思维，当我们面对无时无刻不在变化的环境时，才能运用这种底层思维去思考怎样应对环境的变化，才能运用已有的相关技能，才能探索出事物发展的本质，找出解决问题的途径。

▶ 案例导入

广西美加美的渠道开发策略：生鲜便利+本地生活平台

刘功锋进入零售行业迄今已有 18 年了。尽管疫情冲击了很多实体零售店铺，但刘功锋开的每一家实体店都有盈利。他创立的美加美生活超市位于广西南宁，单店面积 100～200平方米，现有 120 多家门店，在南宁当地属于头部连锁品牌。刘功锋创办零售店以来就对店铺做了明确的市场定位，将美加美业态定义为生鲜加强型社区超市，店内 SKU 数约为 2 500

个，其中生鲜销售占比 50% 以上，单店日均销售 15 000 元上下。

刘功锋在创业之初也面临着如何将门店做强做大的困境。他对美加美做了整体的战略规划，同时，他作为创业者，还需要做好两件事情：找到资金，找好人员并重视对人员的管理；此外，刘功锋在渠道方面也做了全面的布局。

刘功锋希望将美加美打造为一个社区生活平台，通过门店吸引周边的高黏性消费者，在此基础上叠加非商超品类、异业合作、增值服务等更多延展点。截至目前，美加美已有 50 万个会员。2021 年尝试引进的某粽子单品，也将合作厂商的年销售额提升了 10 倍。因此在刘功锋看来，该模式具备可行性。

为了"找到钱"，刘功锋一方面强化生鲜供应链，逐步将生鲜基地直采比例从 10% 提升至 50%，发力自有社区拼团，试水强管控下的特许加盟模式，从而在业务端提升单店运营能力及整体盈利能力。另一方面，刘功锋也不讳言，2016—2018 年是美加美的艰难时期，他主要通过银行贷款等方式获取资金，关闭不盈利门店以减轻压力。

在"找到人"方面，刘功锋也尝试了多种激励模式，其中采购、运营、店长是美加美体系中的核心岗位。而刘功锋的管理模式在于，双方确定共同愿景、目标后，总部即充分放权，不设定具体操作流程，从而激发员工自驱力。

如何实现门店快速扩张，从而提高零售店铺的知名度，刘功锋认为提升顾客的黏性是一大关键点，需要将门店打造出差异化。

在渠道开发方面，为了避免与永辉、步步高、沃尔玛等连锁零售企业的竞争，采用回避战略，主打小业态是美加美的机会点。刘功锋将门店开到社区周边，借助生鲜引流，通过日用百货、包装食品等标品盈利，是美加美的重要策略。

这样一来，刘功锋首先要在生鲜上做出差异化。客观来讲，同一季节的生鲜品类大同小异，区域零售企业很难在单品上做出绝对差异，刘功锋便计划从品质上吸引消费者。

刘功锋通过调研后发现，南宁市平均工资水平在 5 000 元左右，整体收入结构呈橄榄型。假定将消费者依据收入自下而上划分为 10 级，美加美对标的即是第 3 级到第 9 级人群。在这些消费人群中，家庭型客群是美加美的重点关注对象。家庭型客群采购时首先会考虑方便，其次重视商品品质，美加美便着力提升生鲜采购品质。为了与本地菜市场等渠道做出差异，刘功锋将基地直采、农户合作、供应商筛选等方式并用，目的便是找到品质优于本地常规供货水平的生鲜供应链。

生鲜不赚钱，刘功锋便将标品作为利润来源。他主要通过两大策略提升综合毛利率。一是提升采购能力，通过引进新品、差异化单品等方式提升商品竞争力。比如美加美今年引进了一款红糖馒头，并且拿到了广西区域代理权，由于这一产品仅在本渠道销售，且口感较好，美加美在这一单品上一年即可做到数百万元销售额。"这对采购的要求很高，而且不能固定一种采购模式，我要求他们根据具体品类制定相应的采购模式。同时，采购也要和运营充分合作，保障这个商品后期的销售及生命周期管理。"刘功锋表示。二是做大酒水饮料、休闲零食等走量品类，结合现金采购等方式，从供应商层面获取毛利空间。

目前来看，美加美开业一年以上的门店均可盈利，刘功锋也对运营团队提出新要求。"零售板块中有上万个 SKU，商品怎么卖的办法很多，我不可能每个都懂，所以我只提要求，或者告诉他们哪个方向是否可以尝试，余下的交给团队去想。"刘功锋说。

他为美加美瞄准了两个尝试方向，分别是线上销售及品类增量。在线上板块，刘功锋是以线上下单、到店自提模式为消费者提供拼团服务。差异在于，刘功锋将其定义为门店的增量补充，即在传统商超品类之外，突破门店陈列面积、动销率限制，为消费者提供非商超品类的拼团服务。

美加美社群拼团不仅可以提供果蔬生鲜、肉禽蛋奶等常规商品品类，还上线了美妆护肤、家纺服饰、数码家电等社区超市承载不了的低频商品品类。其中家电品类中还有售价4899元的格力空调，这在传统社区拼团中并不常见。

由于美加美是从现有的50万会员中发起拼团，因而不需要付出高额的引流成本。同时，因为商品与商超品类重合度有限，不仅有利于美加美为消费者提供更多选择，还能够有效提升客单价。

在渠道开发方面，刘功锋采用的是与供应商建立独家分销的模式，帮助供应商寻找货源，并对供应商提供资金和技术的扶持。比如，现在流行一种小吃脆皮五花肉，他们就找到口味好的商家，帮助商家找生产方，使其批量生产，最后在美加美渠道销售。类似于这样的单品，美加美希望以独家合作形式将 SKU 数做到 100 个以上。"相当于风险共担、利润共享。前期供应商实力不够、资金不足，或者信任度不足，我可以扶持，前期费用我出，甚至合适的话，美加美可以在 10% 的份额内进行投资。但我也不会花过多精力培育，假如说 10 个单品里面能跑出来几个，对美加美来说也是成功的。"刘功锋表示。

随着单店盈利能力进一步提升，刘功锋也想到了通过加盟模式来提升开店速度，获取规模优势。

但是，考虑到生鲜品类具有特殊性，刘功锋认为如果以传统松散型加盟模式运作，虽然短期内能够提升门店数，但极有可能出现加盟商经营不善，进而影响整体品牌的问题。为此，美加美开放加盟的一大标准，就是加盟者必须符合店长岗位的能力要求，从而保障门店品质。

"我也想过开放内加盟，从员工中选择有能力的店长，在总部扶持下开店，但实际操作起来很难跑通。因为开店属于做生意，与员工上班区别极大，想让心态求稳的超市员工具备生意思维，是一件很难的事情。"刘功锋回忆称。

所以，美加美最终采用了合伙直营模式。具体来看，美加美采用后置式收费模式，即前期不向加盟商收取加盟费、管理费，不做商品供货加价，总部会依照直营模式向加盟者提供用户、产品、活动、管理、财务等方面支持。当加盟店盈利后，美加美则会依照一定比例向加盟点抽取前台毛利分成。

"如果我们加盟店合伙人没有赚到钱，公司一样赚不到钱。"刘功锋说。在他看来，做生意就是要让志同道合的人聚在一起，为了共同目标去做大蛋糕。所以，无论是开放加盟店，还是总部团队培养，刘功锋都更倾向于"共产主义"，核心就是在整体提升的基础上，让每个人赚到该赚的钱。

为此，在团队激励层面，刘功锋也会从超额利润中给予团队分成。同时，美加美也允许团队成立单品事业部。只要某一单品销量达到一定规模，美加美即允许其负责团队成立事业部，独立核算，自负盈亏，并享有相应利润。

（资料来源：广西美加美的生意经：生鲜便利＋本地生活平台 https://www.163.com/dy/article/H5CTRV2L0519B9ER.html，2022-04-20，有改动）

思考：刘功锋开店成功的因素是什么？他是怎么利用销售渠道来开拓自己的门店的？

现代管理学之父彼得·德鲁克曾经说过，当今企业之间的竞争，已经不是产品与产品之间的竞争，而是商业模式之间的竞争。在当今复杂而又多变的环境中，企业需要具有竞争思维，才能在激烈的竞争中生存。

知识精讲

一、营销渠道的含义

如果你能够回答以上问题，说明你对营销渠道有一个大致的认识。营销渠道管理已经成为生产制造企业营销部门不可或缺的一项重要职能。根据美国著名的营销学大师菲利普·科特勒所下的定义，营销渠道是指某种产品和劳务从生产者向消费者转移时取得这种产品和劳务的所有权或帮助转移其所有权的所有企业和个人。营销渠道又称为分销渠道、销售渠道、通路等。

为了充分理解营销渠道的概念，需要认识以下营销渠道的特点。

（一）营销渠道是一组路线

营销渠道是由参与商品流通的当事人及组织机构所构成，即由不同的买者和卖者组成，包括协助完成商品流通的各级中间商，如批发商、零售商和各种营销中介。

（二）营销渠道是一条特定的商品流通路线

营销渠道的目的是便于商品流通，这条路线必须是特定的，方便消费者选择或购买产品。只有特定的线路才能加快商品流通，就像高速公路和普通公路，为什么高速公路行驶速度快，普通公路行驶速度慢，就是因为高速公路已经规定了车辆行驶路线。

（三）营销渠道具有稳定性

营销渠道必须是稳定的，如果总是变来变去，会不利于商品的顺利流通。

（四）营销渠道的起点和终点界限分明

营销渠道的起点是生产商，终点是消费者。在商品流通过程中涉及商品所有权的转移，并且所有权至少转移一次，有的商品可能要经过多次转移才能到达消费者手中。在商品流通过程中，商品所有权转移的次数越多，说明商品流通的渠道越长。

（五）营销渠道成员的职责分工明确

营销渠道的目的是便利商品的流通，为了便于商品的流通，参与商品流通的各个组织需要职责分明，这样才能提高整个组织的运行效率。

二、营销渠道的作用

营销渠道是企业重要的经营资产，是企业生产的产品到达消费者所经历的路线或路径。这个路径包括批发商、代理商、经销商、零售商等各种各样的中介，能够为企业带来增值服务。不同的企业、不同的产品所经历的中间环节不一样，但绝大多数产品都要经过批发商、代理商、零售商等环节。营销渠道具有以下几个方面的作用。

（一）具有市场调查的功能

营销渠道成员之间相互交往和合作，彼此之间传递商品的信息，承担着生产者与消费者之间的信息沟通，能够承担市场调查的功能。市场调查的目的是搜集信息，而营销渠道能搜集大量消费者对产品的需求信息和意见，有效地向商家传递信息，从而能够让厂家及时根据消费者的需求做出正确的经营战略决策，调整产品的生产和经营，开发出适合消费者需求的产品。在信息时代瞬息万变的今天，谁能够及时掌握信息，谁就占有主动权。

（二）具有减少交易次数的功能

如图 1-1 所示，假设 A、B、C 为三个生产商，E、F、G 为消费者，如果中间没有渠道成员，则 A 的产品分别到达消费者 E、F、G 需要交易三次，A、B、C 的产品分别达到消费者 E、F、G 需要交易九次；倘若中间有中间商，则交易次数变为六次。这就说明营销渠道能够减少交易次数，降低交易成本，从而提高生产经营的运营效率，便利商品的流通。

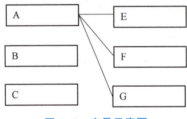

图 1-1　交易示意图

（三）具有承担风险的功能

营销渠道成员包括批发商、代理商、零售商，这些成员为了更好地进行商品流通，必须储存一定的商品，这对生产商来说，可以帮助厂家承担风险，给企业的生存与发展提供可靠的保证。对小型的生产商来说，营销渠道的各个成员起到了分担风险的作用。另外，营销渠道成员由于专业化分工而只承担经销商的功能，这种专业化分工能够提高市场反应能力，减少由于多样化经营所带来的风险。市场营销环境有很多不确定因素存在，比如政治风险、自然风险、经营风险、市场风险等，营销渠道成员加入生产商的渠道系统，需要按照事先签订的协议进行商品经营活动，这对生产商来说，可以承担一部分经营风险。

（四）具有融资的功能

不管是生产商还是经销商、零售商等商品的生产经营者，为了完成商品所有权的转移，承担商品流通的功能，都需要投入大量的资金。有些商品由于生产商具有品牌优势或产品产量比较少，如果经销商想获得产品就必须缴纳一定的预付款，对生产商来说，就相当于事先有了资金，能够更好地促使企业从事产品的经营活动。

资金的融通关系到企业能否长期生存和发展。营销渠道通过各成员形成了一条资金流，各级成员的销售收入通过它汇总到生产商。

（五）具有商品流通的功能

营销渠道的各个成员逐次往上一级订购产品，到生产商时就形成了批量订货。这样一来，一方面降低了生产商的销售成本，另一方面可以使生产商的产品销售更为快捷，加快资金流动，促进商品流通，从而提高企业的竞争力。

三、营销渠道管理的含义

营销渠道管理是指企业对营销渠道成员的开发、获得、保持和利用等方面的设计、组织、领导、激励和控制等活动，目的是协调渠道成员之间的相互合作关系，充分挖掘渠道成员的潜力，调动渠道成员的积极性，提高产品的流通效率，实现企业盈利目标的一系列活动。

由著名的管理学家法约尔对管理的定义可知，管理的职能有计划、组织、指挥、协调和控制，顾名思义，营销渠道管理的本质也是由这些职能活动组成，为了更好地把握营销渠道管理的实质，需要从以下几个方面来理解。

第一，营销渠道管理的最终目的是充分挖掘渠道成员的潜力，促使产品能够快速流通，提高企业的经济效益。

第二，营销渠道管理的对象是所有参与产品流通的渠道成员，包括企业自身的员工、批发商、代理商、零售商以及各种营销中介。

第三，营销渠道管理的主要内容包括各种实物流、资金流、信息流以及促销流等。

第四，营销渠道管理的主要手段有计划、组织、指挥、协调、领导、激励等活动，其核心是调动各个成员的积极性、高效地实现商品快速流通。

四、营销渠道管理的特点

营销渠道管理具有以下几个方面的特点。

（一）营销渠道管理是一项跨组织的管理活动

营销渠道连接了生产商、零售商、批发商、代理商、物流供应商、银行中介等多个组织，这些组织在营销渠道中发挥商品流通和服务的功能，管理的目的是协调各个组织有效运转。营销渠道管理的任务是要把渠道成员的目标统一到整体目标上，使渠道成员能够在完成产品分销的目标同时完成各自的独立目标。

（二）通过渠道管理能够形成价值转换

商品是用于交换的产品，产品由生产商制造出来最终要经过一定的营销渠道才能流通到消费者手中，而产品是否有价值也需要通过消费者的体验体现出来。在这个过程中，经过渠道管理实现了商品价值的转移，所以说，渠道管理能够形成商品价值的转换。

（三）营销渠道管理能够实现商品所有权的转移

产品经过生产商的生产，由各种中间环节流通，发生了产品所有权的转移。在这个过程中，经过代理商、批发商、零售商等环节可能要发生多次产品所有权的转移。相关商品的所有权转移的次数越多，说明商品的营销渠道越长。这些承担产品所有权转移的中间机构只是发挥着重要的协同和辅助作用，并不对商品所有权的转移产生实质性的影响。

（四）营销渠道管理的本质是对人的管理

管理的本质是对人的管理。营销渠道管理虽然是通过对商品流通的管理实现商品价值的转移，但最终还是需要人去实现商品流通的价值，因此营销渠道管理的本质也是对人的管理。在管理的过程中，需要制定一定的规章制度来约束中间环节可能出现的不诚信经营，但更多的还是需要软管理，强调人文关怀。在管理过程中，帮助渠道成员制订营销渠道计划，不仅要告诉渠道成员要做什么，还要考虑他们怎么做，如何调动他们的工作积极性，需要想方设法激励他们努力工作，而不是通过指挥和命令的形式制约他们。

> **▶ 知识链接**

如何进行管理：管理的本质是对人的管理

马克思认为，人是一切社会关系的总和。这说明了人际交往的重要性。人际交往对每个人的工作生活，对每个组织的沟通、运作以及个人与组织的关系都有很大的影响。戴尔·卡耐基曾说，一个人的成功15%是靠他的专业知识，85%是靠他待人处事的艺术。人际交往是社会发展的基本前提。根据美国著名的社会心理学家梅奥的霍桑实验得出：人是社会人，不是经济人。人都有从社会层面获得满足的需要，有交往和被交往的需要。营销渠道管理的本质其实也是对人的管理，渠道成员之间必须是合作共赢的关系，不能唯利是图。对于渠道管理者来说，要想渠道成员之间相互合作，共同维护好渠道之间的关系，就必须注重情感的管理，关心渠道成员的成长。

进阶提示：营销渠道能够创造价值吗？

五、营销渠道发展趋势——打造低碳营销渠道

21世纪已经不是单个企业与单个企业之间的竞争，而是供应链企业与供应链企业之间的竞争。迈克尔·波特提出的企业价值链理论指出，企业价值链并不是孤立存在的，而是供应商价值链、企业自身价值链、渠道价值链以及买方价值链共同构成的一个价值链系统。在产品、广告、促销、宣传等手段同质化竞争的今天，企业只有从整个供应链系统追求成本最低化来获得竞争优势。低碳经济的本质是要求企业从产品的生产到转移至消费者手中所经过的渠道成本最优化，注重生态环境的保护和成本的节约。低碳营销渠道不仅要求产品的低碳化，同时也要求渠道成本的低碳化。现在越来越多的企业加入了低碳经济行列，在企业的生产过程中要控制碳排放量，减少环境污染。对于营销渠道来说，从生产商到经销商的整个产品供应链都需要注重渠道的低碳运营，不断创新技术、创新消费者体验，在产品运营的过程中提高低碳水平。渠道运营低碳化是要求将低碳贯穿于产品的整个生产运营过程，要求低消耗、低排放、低成本的运营模式和消费方式，包括渠道终端注重环保和资源节约，这种低碳营销渠道是未来营销渠道发展的必然趋势。低碳营销渠道的本质是要求渠道供应链成员之间要有协作的系统化思维方式，成员之间相互合作，建立战略合作伙伴关系，这样可以获得稳定的渠道资源，使渠道成员之间产生1+1>2的协同效应。今麦郎饮品与福田奥铃早在2013年3月就进行了跨界融合，在推动绿色物流战略发展的同时，加强企业物流配送能力，力求在销售旺季能以最快的速度将产品送到消费者手中。今麦郎饮品与福田奥铃的合作不单纯是渠道方面的合作，在环保方面也进行了深度合作，推行绿色低碳物流。此外，大众汽车对经销商进行全球统一环保标准认证，对经销商的售前、售中、售后、维修等日常20多个项目的废弃排放、污水处理、噪声消除等方面进行严格的监控；丰田汽车从2009年开始对经销商进行环保审计；东风日产早在2006年就设立了全球标准化的绿色专营项目。另外，低碳营销还要求经营场所低碳化，并建立低碳物流配送体系，促进产品物流低碳化。终端商为了

紧跟消费者需求的变化，逐步采用移动商务进行产品的分销，这一方面有利于渠道朝多样化趋势发展，另一方面有利于减少实体店的经营成本。众所周知，实体店的经营成本高，采用电子商务可以说是发展低碳经济最有效的方式之一。

课外思考：如何打造低碳营销渠道？

思政小故事

数字经济时代如何利用新型渠道创业

近年来，随着数字经济发展与实体经济的深度融合，催生出更多新兴的灵活就业创业形态。在年轻人职业选择变化的背后，是就业观念的改变，更是数字行业基础设施、产业链条逐渐完善的结果。随着直播带货和短视频成为各品牌又一大销售亮点，一大批年轻人也纷纷涌入直播和短视频行业，与企业、平台联动，共同建构全新的就业创业生态圈。

"跨界"主播的成长之路

数字经济打破了时空界限，模糊了产业之间的边界，形成了协同开放的经济模式。新就业形态随着数字技术发展而兴起，特别是随着互联网技术的进步，众多传统行业的就业岗位也在数字技术影响下产生了新的变化。

作为率先实现线上销售多元化渠道覆盖的创新企业，云南贝泰妮生物科技集团股份有限公司在持续优化薇诺娜官方旗舰店等公域流量的同时，积极打造微信小程序等私域流量，并为年轻员工打造了完备的"跨界"平台。

口齿伶俐，思路清晰，谈吐大方，聊起"跨界"主播生涯时，王云表示，自己是贝泰妮法务部的一名工作人员，她在公司还有一个"兼职"身份，就是贝泰妮的直播带货主播。"每个月公司都会提供本月直播的平台及场次，我们可以根据自己的时间提前报名。"王云介绍，自己每周大约有两场直播，时间安排在下班后或周末，每次三四个小时，在淘宝、微信小程序、视频号、拼多多等平台进行直播。

"我能成为跨界主播，公司的支持非常重要。"王云表示，公司多元化的人才培养体系为员工带来迅速成长的通道，"公司为我们搭建了'一站式'的直播平台，提供了全面的主播培训，直播间就设在公司，上下班都非常方便，而公司专业的技术人员则为我们解决了90%的后顾之忧。"

作为贝泰妮的员工，王云的优势也非常明显，相比职业主播，她更了解企业沿革、运营模式和公司产品，直播过程中遇到客户的提问，可以快速专业地为顾客提供更全面的解答服务。"作为年轻人，这段经历给我带来了巨大的收获，可以提高自己的个人表达能力、语言组织能力，减少面对镜头的恐惧，让我这个不擅长言辞的人，成长为可以独立应对很多突发性事件的成熟主播，也找到自己的兴趣所在，在提高收入的同时，也实现了自我价值。"

对于自己未来的职业规划，王云也有自己的想法："接下来，我会深耕法务工作，同时也将继续挖掘自我价值，积极参与公司创新计划。"

年轻人瞄准短视频创业

在充满机会的互联网时代，越来越多的年轻人能够凭借自身的兴趣和能力，坚定地走出一条创新创业之路。中国劳动和社会保障科学研究院发布的《数字生态就业创业研究报告》显示，以微信公众号、小程序、视频号、微信支付、企业微信等共同构成的微信数字生态，在2021年衍生的就业收入机会达到4 618万个，同比增长25.4%。同时，抖音、快手等短视频平台，也为年轻人创造了更多的机会。

　　热爱爵士舞的在校大学生小张，去年4月起将自己的舞蹈短视频上传至抖音平台，短短几个月便斩获上万粉丝，十万点赞。慢慢成长起来的小张，受到多家品牌的关注，商业合作逐渐增多，收入也越来越高，一条商业推广视频的价格从最初的200多元增长至2 000元。凭借扎实的舞蹈基础和认真负责的态度，小张与多家品牌达成长期合作关系。下一步，小张计划开拓更多的社交媒体账号，成为一名优质的自媒体达人。

　　年轻创业者们表示，随着数字经济生态的不断优化，在积极鼓励青年数字化就业创业之外，还应进一步发展新就业形态、建立适应数字社会的终身学习和就业培训体系，强化就业服务，构建适应数字就业的服务体系。

　　（资料来源：数字经济为年轻人带来就业创业新机遇，http://society.yunnan.cn/system/2022/10/10/032310483.shtml，2022-10-10）

　　思考：如何利用数字经济环境带来的机会进行创业？

🔵 任务实践

　　通过对本任务的学习，大家对营销渠道有了一个初步的了解。请利用所学知识，结合案例，分析企业面对环境的变化，如何不断地进行渠道创新？

柯达与家乐福的兴衰

　　任务要求：阅读柯达与家乐福的兴衰历史，写下你的体会，在课堂上与同学们分享讨论。

任务二　确定营销渠道成员

🔵 学习目标

（一）知识目标

1. 了解营销渠道成员的类型。

2. 了解生产商的功能。

3. 掌握中间商的类型。

（二）能力目标

1. 能够正确选择渠道成员。

2. 能够辨别中间商的类型。

3. 能够掌握终端商的功能。

（三）素质目标

1. 拥有渠道系统化的思维以及渠道建设的创新思维。

2. 具有团队合作意识、创新精神和执着精神。

3. 诚实守信，遵守团队合作的商业道德。

▶ 任务导入

在了解了营销渠道相关的内容之后，想要拓展自己的事业，就必须了解营销渠道成员，选择合适的渠道成员来扩大市场范围。营销渠道包括生产企业、经销商、代理商、批发商、零售商以及用户。如何选择这些渠道成员来推广产品，并协调好渠道成员之间的关系对企业的发展至关重要，是每个创业者都要关注的问题。本任务将带领你进一步了解渠道成员的相关内容。

课前思考：

1. 营销渠道成员有哪些？

2. 如何进行营销渠道成员的选择？

3. 营销渠道成员选择的标准有哪些？

4. 如何让渠道成员能够死心塌地地进行产品的销售？

▶ 任务分析

根据营销渠道的定义，渠道是产品流通的路线，这条路线涉及众多环节，这些环节是由不同的经济实体组成。企业建立营销渠道，首先要了解这些成员的组成，掌握不同成员的类型和特点，这样才能更好地协调这些渠道成员之间的关系，使得他们成为一个相互协作的系统，控制好渠道成员的发展。本任务就是帮助大家能够更好地了解营销渠道成员，对他们有更清楚的认识。

▶ 案例导入

为了争夺年轻人，可口可乐看上了"冰"生意？

进入三伏天后，全国多地开启了"火炉"模式，冰淇淋、雪糕也成为话题中心。前段时间"雪糕刺客"的讨论，也让不少小伙伴回忆起小时候吃过的5毛钱的"雪碧冰""可乐冰"，实际上这些随处可见的可乐味、雪碧味产品，并非可口可乐官方出品。

近日，可口可乐北美餐饮服务战略与执行副总裁 Meredith Cagigal 表示，"Frozen"产品线对于这家饮料巨头来说"绝对"（Absolutely）是一个增长领域。

Frozen 是什么？从相关报道中可以看出，对于可口可乐而言，这个业务是一个比较广泛的概念，不仅包括 toB 业务，比如入驻麦当劳等餐饮渠道推出的雪泥杯、布局便利店等渠道的"凝冰机"等，还有一些 C 端预包装冰沙产品。

此前，可口可乐已经在日本、泰国等国家试水"凝冰机"，掀起了一波热潮，当时不少国内网友也表示羡慕。我们发现，最近国内不少便利店、主题乐园等渠道已经陆续铺设了可口可乐的"凝冰机"，吸引了许多美食 KOL、网友打卡。

对于这个潜在的"增长领域"，可口可乐认为它的机会点在哪？将如何开启它的"冰雪奇缘"？

（1）可口可乐要做真正的"冰可乐"

人们对于可乐、雪碧制成的冰沙并不陌生，"0 成本"自制可乐冰沙已经在"民间"流行了多年，那么，可口可乐北美为什么将其视为新的增长点？首先，最显著的就是品牌年轻化。虽然可口可乐凭借可乐这一款产品就已经有非常大的体量，但是始终在尝试品牌年轻化，比如2022年官宣的全球创意平台可口可乐"乐创无界"（Coca-Cola Creations）。

不同时代的年轻人都有各自的味觉记忆。"我们卖了很多可乐，但我们必须关注消费者的去向。"Meredith Cagigal表示，"年轻的千禧一代和Z世代，他们将在品牌未来的销售中占据更大份额，而Frozen有助于把他们先吸引过来，再过渡到更成人化的产品（如零度可口可乐或健怡可乐）。"

根据可口可乐的调查数据，冰沙饮料在年轻消费者中很受欢迎，68%的Z时代和46%的千禧一代会尝试饮用。7-11的思乐冰（Slurpee）甚至成为部分地区的"文化"，比如加拿大温尼伯作为连续50年思乐冰的全球销售冠军，还会举办一年一度的Slurpee活动，当地人会带着各种容器去装满思乐冰。

其次，则不得不提到2016年可口可乐提出的"全品类战略"。Meredith Cagigal根据GONGOs Research的数据分析，消费者通常对可乐的单一口味有忠诚度，但是在选择冰沙产品时，他们更乐于尝试不同口味，只有19%的消费者每次购买都坚持选择相同的口味。年轻人喜欢尝试新鲜事物，也就降低了新口味的"破冰"成本，通过Frozen，可口可乐可以基于原有产品进行品类延伸，推出不同口味的冰沙，比如芬达味。

Frozen还可以帮助一些具有明显消费场景的品类拓展新场景，比如咖啡通常是清晨购买的提神饮品，如果变成冰沙形态，可以让消费者在不同时间段都有兴趣尝试。

此外，与其他品牌不同的是，可口可乐的渠道不止零售货架，而是已经铺设了非常广的渠道，在餐饮、便利店、娱乐场所随处可见，对于冰沙品类，这些渠道都可以复用，对可口可乐也是一种叠加品牌Buff的玩法。

（2）可口可乐的"冰雪奇缘"

在洞察到Frozen产品线的增长潜力前，可口可乐在这一领域已经布局多年。可口可乐已推出的冰沙产品覆盖了多个旗下品牌的产品口味，比如冰沙版的美汁源热带水果、爆锐山莓味运动饮料等。Cagigal表示，将芬达、美汁源等品牌带入Frozen系列，它们就不仅仅代表碳酸饮料或果汁品牌，而是可以跳出品类限制，拥有了更多想象力。

目前，可口可乐还在计划改进Frozen饮料的口感，其品类战略和创新总监Melinda Pritchett在一封电子邮件中表示，可口可乐正在探索将氮（而不是传统的二氧化碳）加入Frozen饮料，使其拥有更加绵密的质地，并表示可以"彻底改变冰沙饮料的饮用体验"。

在日本这个"产品研发试验田"，可口可乐日本更是尝试开发了一种新的饮用形式——冰沙吸吸乐，首次推出于2018年，并在2020年进行了回归发售。据悉，这是可口可乐日本花了8年时间研发出来的，探索了70多种成分、100种产品原型。由于经过冰冻程序，这款可乐冰沙里没有碳酸成分，可口可乐称利用柠檬的酸味和碎冰也能制造刺激口感。Meredith Cagigal表示，"具有年轻核心人群的便利店是新的Frozen产品试验场。"2016年夏天，可口可乐在美国印第安纳波利斯的20家Speedway便利店首次推出了Arctic Coke，可口可乐发现，在投放了Arctic Coke售卖机的地区，销售额增长了15%～20%。后来，可口可乐在香港悄悄试销，并在日本、泰国等市场陆续上线了这一黑科技，在Youtube、Instagram上受到了不少网友的关注。

有网友提到，2010年上海世博会时，可口可乐馆中就有免费赠送体验，但在中国大陆真正布局，是近几年才开始的。我们注意到，在抖音、小红书等平台，已经有很多网友发布

"凝冰机"的体验视频，一度成为"网红"。

（3）"网红"进中国，动作静悄悄

比起欧美、日本等市场多元化的 Frozen 产品，可口可乐在中国大陆市场目前主要是在区域布局雪泥、凝冰机。从渠道、网友种草等多方信息来看，可口可乐近些年已经在着手推动便利店市场，比如部分 7-11、便利蜂、家乐福、盒马等；相比于前两年主要集中在南方市场，今年已经向北拓展，比如江苏、安徽等，北京此前"只有两台"，但如今已经有不少点位上线；还有一些主题乐园，比如长隆、中华恐龙园等也已落地使用。但是目前可口可乐在中国市场的动作是相对"保守"的。

一方面，与日本、美国市场，在 B 端和 C 端都有尝试不同，Frozen 产品布局主要向 B 端倾斜，以提供"凝冰机"等机器为主。笔者公司楼下的全家曾出现过"凝冰机"，但目前已经撤出，店员表示不了解原因。

另一方面，除了区域性的可口可乐官方微信，或是部分便利店、游乐园等渠道方将其作为吸引消费者的方式，可口可乐官方的广告投放较少，几乎都是网友自发性打卡。并且目前的推广主要是以营销玩法为主，用主题活动的形式吸引消费者购买可乐，赠送体验券，更像是与消费者对话的一种方式。相比欧美、日本市场来看，中国市场的"冰生意"既有阻力，又有潜力。从阻力上来看，在遍地的茶饮、咖啡店里，冰沙类饮品已经非常常见，且口味丰富多元。同时，冰沙品类受季节限制，消费者集中于夏季，冰沙机实际使用时间不长，再加上投入、维护成本比较高，很难在便利店大范围铺开。

生活在广东地区的 80 后、90 后的童年里也有思乐冰，买最小号的杯子打到最满，还可以第二杯半价，只要 3 元一杯（现在已经涨价至 5 元），但不少当地博主透露，现在还在售卖思乐冰的 7-11 门店已越来越少，口味也只有两三种。

但从潜力上来看，随着便利店等渠道覆盖面越来越广，相比茶饮店而言，购买更方便、价格通常也比较低廉的便利店冰沙产品，可以面向更多消费群体。

FBIF 注意到，百事可乐也于 2021 年 10 月在成都 20 家盒马鲜生门店布局了"爆冰机"，但其操作方法与可口可乐有所不同，是从爆冰机中取出过冷的液态可乐，打开瓶盖注入空气后，再拧上瓶盖手动敲敲瓶身，可乐将瞬间变成冰沙。

（资料来源：为了争夺年轻人，可口可乐看上了"冰"生意，http://www.linkshop.com/news/2022490973.shtml，2022-07-27）

思考：可口可乐进入"冰"饮料市场给你什么启示？

> **名人语录**
>
> 研究任何过程，如果是存在着两个以上矛盾的复杂过程的话，就要用全力找出它的主要矛盾，抓住了这个主要矛盾，一切问题就迎刃而解了。
>
> ——毛泽东

任何事情，任何决策都有两面性，看问题要用辩证的、一分为二的观点来看待，这样所有的矛盾，所有的问题都能够得到很好的解决。

做营销就是做市场，归根结底就是做渠道，渠道畅通了，其他所有的工作都能够顺利开展。如果不以渠道为中心，其他的工作都是徒劳。

▶ 知识精讲

一、营销渠道成员

营销渠道帮助渠道成员实现商品的转移，最终完成商品流通，进入消费环节。在这个流通环节，需要不同的成员担任不同的角色，如果没有这些参与者，商品很难实现流通。企业建立营销渠道，必须熟悉这些渠道成员，并了解这些渠道成员在商品流通过程中担任的角色以及所承担的功能，这样才能更好地协调渠道成员，控制渠道的发展。美国著名的战略管理学家迈克尔·波特的价值链理论，其核心思想是企业的所有活动都是一组密切相关的群体提供的活动，企业的价值创造离不开九个活动，这些活动包括基础性活动，如内部后勤、生产运营、外部后勤、销售和服务；还包括支持性活动，如企业的基础设施、人力资源管理、技术开发、采购等。根据企业价值链的理论，构成价值链的任何一个组成部分，都是营销渠道成员。各个企业在商品的流通过程中承担着不同的功能并扮演着不同的角色。商品通过流通最终实现价值的转移和创造，而价值的创造离不开价值链的所有环节。

现代企业之间的竞争已经不单纯是单个企业之间的竞争，而是供应链与供应链之间的竞争。按照传统的营销理论，渠道成员是指生产商、代理商、经销商以及用户。根据迈克尔·波特的价值链理论，企业营销渠道成员除了这些之外，还必须有相关的支持者参与，这些支持者包括物流供应商、市场营销研究机构、运输公司、市场调研机构、银行等中介机构，这类渠道成员被称为特殊的营销渠道成员。在营销渠道成员的分类中，我们根据是否发生了商品的所有权转移或是否实际参与了商品流通，将成员分为营销渠道的参与者和营销渠道的非参与者。参与者就是我们前面所说的生产商、中间商、经销商、代理商以及消费者或用户等这些基本的营销渠道成员。基本渠道成员对商品的流通以及良性运作起着至关重要的作用。因此，我们要重点关注基本营销渠道成员的发展。

根据菲利普·科特勒的顾客让渡价值理论可知，想争取更多的顾客，就必须在激烈的市场竞争中，比竞争对手提供更多的让渡价值，而这些价值的提升就必须依靠价值链的所有成员相互合作，产生协同效应。所以，认识渠道成员，并根据不同的企业以及不同的产品选择合适的渠道成员显得非常重要。

（一）生产企业

营销渠道管理是生产商为了实现企业分销的目标而对现有渠道进行管理，以确保渠道成员能够相互合作，其目的是谋求企业利益最大化。生产企业是营销渠道的起点，这里的生产企业既包括制造型企业，也包括服务型企业。没有生产企业生产的产品，也就没有营销渠道，生产企业在营销渠道中具有举足轻重的作用。

1. 生产企业管理渠道的内容

生产企业在渠道管理方面需要考虑以下几个方面的问题：向消费者提供什么样的产品或服务；为了向消费者提供这些产品或服务需要通过什么样的渠道；为了能够提供最优质的产品或服务，需要寻找合适的供应商，其主要内容如下。

（1）做好产品的生产管理。

无论是服务型企业还是制造业企业，生产管理是其最基本的职能。只有生产的产品质量好，才能加快产品的流通。生产企业管理的内容比较多，既要做好产品生产原材料的采购管理，又要做好生产过程的计划和控制管理，还要做好生产的运作管理。在经济全球化的今天，企业生产管理的内涵和要求进一步提高，为了尽可能降低企业的生产成本，就必须进行全球资源配置，做好产品原材料供应的控制和加工，以最快的速度满足市场和消费者的需求。在消费者需求多样化和个性化的今天，企业的生产还应提供个性化、有特色的产品。在能源稀缺的今天，如何做到生态环保、清洁能源、节能降耗、限制有害物的排放也是生产企业管理需要考虑的重要问题。

（2）对供应商的管理。

供应商是指那些向生产企业提供产品或服务并相应收取货币作为报酬，可以为企业生产提供原材料、设备、工具及其他资源的企业。供应商可以是生产企业，也可以是流通性的服务型企业。供应商对企业的物资供应起着非常重要的作用，企业要维持正常生产，就必须有一批可靠的供应商为企业提供各种物资供应。生产企业为了保证生产的顺利进行，必须加强对供应商的管理，供应商供应的货物必须及时，并且供应的原材料质量要可靠，这样才能保证生产产品的质量。

对于生产企业来说，供应商数量非常多，从供应链的角度来看，任何一个环节出了问题，对生产企业的加工生产影响都非常大，因此，生产企业在选择供应商时要非常慎重。选择好的供应商，不仅能够保证生产企业的生产顺利进行，还能够促使生产企业更好地生产，并形成自己的竞争优势。

课堂思考：如何加强对供应商的管理？写下你的体会与同学们分享。

（3）加强对经销商的监督和管理。

生产企业为了能够集中精力进行产品的加工，有时会将产品外包给经销商来进行产品的销售，在产品的销售过程中，经销商出于自身的利益有可能会出现机会主义，因此，生产企业还必须加强对经销商的监督和管理。此外，生产企业还须妥善处理销售过程中出现的产品破损、变质、顾客投诉等方面的问题。

（4）加强对经销商的促销等方面的支持。

为了提高经销商销售商品的积极性，生产企业还必须设计一些促销手段，以此来提升经销商销售商品的热情和动力。

（5）加强对经销商的订单处理工作。

生产企业必须做好经销商的订单处理，并根据订单情况进行原材料的采购和加工生产，为了规避风险，还要加强对经销商的结算管理，同时还要做好经销商的发货管理。

（6）做好经销商的培训工作。

为了更好地让经销商进行产品销售，生产企业述需要对经销商进行产品、企业文化等方面的培训，增强经销商的产品销售信心。为了避免经销商之间产生冲突，还要协调经销商与经销商之间的合作关系，做好市场的监督工作，营造良好的销售氛围。在对经销商进行管理的过程中要做到以理服人，树立产品的品牌效应。

课堂思考：如何做好经销商的管理？作为合格的经销商需要具备哪些条件？写下你的体会与同学们交流。

2. 生产企业控制渠道的方式

对于生产企业来说，营销渠道是其发展的重要的无形资产，同时也是变数最大的资产。营销渠道的成员有很多，以经销商为例，经销商为了获得收益，很少只经销一个品类的产品，往往会和多个生产商合作。生产企业要想经销商把重要的资金、人员、销售网络投向自己，就必须想方设法留住经销商，和经销商结成战略联盟的合作伙伴关系，共同发展。生产企业控制渠道的方式主要有以下两种。

（1）绝对控制。

绝对控制是指生产企业能够控制渠道成员的销售政策、价格，能够自由地选择经销商销售其公司的产品。采用绝对控制对某些类型的生产企业来说有着很大的好处，利用绝对控制可以让经销商努力地销售公司的产品，也可以防止经销商进行价格竞争，而从保证获得良好的经济效益。

（2）低度控制。

低度控制是指生产企业不能控制经销商的价格和销售政策，只能对经销商提供具体支持、协助营销渠道成员，大多数生产企业属于这种低度控制。

生产企业对渠道成员的低度控制可以是派一些业务代表进驻中间商进行监督、指导，帮助渠道成员进行产品销售。还可以对中间商进行一些商品陈列、产品知识、商品销售等方面的培训或业务指导。当前比较流行的是厂家开设柜台销售或店中店的形式。

生产企业对渠道成员控制的方法主要是通过多种方式来激励渠道成员的销售积极性，可以通过提升企业知名度，树立品牌效应，增加经销商销售产品的热情和积极性，还可以通过树立公司的愿景来提高渠道成员的销售信心。

二、中间商

中间商是介于生产商和消费者之间，起到商品流通媒介作用的经济组织或个人。根据中间商在商品流通中是否拥有商品所有权可分为经销商和代理商。根据销售对象的不同又分为批发商和零售商。

（一）中间商的作用

1. 能够促使商品的交换

由于专业化分工，中间商专门从事商品的交换，有固定的消费人群，了解消费者的需求，能够促使商品实现交换。中间商的存在，能够减少消费者寻找商品的工作量。

2. 能够简化交易，提高流通效率

中间商在商品的流通过程中相当于"蓄水池"，能够调节供给与需求之间的矛盾。中间商的存在能够给消费者和生产商带来便利，简化交易次数，提高流通效率。中间商能够降低消费者的搜寻成本，对生产商来说，可以降低流通成本。

3. 能够扩大商品的交易范围

生产商虽然也可以进行商品的销售，但他们的主要工作是产品的生产或加工，而中间商是由专门的销售人员组成，擅长产品的营销，对市场非常了解，有着丰富的营销工作经验，业务范围比较广泛，能够扩大商品的交易范围。尤其是对企业开发的新产品来说，中间商能够更好地帮助公司进行产品的推广和销售。

（二）中间商的类型

1. 批发商和零售商

中间商根据购买的目的不同可分为批发商和零售商。批发商是指向生产企业批量购买产

品，然后又以批量的形式转售给零售商、产业用户或各种非营利组织，不直接服务于个人消费者的商业机构，处于商品流通的中间环节。批发商在商品的交易过程中只是大量地出售产品，而不提供零售业务。零售商是指将商品直接销售给最终消费者的机构或个人，是商品流通的最终阶段。零售商便于消费者购买商品，是生产商、批发商和消费者之间的桥梁，在营销渠道中具有非常重要的作用。

2. 经销商和代理商

经销商是指拥有商品所有权的中间商，经销商能够赚取商品的差价，但需要承担更多的经营风险。代理商是指不拥有商品经营的所有权，受委托机构或个人委托代销商品，在商品的交易过程中不赚取商品的差价，而只收取商品的佣金作为回报。经销商在产品流通中拥有产品所有权，利润来自加价销售，受厂家控制较多。代理商在产品流通中不拥有产品所有权，利润来自销售佣金，受厂家控制较少。

课堂思考：什么样的经销商才能称为"大户"？谈谈你的看法。

好的经销商要满足四个条件：进货贡献、销量贡献、利润贡献和品牌成长贡献。

代理根据销售方式不同可分为独家代理和多家代理。独家代理是指生产商授予某个代理商在某个区域市场拥有独家销售权，其他代理商或经销商不得在该市场上销售其产品的一种代理形式。这种形式能够使厂家获得代理商的充分合作，代理商也乐意为代理的产品进行产品的宣传和推广。

多家代理是指生产商在某一个区域市场选择多家代理商，共同开发该市场。优点是代理商之间会相互竞争，厂家拥有更多的销售网络；缺点是可能造成代理商之间的恶性竞争。

进阶提示：A企业拟开发一个全新市场，应采用经销制还是代理制？谈谈你的选择及其理由。

三、终端商

终端是渠道的末端也是渠道的出口，是购买者实现商品购买的场所。终端的主体被称为终端商，在营销渠道中发挥着重要的作用。

（一）终端商的含义

终端商是指将商品销售给消费者的中间商，相对于批发商和生产商，处于商品流通的最终阶段。

（二）终端商的地位和作用

终端商的基本任务是服务最终消费者，在营销渠道中具有非常重要的作用，它的基本职能包括采购、销售、调货、储存、加工、拆分、传递商品信息、提供销售服务等。根据现代营销组合原理，终端商的职能是能够方便消费者购买，与消费者及时进行沟通，为消费者提供便利，同时又是连接生产企业、批发商、消费者的桥梁。

终端商是营销渠道的最终环节，经营的对象是消费者，可以通过商品的陈列和促销活动促使消费者产生购买欲望，以促进商品的销售，加速商品的流通，从而完成商品最终价值的实现。终端的发展对整个国民经济的发展起着至关重要的作用。

（三）终端商的类型

由于消费者的需求呈现多样化、个性化的特征，因此，终端商的类型也呈多业态趋势发展。目前，我国终端商主要有超级市场、百货商店、专业商店、专卖店、连锁商店、折扣商店、便利店、杂货店等各具特色的多种业态形式，而且随着消费者需求呈现移动化、网络化的特点，终端商的类型也在不断创新。对于具体的终端类型的经营特点，在后面的项目进行介绍。

进阶提示：如何提高终端商的竞争力？

四、消费者或用户

消费者或用户是营销渠道的终点，也是渠道的末端。企业所有的营销活动都是围绕着消费者或用户。渠道管理的最终目的是以现代营销组合（4C）为中心，即在适当的时间、合适的地点以最快的速度满足消费者的需求。消费者或用户也承担了部分营销渠道的功能，比如消费者到某个终端商的交易场所购物，需要就商品所有权的转移进行谈判、议价、成交并付款，有的消费者也要承担商品的运输、拆卸、包装、储存，还要对商品进行养护和维修，从这个意义上来说，他们也是渠道成员的参与者。

随着移动互联网、信息技术、社群团购的发展，消费者慢慢改变了传统的线下购物方式，喜欢利用碎片化时间进行网络购物，这给传统的商超等渠道的发展带来了很大的危机。如何抓住消费者，获得消费者的青睐，也是渠道企业在思考的问题。现在很多传统的零售企业在尝试线上营销、直播带货，其根本目的也是获得更多消费者的关注。另外，消费者通过移动通信工具在网上下单，购买定制商品，大大缩短了营销渠道的长度，因此对于传统的营销渠道来说，必须适应这种环境的变化，进行渠道的重新组合，为消费者和用户提供高性价比的渠道服务。

在选择营销渠道成员时，相互之间要树立合作共赢的发展理念，坚持以绿色发展为导向，促进人与自然和谐共生，必须牢固树立和践行绿水青山就是金山银山的理念，站在人与自然和谐共生的高度谋划发展。

▶ **思政小故事**

习近平总书记强调，要攀登事业顶峰，就要心无旁骛专攻主业。要想做一件事，就必须心无杂念，专心致志，不要做着这件事，想着另外一件事。做人也是一样的道理，一个人要有所成就，要在事业上取得成功，就必须专注于一事。曾国藩曾说过："凡人做一事，便须全副精神注在此一事，首尾不懈。不可见异思迁，做这样，想那样，坐这山，望那山。人而无恒，终身一无所成。"创新需要经验的积累，不能浅尝辄止，望秦暮楚，只有在一个行业中持之以恒，坚持耕耘，才能知道这个行业哪里存在问题、痛点是什么，才容易找到创新的突破口。专注才能卓越，专注才能专业，专注才能成功。做什么事情都不能浮躁，要不厌其烦，不畏其难。乔布斯说过："创新来自对 1 000 件事情说'不'，唯其如此，才能确保我们不误入歧途或白白辛苦。我们总是在想，可以进入哪些新的市场。但要学会说'不'，这样你才能集中精力于那些真正重要的事情。人生中最重要的决定不是你做什么，而是你不做什么。"只有专注才能达到事业的顶峰，只有专注才能成功。在专注中干成事情，要坚持精雕细琢、精益求精的精神，发扬工匠精神，立足于自己的本职工作，要干一行，爱一行，这样才会成功。渠道管理的工作也是一项非常细致的工作，需要有执着的精神，把工作做到细致。

黄大年放弃在英国丰厚的待遇，为祖国的科研事业贡献自己的毕生力量。为了弥补在国外 20 多年的时间，回国后，黄大年一直一心一意致力于地质资源的勘测，昼夜钻研、不浪费一分一秒，攻克难题。正是他这种锲而不舍的精神，最终带领团队创造了多个"中国第一"，他住院期间也在为自己的学生解答疑难问题。这种专注的事业精神值得我们每个人学习。

任务实践

通过本任务的学习，在了解营销渠道成员的类型之后，要懂得如何与营销渠道成员合作，并认识到成员之间合作的重要性。渠道成员之间究竟采用哪种控制方式比较好？通过阅读材料，分析宝洁公司对分销渠道控制的案例，并进行分组讨论。

宝洁公司对分销渠道的控制

宝洁公司每开发一个新市场，原则上只找一家经销商，派驻一位厂方代表，在经销商营业处办公，负责管理该区域的市场开发事务。

宝洁公司要求经销商组建宝洁产品专营小组，由厂方代表负责日常管理，实现百分之百的控制；宝洁公司还协助经销商制定各种营销方案，提供专业销售培训，提供进场费、陈列费等支持，以实现最佳的销售陈列、最大的网络覆盖；在厂方代表、专营小组的共同努力及宝洁公司的大力支持下，宝洁公司将控制市场的无形之手，直接延伸到零售终端，最大限度地控制了经销商。

思考：宝洁公司对分销渠道的控制是属于哪种控制方式？

任务三　掌握营销渠道的类型

学习目标

（一）知识目标
1. 了解直接渠道和间接渠道的含义。
2. 掌握长渠道和短渠道的含义。
3. 掌握渠道选择的策略。

（二）能力目标
1. 能够辨别直接渠道和间接渠道。
2. 能够进行长渠道和短渠道设计。
3. 能够正确进行渠道策略设计。
4. 能够选择合适的渠道扩张模式。

（三）素质目标
1. 具有创新思维和系统化设计的能力。
2. 具有渠道创新和人文关怀精神。

任务导入

了解了营销渠道成员之后，就需要更进一步知晓营销渠道的类型，看看自己要选择什么样的产品创业，不同的产品需要选择不同的渠道类型，并采用不同的渠道选择策略。

课前思考：
1. 营销渠道有哪些类型？
2. 什么是直接营销渠道，什么是间接营销渠道？

3. 营销渠道选择的策略有哪些?

4. 营销渠道系统结构有哪些类型?

任务分析

营销渠道是由不同成员组成的一个相互协作系统,成员之间会形成各种不同的关系,这些关系就是营销渠道系统。企业建立营销渠道,必须要了解营销渠道系统的组成,并且熟悉我国营销渠道发展现状及趋势。

案例导入

薇娅"杀死"淘宝直播

淘宝直播曾是淘宝内容生态最为外人所称道的存在。2016 年 4 月 21 日,淘宝上线了淘宝直播。同年 5 月,薇娅成为淘宝平台的主播,三个月后,薇娅在淘宝主播 PK 赛中一小时卖了 2 万单,赢得第一。薇娅生于淘宝,与淘宝是共生共存的关系。2021 年,薇娅因偷税漏税被罚 13.41 亿元,没有淘宝直播,就没有"带货一姐"薇娅。从另一个层面来看,没有薇娅,亦没有如今的淘宝直播。薇娅、李佳琦们定义了淘宝直播,而随着薇娅的陨落、李佳琦的"出淘",尤其是抖音、快手等外部竞争对手的强势追击,淘宝直播也迎来了成立以来最大的危机。

1. 薇娅走后,淘宝阵痛

薇娅走后,留下了无人承接的巨额流量。薇娅偷税罚款事发后的几天,李佳琦直播间的热度一度高涨,然而不过几天,热度又回归到正常水平。

2022 年 3 月 8 日,李佳琦完成 28.25 亿元的销量,超过 2021 年 3 月 8 日薇娅和李佳琦的 7.9 亿元销售额记录。但从粉丝量上看,大促后李佳琦涨粉 30 万,目前粉丝 6 252 万,远不及薇娅的 8 000 多万元。

李佳琦无法消化薇娅的流量。在选品上,李佳琦的直播间以美妆为主,主要面向女性和年轻消费者,而薇娅的直播间品类齐全,涵盖家居、服饰、食品等方方面面,是一个全品类主播,受众群体更广。薇娅走后,很多薇娅曾经的粉丝感叹想看直播不知道该看什么了。

随着薇娅倒下,薇娅的粉丝们也离开淘宝,他们的时间与购物预算被分散在各大 APP 之中。

现在的淘宝直播仍然按照稳定的秩序运行着,但变化在悄悄发生。薇娅走后,薇娅团队将精力投入到新的账号"蜜蜂惊喜社",这个账号有 6 名主播,都是以前薇娅直播间里的熟面孔,而"蜜蜂惊喜社"共有 339.5 万粉丝,日常直播的热度约为 730 万,远不及李佳琦,更比不上薇娅曾经的热度。

薇娅曾经合作过的品牌被转移到这个新账号上,如玉泽、Ubras、嗨吃家、完美日记等,但蜜蜂惊喜社 700 万的热度,比薇娅当时的场均 2 000 多万的热度,依然有很大的流量缺口。流量缺口不可怕,可怕的是无人承接。在 2021 年"双十一"的巅峰时期,淘宝两位头部主播薇娅和李佳琦分别完成了 82.52 亿元和 106.53 亿元的销售额,第三名雪梨的销售额仅为 9.3 亿元,与薇娅相差 70 亿元。

两位头部主播以近乎垄断的形式收割了淘宝直播的流量,用一次次巨大的销售额刷新人们对淘宝电商直播的认知。"眼看他起高楼,眼看他楼塌了",薇娅偷税漏税事件后,几十上百亿的直播销售额随之消散,仿佛从没有出现过一样。薇娅成就了淘宝直播,也"杀死"了淘宝直播。

淘宝直播一直以来深度依赖大主播的头部效应，这就造成了一个最坏的结果：淘宝直播本身留不住流量。

这边是抖音、快手的电商做得如火如荼，品牌和消费者从淘宝走向短视频平台，那边是淘宝主播们也在积极探索海外流量，如李佳琦运营抖音短视频账号和微信小程序，让助理代播来降低大主播权重，从品牌、主播到消费者，流量纷纷出走淘宝，留下的是模式已经固化的淘宝直播间。

2. 抖音直播与淘宝直播短兵相接

薇娅被封杀后，淘宝直播也在积极寻找对策。随着电商直播的成熟化，大主播的权重将被削减，中腰部播和商家店播将成为新的直播趋势。淘宝直播也在适应这个变化，试图将流量输送给中腰部主播和商家店播。2022年1月，淘宝直播推出了2022年的流量扶持计划，鼓励中腰部主播和新达人在淘宝成长，具体包括现金与流量的双重激励。

在抖音、快手短视频社区平台，去中心化的直播算法均摊了流量，也帮助中腰部主播打出错位竞争。在抖音的电商直播中，根据算法推送分摊流量的规则，中小主播和商家店播能够获得流量加持，形成百舸争流的局面。

新摘注意到，目前淘宝直播的界面中，已经取消了重点主播的推荐界面，在以前正是入口的流量扶持助力了大主播的成长，而目前界面推送取消了主播推荐的入口，取而代之的是根据搜索算法产生的商家店铺直播。可以看出，淘宝直播去中心化的意图已经很明显。

但中腰部主播的情况在淘宝并没有预想的乐观，根据东吴证券的报告显示，在2021年"淘快抖"主播带货榜单TOP30中，淘宝上榜9位主播，其中3位是大主播，在腰部主播阵营中，抖音占到大多数，淘宝仅有6位，如图1-2所示。

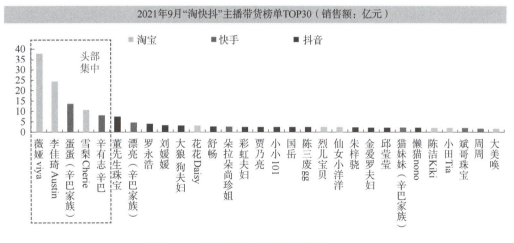

图1-2 "淘快抖"主播带货榜单 TOP30

数据来源：小葫芦大数据（淘宝），壁虎看看（快手），蝉妈妈数据（抖音），东员证券研究所

面对抖音、快手电商直播的兴起，品牌和主播"出淘"成为一个不可避免的事实。对品牌而言，不把鸡蛋放在一个篮子里，跟随流量趋势，在互联网上大面积投放是必然之举。品牌们将部分营销预算转向抖音、小红书等新兴平台，会对淘宝直播带来一定的损失。尤其是抖音电商直播兴起，很多品牌都跟风在抖音开设直播间，如果跟不上流量的变化，就可能

意味着落后。

而对中小主播而言，淘宝平台已经不再是唯一的选择。淘宝平台走的是"折扣电商"的模式，直播间越是能拿到低价折扣，直播热度和销售额就越高，这样一来，大主播掌握绝对的话语权，而中小主播缺乏上升空间，也更难拿到折扣大的商品，更难获得流量扶持。长此以往，马太效应就越来越无法打破。而抖音电商走的是"内容电商"的模式，去中心化的算法下各主播拥有相对平等的上升空间，因为流量和兴趣的分散化，不存在同一水平线上的竞价、比谁更低价，主播能够根据自身的特长，做出风格化和差异性的直播内容，吸引不同群类的消费者。

受到淘宝中心化流量体制的挤占，越来越多带货主播走向抖音、快手等短视频平台。

抖音具有淘宝平台所不具有的优势。一方面，抖音以短视频内容为基础，短视频与直播内容互相反哺，短视频爆火能够带动直播间流量；另一方面，抖音的带货销量与粉丝数并不成正比，在抖音，几十万粉的"小主播"也可以通过自身的内容运营，达到场均几百万元销售额的成绩。

这都是淘宝平台无法做到的，尤其在薇娅、李佳琦的大主播体系下，"全网最低价"与主播的议价权、销售能力紧密地关联着，普通主播无法从品牌谈到"最低价"，就很难在与大主播的竞争中获得高销量。薇娅用"低价"铸就了淘宝直播的地位，但也用"低价"为淘宝直播留下了巨大隐患。

因此，淘宝直播的议价权来自谁更具有选品、压价能力。像抖音于 2022 年 4 月爆火的刘畊宏，在淘宝就很难再培养出同样的现象级主播。薇娅倒下后，薇娅团队的"蜜蜂惊喜社"延续了其选品链和品牌优势，才能勉强填补薇娅流量的空缺。如此模式下，淘宝直播很难培育出下一个"薇娅"。

不仅是中小主播在"出淘"，大主播李佳琦近期也频频传出"出淘"消息。2022 年，李佳琦逐渐减少了在淘宝的直播时常，让助播先播一个小时后再上场带货，直播时长从 5 个小时缩减到 3 个小时。

另一边，李佳琦开始着手私域流量建设。2021 年，李佳琦推出自己的微信小程序"所有女生会员服务中心"，在小程序中，可以收到直播提醒，查看直播订单和预约直播，2022 年 3 月，小程序中增加了"精选好物"，通过外部链接的形式销售美妆类产品；4 月，李佳琦所在的公司美 ONE 在微信上线了"鲸选会"小程序，售卖零食和预制菜等食品，售卖方式是通过外部链接，点击会弹出京东小程序。流量"出淘"，已成淘宝当前的困局。

3. "沦为"货架的淘宝直播，江山易打却难守

薇娅与李佳琦相继隐遁后，抖音、快手频频亮剑，淘宝直播多年来积累的问题逐渐暴露出来。由于缺少内容基因，淘宝无法生产流量，只能通过外部平台的"种草"引流。当外部内容平台开始电商直播，淘宝直播在内容属性上比不上其他平台，流量出走也是必然。客观上看，淘宝直播形成的"低价折扣"属性，依然会吸引一大批追求性价比的购物者，大主播们建立的专业的选品体系，仍具备不可替代的优势。然而在外部激烈的竞争下，淘宝直播再回不到过去的辉煌。

抖音上没有议价能力很高的超级头部主播，带货的佣金率与折扣率相对可控，所以品牌选择在抖音直播（包括达人播与自播），能同时实现品宣与盈利两大目的。

反观淘宝直播，哪怕两大超级头部主播"下架"，其虹吸效应仍存在，如果说抖音是

"去中心化"，淘宝直播则是明显的"中心化"，而这种集权对于成长期的品牌来说，并不十分友好。

近几年淘宝直播也意识到形势的变化，并在寻找新的解法。例如借助垂类商品，培育垂类下的主播。2022年4月，淘宝直播开展"420母婴亲子节"，借助营销造势，为母婴垂类下的主播提供流量扶持和运营扶持，并邀请母婴行业的知名网红博主加入淘宝直播，搭建直播平台。

可以看出，淘宝直播正由大主播为中心的一元化体系，转向培养中小垂类主播的细分赛道，即以垂类主播的方式，为每一个细分商品赛道培养一个或多个"薇娅"，这虽然拓宽了新的商业想象空间，却也对淘宝直播的运营能力提出了更高的要求。此外，淘宝直播在继续培养商家店播。商家店播为淘宝直播贡献了七成GMV（商品交易总额），2022年，淘宝通过3D直播间+虚拟主播来满足商家的直播需求，可以预见之后商家店播还会是淘宝直播的底盘。

可是相比抖音、快手的"内容电商"，淘宝直播的"折扣电商"天然缺少吸引流量的能力，以及培养垂类优质主播的能力，这种植入基因中的"劣势"，也成为淘宝直播转型扩容的一大桎梏。

下一代电商会是什么样？或许我们还无法描摹出具体形状，但可以肯定的是，有打造品牌私域的潜力，可以兼顾营销与卖货的渠道一定会越来越受欢迎，而在这方面，淘宝直播要补的课，还有很多。

（资料来源：薇娅"杀死"淘宝直播，http://www./inkshop.com/news/2022490912.shtml，2022-07-26）

▶ **名人语录**

造成产品滞销、生意萧条的原因只有一个，即是现在的工作、方法已经无法满足时代和消费者需求的变化。

——玲木敏文

变者，天下之公理。万事万物无时无刻不在发生变化，实践发展永不停息，渠道的发展亦是如此，也在随着消费者需求的变化而变化。因此，管理的理念和方法也要不断创新，对渠道管理者来说，要积极拥抱变革，树立创新意识。

▶ **知识精讲**

一、营销渠道的形式

产品的营销渠道类型既有线上营销渠道，也有线下营销渠道。线上营销渠道和线下营销渠道经营的本质一样，都是为了便利商品的流通。

传统的线下营销渠道有以下几种类型。

（一）根据是否经过中间环节分为直接渠道和间接渠道

1. 直接渠道

直接渠道是指产品从生产商直接到达消费者，中间不经过任何环节。直接渠道又叫零级渠道，是分销渠道中最短的渠道。这种渠道能够节省很多中间费用，其表现形式有上门推销、邮寄、电话销售、网上销售等。这种渠道也有一定的缺点，即会增加销售管理的难度，且市场覆盖面比较狭窄，对于季节性比较强的产品，采用这种渠道不便于产品快速分销。

▶ **案例阅读**

菜鸟 CEO 万霖：多种方式推送货上门，提升消费者体验

2022 年 7 月 26 日，在 2022 菜鸟开放周，菜鸟对外透露，将加大投入，通过直营配送、末端可选、下单可选等多种方式，着力提升送货上门比例，改善消费者关切的物流体验。

"以多种方式送货上门"已经被列为菜鸟今年最重要的事情之一。菜鸟 CEO 万霖透露，包括直营配送、最后 100 米可选在内，菜鸟还新增了第 3 种方式力推送货上门——消费者在下单时，可根据商家在下单页上提供的送货上门选项，在购买支付前选择上门服务，且不产生额外费用。目前该服务已经在部分城市试点。

为了给消费者更多优质的体验和更多场景的选择，菜鸟目前已在多个物流场景提供送货上门服务。

通过直营配送，菜鸟为天猫超市、天猫国际提供高品质上门服务。其中，菜鸟不仅承担了天猫超市订单的送货上门，还联合天猫超市在全国 300 多个城市承诺"送货上门，不上必赔"，这也成为快递配送最高标准之一。据了解，菜鸟直营送货上门也是消费者选择在天猫超市购物的主要原因。

现在，"猫超式"上门物流正向天猫淘宝更多品类推广。在食品重货、大家电、家装、冷链等各个电商行业品类当中，菜鸟都通过重投入建设，扎实运营直营配送，从而提供了优于物流行业的送货上门服务。

在"最后 100 米"场景，菜鸟驿站自去年 4 月联合天猫、淘宝推出"免费保管，按需上门"以来，服务已覆盖全国 200 多个城市，最快可实现当日选、当日送，菜鸟驿站无人车小蛮驴还可以供消费者自己选择送货到楼，累计送楼单量已超 1 000 万。

就送货上门来说，在已经开通的城市和商家当中，消费者在网购下单页面，可提前选择是否需要送货上门，无须额外付费。随着该服务在更多城市推广，将更大程度突破快递物流业难点，提高送货上门比例。

万霖还表示，菜鸟将持续建设高质量产业互联网，做全球化的长期主义者。面向客户和消费者，菜鸟今年将重点做好送货上门、特色行业供应链、国货出海、科技下乡出海和企业 ESG 五件事。

（资料来源：菜鸟 CEO 万霖：多种方式推送货上门，今年做好五件事，http://www.linkshop.com/news/2022490891.shtml，2022-07-26）

思考：菜鸟为什么要推出送货上门服务？

2. 间接渠道

间接渠道是指产品通过其他销售机构将产品分销给消费者或最终用户。间接渠道一般要通过一个或多个机构进行产品销售。一般日用消费品普遍采用间接渠道。间接渠道能够充分利用中间商的优势进行产品的分销，减少生产商资金的占用，加速资金周转流通，但缺点是会过分依赖中间商，同时，中间环节过多会导致产品成本增加，减少生产商的利润。

案例阅读

麦德龙开出"超大"会员店：生鲜销售占比超 50%

（二）根据不同层级中间商数目的多少分为长渠道和短渠道

1. 长渠道

长渠道是指产品经过两个或两个以上的中间环节到达消费者或最终用户。长渠道的营销模式一般有二级渠道、三级渠道、四级渠道，有时也会有五级渠道。

一级渠道是指只有一个渠道中间商。在工业品市场上，这个渠道中间商通常是一个代理商、佣金商或经销商；而在消费品市场上，这个渠道中间商则通常是零售商。

二级渠道是指有两个渠道中间商。在工业品市场上，这两个渠道中间商通常是代理商及批发商；而在消费品市场上，这两个渠道中间商则通常是批发商和零售商。

三级渠道是指有三个渠道中间商。这类渠道主要出现在消费面较宽的日用品中，由于一些小型的零售商通常不是大型代理商的服务对象，故在大型代理商和小型零售商之间衍生出一级专业性经销商，从而出现了三级渠道结构。比如：

生产商—批发商—零售商—消费者，就是二级渠道；

生产商—一级批发商—二级批发商—零售商—消费者，就是三级渠道；

生产商—代理商——一级批发商—二级批发商—零售商—消费者，就是四级渠道。

长渠道的优点是：便于生产商和中间商进行专业化分工，借助中间商，能够开拓新的市场，同时也可以分散生产商的经营风险。

缺点是渠道成员多，增加了生产商的管理难度；中间环节多，可能会导致产品价格提高，不利于产品形成有效的市场竞争力。

2. 短渠道

短渠道是指企业采用一个中间环节或直接销售产品。比如，生产商—零售商—消费者或生产商—消费者。

短渠道的优点是：由于中间环节少，能够及时了解消费者的需求，对客户的数据掌握的精准度比较高，便于企业制订出相应的经营策略。

缺点是不利于企业大规模销售产品，市场面比较狭窄。

（三）根据同一层级渠道中间商数目的多少分为宽渠道和窄渠道

1. 宽渠道

宽渠道是指生产企业在同一个层级采用多个中间商来进行产品的分销。宽渠道根据同一层级中间商数目的多少可分为广泛性分销、选择性分销和独家分销。

（1）广泛性分销。

广泛性分销又叫密集性分销，是指生产商采用尽可能多的经销商、批发商或零售商销售产品。广泛性分销能够扩大产品的市场销售面，能够增加产品的销量，便于产品快速打入市场。但采用密集性分销渠道模式也有一定的缺点，那就是渠道成员多，对于厂家来说，难以控制，渠道成员之间为了各自的利益会引发冲突，管理的难度较大。一般消费品或快消品，比如牙膏、牙刷、饮料、日用品以及工业中的标准化产品、替代性强的商品，都是采用这种分销模式。

（2）选择性分销。

选择性分销是指生产商按照一定的条件选择少数几个同种类型的中间商进行产品的销售。选择性分销与广泛性分销相比，对中间商的选择有一定的要求，对销售的场所也有所选择。一般选购品，比如空调、冰箱、洗衣机等家用电器，可以采用选择性分销，消费者在选购这些产品时，一般会选择电器经销商，比如苏宁电器、百货大楼、大卖场等。

（3）独家分销。

独家分销是指生产商在某个区域选择一家经销商进行产品的分销。一般有特色的商品，比如品牌服饰、重型机械产品等，可以采用这种分销模式。独家分销便于生产商与经销商进行沟通交流，但因为经销商只有一家，如果经销商表现不佳，对生产商的影响很大，所以生产商选择采用独家分销的时候要慎重考虑。许多新品的推出也常采用独家分销的模式，当市场广泛接受该产品之后，就从独家分销渠道模式向选择性分销渠道模式转移。有些服务性行业有时也采用独家分销模式，比如在房屋的租赁过程中，房地产中介公司会要求出租方签订独家分销协议，签订独家协议能够促使房地产中介努力地寻求承租方。

宽渠道的三种选择模式也被称为渠道选择战略或策略。

实际上，许多公司使用了多种渠道的组合，即采用混合渠道模式来进行销售，既有线下渠道，同时也有线上渠道等多种渠道。比如，针对大的行业客户，有的公司内部会成立大客户部直接销售；针对数量众多的中小企业用户，则采用广泛的分销渠道；针对一些偏远地区的消费者，则可能采用邮购等方式来覆盖。另外，公司可以自建网站，也可以通过第三方购物平台进行产品的营销。

课堂思考： 这三种营销渠道模式，你觉得哪种模式最好？

案例阅读

迪士尼公司发行的卡通录像带《美女与野兽》成了1992年最畅销和最赚钱的商品，从发行的10月底到年末的两个多月时间里，卖出2 000万盘，盈利2亿美元。

秘诀何在？原来，迪士尼公司的成功之道率先推出了"行铺通路革新"。就习惯而言，录像带应出现在文化商店和电器商店之中，这是人们通常想到也是通常使用的销售渠道。然而，文化市场总是为流行风云左右，今天还十分红火的东西，明天说不定就会遭到冷落。更重要的是，由于现代人的生活高度紧张，有兴趣也有时间专门逛录像带市场的人非常有限。问题的症结找到了：录像带的滞销在于销售渠道不畅。

为此，迪斯尼公司大胆选择在超级市场和儿童玩具店出售录像带，把录像带与色拉油、蔬菜、瓜果及游戏机、洋娃娃陈列在一起。果然，那里川流不息的人潮给迪士尼公司带来了滚滚财源。

（资料来源：录像带的渠道革新，https://wenku.baidu.com/view/8793efb49889680203d8ce2f0066f5335a81670c.html）

思考： 迪士尼公司的卡片销售是采用什么渠道策略，这种渠道策略有什么优缺点？

2. 窄渠道

窄渠道是指生产企业在同一个层级使用中间商比较少的分销。窄渠道一般适用于专业性比较强的产品，比如一些大型的机械产品或高档消费品。

▶ **案例阅读**

美宝莲将关闭中国所有线下门店

2022年7月26日，有消息称，美宝莲将陆续关闭中国所有线下门店。这是继大规模撤退商超渠道、逐步退出百货专柜之后，美宝莲的又一次重大销售渠道调整。

据中新财经报道，对于闭店消息，美宝莲客服表示的确收到通知，品牌的线下专柜将陆续关闭。消费者暂时可以去屈臣氏购买美宝莲产品，不过种类没那么齐全，线上的种类要比线下齐全。至于关闭线下柜台的原因，客服并未透露。另据媒体报道，美宝莲线下将仅保留屈臣氏专柜，其余销售渠道均转移到线上。

目前，美宝莲在小程序、官方微信商城以及天猫、京东、拼多多等主流电商渠道上均布设了销售网络，其中天猫旗舰店目前粉丝数达1 181万，这个规模在欧莱雅旗下各大彩妆护肤品牌天猫旗舰店里可排进前五。

资料显示，美宝莲于1997年进入中国市场，彼时抢占百货及商超等销售渠道成为其拓宽中国市场的重要手段之一，同时也为其塑造亲民的大众品牌形象打下了基础。而随着这些销售渠道的日渐式微，美宝莲也及时做出了自我调整。

早在2018年，美宝莲就被曝大规模撤退商超渠道，随后开始布局重点锁定精品店。直至2020年，欧莱雅中国表示"美宝莲决定对线下渠道进行战略转型，从之前的百货公司柜台渠道转向线下线上交融互动的体验店，为更有效地满足消费者的需求并强化作为高街潮装品牌的独特形象"，随后欧莱雅中国根据市场情况关闭了一些门店。

此前美宝莲的畅想是，线下销售渠道布局重点拓展精品店、旗舰店以及概念店等，以便更好展示和呈现品牌亮点，而线上线下交互式体验成为美宝莲更为重视的用户考量。

（资料来源：美宝莲将关闭中国所有线下门店 重心转移线上，http://www.linkshop.com/news/2022490924.shtml，2022-07-26）

二、营销渠道系统结构

任何一个组织都是由不同的成员组成在一起的，这些成员有着各种错综复杂的关系。营销渠道系统也是一样。营销渠道就像接力赛一样，在商品的流通过程中承担着不同的功能，行使着不同的权利和职责，共同完成商品的流通，这些成员之间的关系状况就表现为营销渠道系统。

课堂思考： 对于一些大型公司，它们能够有效地运营需要连接众多的原材料供应商、生产商、批发商、经销商、零售商，这些渠道成员之间组成一个错综复杂的渠道系统，那么这些渠道成员之间存在什么样的关系？他们是如何维系关系的？写下你的体会与同学们分享。

（一）传统渠道系统

传统渠道系统是指各渠道成员之间相对松散、各自为政的渠道系统。这种渠道关系也称为松散型渠道系统，渠道中的各成员之间是一种松散的合作关系，各自都为追求自身利益最大化而进行激烈竞争，甚至不惜牺牲整个渠道系统的利益，最终导致整个营销渠道效率低下。

从严格意义上来讲，松散型渠道关系还算不上一种较为定型的模式，但对于实力较弱的中小企业来说，参与其中要比单枪匹马、独闯天下强得多。

课堂思考： 什么样的企业适合选择传统渠道模式？

（二）垂直渠道系统

垂直渠道系统是由生产制造商、批发商和零售商组成的一种统一的联合体，每个渠道成员都把自己看作系统的一部分，关注整个系统的成功。垂直渠道系统又根据渠道成员之间的关系亲密程度或联系的紧密性从弱到强依次分为管理型、契约型和公司型。管理型是通过信用方式将众多的中间商联系在一起构成一个相对紧密、团结互助的渠道系统；契约型是通过合同方式将不同层次、相对独立的中间商和制造商联系在一起形成一个相对独立的联合渠道系统；公司型则是通过股权方式将众多中间商和制造商联系在一起的渠道系统，中间商拥有公司的股份，这样会更好地激励渠道成员销售产品。

（三）水平营销渠道系统

水平营销渠道系统又叫共生型营销渠道系统，是指两家或两家以上的企业相互联合在一起，共同开发新的营销机会的系统。其特点有：企业间能够取长补短，发挥各自的资源优势；企业关系紧密，实际上是一种横向联合经营系统。

课堂思考： 为什么存在水平渠道系统？

（四）复合渠道系统

复合渠道系统，是企业同时利用线上、线下多条营销渠道销售其产品的渠道系统。在现实社会中，企业往往都具有多条营销渠道（复合渠道系统），在不同的地区采用不同的营销渠道组合是渠道经理应该关注的重点。复合渠道是营销渠道发展的必然趋势，因为消费者的需求具有多样化特征，所以在渠道设计的过程中要充分考虑消费者的需求，以消费者的需求为出发点，设计适应消费者需求的营销渠道。

课堂思考： 谈谈你对营销渠道发展趋势的看法。

> **▶ 名人语录**
>
> 孙中山先生说过，天下之势力，浩浩荡荡，顺者昌，逆者亡。说明了世界唯一不变的就是变化。身处日益变化的今天，我们需要审时度势，根据环境的变化及时调整自己的策略，对于企业来说，也需要根据环境的变化做出相应的战略调整。

三、营销渠道扩张的方式

扩张是企业发展永恒的主题，每个企业都想通过扩张的方式来达到规模经济效益。马克思在《资本论》中从协作的角度来解释扩张的动机，并认为协作是最简单、最基本的内部分工形式，是企业的最初形式，为了节约资本而必须进行协作。著名的经济学家科斯、威廉姆森等学者则从交易费用理论的角度来解释资本扩张的原因，认为企业组织的形成和扩张界限都是由效率决定的。随着企业管理技术的革新，信息技术的进步等变量的变化，企业组织的交易成本小于市场交易成本时，企业边界会进一步扩张。企业扩张的方式有很多种，我们在这里只介绍以下九种。

（一）直营

直营，就是指由公司总部直接投资经营，这种以一个品牌为主导，在各地投资设立分公司或子公司的经营管理模式，相对于特许加盟连锁模式来说，称为直营公司连锁模式。直营模式是实力雄厚的大型企业通过吞并、独资、控股等途径，发展壮大自身实力和规模的一种形式。直营是渠道扩张中最为普遍的一种方式，这种方式能够给企业带来更高的投资回报率，缺点是发展比较缓慢，优点是能够最大限度地控制产品质量、员工和品牌。

▶ 案例阅读

贵州茅台的渠道变革

根据贵州茅台于 2022 年 8 月 2 日发布的公司营业收入数据情况来看，贵州茅台上半年营业收入为 576.16 亿元，而净利为 297.93 亿元。相比营收和净利润持续双位数增长，贵州茅台之所以能够保持收入的持续增长主要得益于直营渠道的改革。虽然批发代理渠道仍然是贵州茅台收入的主要渠道，但是贵州茅台直销（直营）渠道收入达到 209.49 亿元，占 2022 年上半年营收的 36.35%，相比去年同期的 95.04 亿元增加了 120.42%。相关数据显示，贵州茅台的批发代理收入相比去年（395.05 亿元）下降了 7.31%。这也是贵州茅台在直营渠道大幅度投入后，经销商渠道首次出现收入下滑。不过半年报数据显示，今年上半年贵州茅台经销商数目无明显变化，国内经销商数是 2084 家，仅减少 5 家。贵州茅台渠道改革是近年来该公司的"重头戏"之一，从控制经销商数目、控制茅台酒在经销商渠道的投放量以及加大直营渠道投放等，逐步摆脱经销商对该公司业绩增长的影响，通过对直营渠道的扶植和经营提升产品毛利率，同时强化对茅台酒渠道管控、终端控价以及改善产品的市场供求关系不平衡等，获得"更有质量的增长"。

当然在直营渠道改革上，贵州茅台一季度末新推出新电商平台"i 茅台"，这是扩大直营渠道影响力的重要一步。有消息称，该平台上投放的虎年生肖酒及礼盒、茅台酒（珍品）和茅台 1935 均由贵州茅台直接供货。

半年报数据显示，"i 茅台"数字营销平台实现酒类不含税收入 44.16 亿元。中信证券曾在研报中预测，"i 茅台"全年收入有望超 120 亿元。贵州茅台 2021 年年度股东大会上，丁雄军针对今年整体工作进行部署称，2022 年贵州茅台将坚持稳字当头、稳中求进，紧扣集团公司"双翻番、双巩固、双打造"战略目标，持续走好"五线"发展道路，全力以赴抓好生产经营和改革发展各项工作，奋力推动茅台高质量发展。"今年的经营目标：一是营业总收入较上年度增长 15% 左右；二是完成基本建设投资 69.69 亿元"。

贵州茅台半年报还披露，该公司茅台酒上半年实现营收 499.65 亿元，同比增长 16.33%；系列酒实现营收 75.98 亿元，同比增长 25.37%。报告期完成茅台酒基酒产量 4.25 万吨，系列酒基酒产量 1.7 万吨。

（资料来源：茅台渠道改革见效？直营收入同比翻倍，i 茅台收入超 44 亿，https://finance.eastmoney.com/a/202208022469010984.html，2022-08-02，有改动）

思考：贵州茅台在渠道的变革方面给了你什么启示？你如何看待直营渠道的发展趋势？

（二）联营

联营，从字面上来看，是联合经营的意思，是企业与企业之间为了相互利用、资源共享而结成的横向联合的经营形式。合作的双方按照合同约定承担各自的权利和义务，从事独立的经营活动。这种经营模式比较多见，超市经常采用这种模式进行联合经营。

（三）特许经营

特许经营是指授权人将其商号、名称、商标、配方、服务标志、商业秘密等在一定条件下许可给经营者，允许经营者在一定区域内从事与授权人相同的经营业务。

（四）直复营销

直复营销是指通过互联网、DM（直邮）广告、QQ、微信等即时通信工具对消费者的需求做出直接回复的营销方式。直复营销强调的是与顾客进行"双向交流"，在任何时间、任何地点通过直复营销工具对顾客的需求做出快速的反应。这种营销模式能够减少中间环节，降低企业的营销成本，有效地规避经营风险。

（五）收购

收购是指一个公司通过产权交易取得其他公司一定程度的控制权，以实现一定经济目标的经济行为。收购是能够让收购方快速地利用被收购方的品牌影响力吸引消费者，并获得消费者信任的一种扩张方式。但收购也有缺点，如果收购方不能很好地处理自己本身的业务与被收购方业务之间的关系，导致企业无法聚焦自己的主营业务，可能会给企业的成长带来不利的影响。收购还会给员工带来不适应感，因而需要有一个过渡期。

（六）快闪店

快闪店是一种在商业中心地段临时搭建的店铺，是供零售商抓住一些季节性的消费者而设置的一种销售业态。这种经营方式具有灵活性和临时性的特点，一般事先不会做太多的宣传，而是突然涌现在商业街某处，快速吸引消费者。快闪店一般多见于时尚性比较强的商品或一些品牌商品。快闪店的出现能够更好地满足消费者多样化、碎片化和个性化的需求。

（七）无店铺营销渠道

无店铺营销渠道是不经过店铺而直接向顾客销售产品的一种经营模式，或采用自动售卖机让顾客自助选购产品。无店铺销售在我国的历史比较悠久，现在也有流动性商贩，即现在的"行商"也属于这种经营模式。近年来，由于店铺租金成本比较高，消费者有时在选购生鲜产品时，也喜欢这种无店铺销售。

（八）合伙人模式

合伙人模式是指与他人共同出资、共同经营、共同承担风险的一种企业经营模式。这种模式对合伙人来说有一定的激励作用，会激发合伙人把企业的事情当作自己的事情来做，会用心来管理和经营企业。很多服务性企业采用这种合伙人的机制扩大企业的连锁规模。

（九）连锁加盟

连锁加盟是指主导企业把自己开发的产品，服务的营业系统（包括商标、商号等企业形象、经营技术、营业场合和区域），以营业合同的形式，授予加盟店，加盟店在规定区域内享有一定的经销权或营业权。加盟方与特许方通过订立合同来规定各自的权利和义务，加盟方需要缴纳加盟金、保证金等费用。如麦当劳在全球有五万多家门店，但大部分是加盟店。

随着社会经济的发展，一些传统的渠道模式可能不再适应当今社会的发展，应该更多地为新渠道赋能。这种新渠道赋能是指做一个平台，整合上游，服务下游，并购同行，把整个上游和下游都打通，形成一个产业供应链。

进阶提示： 如何做好加盟创业？

步骤一：兴趣是先导

开创一个新事业，是比较辛苦的一件事情，需要创业者具备进取精神和冒险精神。三百六十行，行行出状元，每个行业都有发展前景，关键看创业者的兴趣所在。兴趣、理想与热情，是支持创业者坚持奋斗的原动力，甚至决定着新事业未来的发展。因此，创业者选择连锁加盟的项目时，应以兴趣为先导。

步骤二：能力最重要

每一种行业都有进入门槛，创业者如果不具备这方面的条件就贸然涉足，失败的可能性较大。因此，选择连锁加盟的项目时，自己的能力是最重要的参考因素，要量力而为。这里的能力包括决策能力、审时度势的能力、观察能力等多方面的能力。

步骤三：多方面收集信息

俗话说，知己知彼，百战不殆。创业者在选择连锁加盟项目时，要充分掌握相关信息，如该项目的市场前景如何、赢利状况如何、投入资金多少、竞争激烈程度如何等。创业者可通过一些加盟说明会获得资讯，也可向加盟总部索取资料。

步骤四：选择发展前景好的行业

资料搜集完成后，创业者可选择 2~3 个连锁加盟项目，与加盟商洽谈，了解加盟总部的经营实力与经营理念。在货比三家的过程中，创业者关注的焦点问题，并不是总投资金额的高低，而是加盟后成功获利的概率多高。

步骤五：多访问

一般来说，加盟商为吸引创业者，在介绍时都会说得天花乱坠。对此，创业者应"耳听为虚，眼见为实"。

创业者在与加盟商洽谈时，可要求其提供一些加盟店的名单，然后从中挑选两三家进行实地考察。考察重点包括加盟店的经营实况、加盟商的配套设施是否周到等。

步骤六：多比较

实地考察后，创业者就应该冷静地进行分析比较。各加盟商的加盟模式与条件一般大同小异，但正是这些"小异"的地方，如加盟金的支付方式、总部供货的价格问题等，可能影响到加盟后的经营利润。因此，创业者选择项目时，互相比较这一环节必不可少。

步骤七：参加培训

创业者与中意的加盟商签订初步协议后，加盟商一般会提供一系列开业前的训练课程。这些培训课程往往针对创业可能遭遇的问题，传授解决的方法，此外，还可能会传授一些与加盟项目相关的行业知识，所以创业者应该认真对待。

步骤八：选址得多跑

选择一个好的营业地点，创业就成功了一半。店面的含金量不在于租金的高低，而是看能够创造出多少营业额。要寻找价廉物美的店面，实地考察是最有效的手段。所以，四处奔波，跑来跑去，是创业者选址时必做的"功课"。

步骤九：提前做好开店的准备

开店前的准备工作一定得做足，在店面装潢、购置设备的同时，创业者要多走动走动，与附近的"邻居"搞好关系，并且熟悉当地市场，开发潜在顾客；在店铺筹备期间，就应招募足够的工作人员，并事先做好培训工作，这样才能从容应对开业时的繁忙。

步骤十：通过网络查找项目

网络十分发达，说不准你的商机在网上已经存在了，所以必须多看看网上信息，否则可能事倍功半。创业者可以选择一些诚信度高的项目来加盟。

进阶提示： 加盟需要注意哪些问题？

第一，商标注册证

所谓加盟，就是加盟总部将品牌授权给加盟店使用，换句话说，加盟总部必须要先拥有这个品牌，才能授权给加盟店，即加盟总部必须先取得国家工商行政管理总局商标局所颁发的商标注册证才行。加盟者在加盟前，务必要先确认加盟总部的确拥有此品牌，才能放心地加盟。

第二，费用支付方式

一般而言，加盟总部会向加盟者收取三种费用，分别是加盟金、权利金及保证金。所谓加盟金，指的是加盟总部在开店前帮加盟者做整体的开店规划，及教育培训所收取的费用。而权利金指的是加盟店使用加盟总部的商标，以及享用商誉所需支付的费用，这是一种持续性的收费，只要加盟店持续使用加盟总部的商标，就必须定期付费。支付期限可能是按年、按季或是按月支付。

至于保证金，则是加盟总部为确保加盟者会确实履行合约，并准时支付货款等所收取的费用。其中，由于权利金是持续性的收费，某些加盟总部会在签约时，要求加盟者一次开出合约期限内全额权利金的支票，例如合约期限为五年，权利金采取年缴方式，某些加盟总部便要求加盟者将五年的权利金，一次开齐五张支票缴交加盟总部。事实上也曾有这样的案例发生，某一体系的加盟者开店两年，因为生意不佳而关门大吉，但早在签约时，就已开齐五年权利金的支票缴交给加盟总部了。按理说，后面三年既然已经收店不再使用总部的商标、商誉，就不需再支付权利金了，然而加盟总部却仍将已收取的支票轧进银行取款，导致这位加盟者，不仅赔了两年生意，还得另外支付这些已开出的支票金额。所以，加盟者若遇加盟总部要求一次开齐合约期限内全部权利金的支票面额时，务必记得在合约上加注一点，即当加盟店收店不再开店时，总部必须退回未到期的权利金，以保障自身的权益。

第三，供货价格问题

一般的加盟合约中，加盟总部都会要求加盟者一定要向加盟总部进货，不得私下进货。这点往往是加盟总部与加盟店争议最多的一环。因为加盟店经常认为加盟总部的供货价格偏高，于是纷纷自行向外采购。但是加盟总部基于连锁体系品质的一致性，不得不要求加盟店必须统一向加盟总部采购，于是争端便产生了。针对这一问题，较为合理的解决方式是加盟者在签立合约时，即事先要求加盟总部的供货价格不得高于市场行情，或是高出市场行情百分之多少是可以接受的，避免事后双方为了价格问题争执不休。

第四，商圈保障问题

通常加盟总部为确保加盟店的营运利益，都会设置商圈保障，也就是在某个商圈之内不再开设第二家分店。因此，加盟者对保障商圈的范围有多大，必须十分清楚。不过常见的情形是，总部在保障商圈以外不远的距离再开设第二家店，影响到原有加盟店的生意而引发抗议。其实，加盟总部若将第二家店开在保障商圈以外的地方，原加盟店并没有抗议的权利。

值得一提的是，某些连锁体系因为加盟店增多或已达饱和状态时，在商圈的保障下，已很难再开新的加盟店，于是便取巧发展第二品牌，意即使用另一个新的品牌名称，而营业内容与原来的品牌完全相同，这样就不会受限于原有品牌的商圈保障限制了。例如某个房屋中介连锁体系就曾如此，最后招致加盟店的群起抗争。因此，加盟者为保障自身权益，在签约时，最好载明加盟总部不得再发展营业内容完全相同的第二品牌。

第五，竞业禁止条款

所谓竞业禁止，就是加盟总部为保护经营技术及智慧财产，不因开放加盟而外流，要求加盟者在合约存续期间，或结束后一定时间内，不得从事与原加盟店相同行业的规定。这一规范旨在保护加盟总部的智慧财产权，并无可厚非，公平交易委员会亦认为此举不致违法。

但是竞业禁止的年限究竟应该多久才合理？如果太长，可能会影响加盟者往后的工作权益。曾有某连锁体系的竞业禁止条款规定为三年，被加盟店告到公平交易委员会，公平交易委员会认为竞业禁止条款合理，但认为三年期限过长。后来该加盟总部把竞业禁止的年限从三年改为一年。所以加盟者在签约时必须考虑清楚，以免影响日后生计。

第六，管理规章问题

一般的加盟合约内容少则十几二十条，多则七八十条，甚至上百条，不过通常都会有这样一条规定，本合约未尽事宜，悉依加盟总部管理规章办理。如果加盟者遇到这样的情形，最好要求加盟总部将管理规章附在合约后面，成为合约的附件。因为管理规章是由加盟总部制定的，加盟总部可以将合约中未载明事项，全纳入其管理规章之中，随时修改，届时加盟者就只能任由加盟总部摆布了。

第七，违约罚则

由于加盟合约是由加盟总部所拟定，所以会对加盟总部较为有利，在违反合约的罚则上，通常只会列出针对加盟者的部分，而对加盟总部违反合约部分极少提及。加盟者对此可提出相应要求，明确加盟总部违约时的罚则条文，尤其是规定加盟总部应提供的服务项目及后勤支援方面，应要求加盟总部确实达成。

第八，纠纷处理

一般的加盟合约上都会明列管辖之法院，而且通常是以加盟总部所在地之地方法院为管辖法院，为的是万一将来有需要时，加盟总部人员来往附近法院比较方便。值得一提的是，曾有某加盟总部在合约中规定，加盟者欲向法院提出诉讼前，需先经过加盟总部的调解委员会调解。遇此状况时，应先了解调解委员会的组成人员为哪些人，如果全是加盟总部的人员，那么调解的结果会偏袒加盟总部，而不利于加盟者。但碍于合约，加盟者又无法忽略调解委员会直接向法院诉讼。因此，加盟者在遇到类似的条款时，应要求删除。

第九，合约终止处理

当加盟合约终止时，对加盟者而言，最重要的就是要取回保证金。此时，加盟总部会检视加盟者是否有违反合约或是积欠货款，同时，加盟总部可能会要求加盟者自行将招牌拆下，如果一切顺利且无积欠货款，加盟总部即退还保证金。但若是发生争议，是否要拆卸招牌往往成为双方角力的重点，某些加盟总部甚至会自行雇工拆卸招牌，加盟者遇此情况，需视招牌原先是由何者出资而定。若由加盟者出资，那么招牌的所有权就应归加盟者所有，加盟总部虽然拥有商标所有权，但不能擅自拆除，若真想拆，就必须通过法院强制执行，如果加盟总部自行拆除，即触犯了毁损罪。

第十，应注意事项

这点主要是指合约签订之后，双方务必要各执一份合约。曾经有某超商连锁体系与加盟者签约之后，加盟总部留两份合约，并未留一份给加盟者，后来被告到公平交易委员会才改正。所以加盟者切记要自己保留一份合约，这样才能清楚了解合约内容，确保自身权益。

案例阅读

所谓社交电商，就是利用互联网，通过社交活动进行电子商务活动。它是基于一种人际关系的传播，利用新媒体，如微信、微博、抖音、快手等社交媒介，进行多种渠道传播的产品或品牌传播，促使用户购买产品的同时将关注、分享、互动等社交元素融入商品的交易活动过程中的一种新型的销售模式。现在很多企业采用会员传播、线上拉新、促使用户线下购买的新型营销方式。格力创办了线上电商，要求所有员工在线上开设微店，每个员工都是自己的创业者，这些员工下班后在微店卖产品，为自己增加了额外的收入，这就是一种社交电商思维。

课堂思考：如何利用社交电商思维扩大自己的事业？

思政小故事

20世纪70年代，当时沃尔玛刚创立几年，有人曾经问沃尔玛创始人山姆·沃尔顿为什么不选择在大城市开店？山姆反问那个人，你知道阿肯色州有几个首府？有一个首府，那个人回答道。那你知道它有多少个县？有75个，那人回答。"你是选择在小石城开一家门店，与西尔斯、沃德这样的门店竞争，还是在县里开75家门店，而没有一点竞争呢？我计划在下个季度再开18家门店。"山姆回答道。20年之后，山姆成为世界最富有的人之一，并颠覆了传统的零售业，创造了商业奇迹。

这个故事告诉我们，一个人要想取得成功，不一定一开始就选择在大城市，可以把目标定低一点，树立正确的经营理念。

任务实践

学习本任务后，利用所学知识，对案例中提到的直营和加盟两种模式进行分组讨论。你觉得哪种经营模式好？每组派代表发言。

蜜雪冰城的发展

思考：你觉得加盟和直营两种经营模式各自有什么优缺点？

✓ 项目小结

任何企业要想在激烈的市场环境中求得生存，就必须关注自己的营销渠道，营销渠道是企业的生命线。本项目介绍了营销渠道的基本知识，使大家对营销渠道有全面、清晰的认识，同时也让从事营销活动的创业者有了渠道方面的认知。本项目主要介绍营销渠道的含义，营销渠道的特点、作用和类型，营销渠道根据不同的分类标准有不同的类型。通过本部分的学习，可以让从事产品推广的人员设计适合自己产品的营销渠道。掌握营销渠道管理方面的知识，能够节省渠道开发成本，为企业创造更多的利润，从而增加企业的核心竞争力。

✓ 知识巩固

一、选择题

（一）单项选择

1. 在渠道管理的过程中，最为重要的工作是（   ）。

A. 认识营销渠道 　　　　　　　　　B. 设计营销渠道

C. 开发营销渠道 　　　　　　　　　D. 管理营销渠道

2. 以下说法错误的是（   ）。

A. 作为一名分销型企业的管理人员，要想做到渠道的创新，就必须认识到渠道设计的重要性

B. 在设计营销渠道时，必须考虑渠道结构的适应性

C. 设计渠道的最佳时机是新品上市的时候

D. 在设计渠道结构时不需要考虑渠道之间的冲突性

3. 根据同一层级中间商数量的多少可将营销渠道分为（   ）。

A. 宽渠道和窄渠道 　　　　　　　　B. 长渠道和短渠道

C. 直接渠道和间接渠道 　　　　　　D. 单一渠道和多渠道

4. 根据不同层级中间商数量的多少可将营销渠道分为（   ）。

A. 宽渠道和窄渠道 　　　　　　　　B. 长渠道和短渠道

C. 直接渠道和间接渠道 　　　　　　D. 单一渠道和多渠道

5. 根据是否拥有商品的所有权可将中间商分为（   ）。

A. 批发商和代理商 　　　　　　　　B. 代理商和经销商

C. 经销商和零售商 　　　　　　　　D. 批发商和零售商

6. 同一层级的企业为了争夺同一目标客户群体的竞争属于（   ）。

A. 水平渠道竞争 　　　　　　　　　B. 水平渠道冲突

C. 垂直渠道冲突 　　　　　　　　　D. 复合渠道竞争

7. 下列不属于营销渠道功能的是（   ）。

A. 便利功能 　　　　　　　　　　　B. 商品流通的功能

C. 调查的功能 　　　　　　　　　　D. 效用的功能

8. 由生产商、批发商和零售商组成的纵向统一的渠道系统属于（   ）。

A. 垂直渠道系统　　　　　　　　　　B. 传统渠道系统

C. 水平渠道系统　　　　　　　　　　D. 复合渠道系统

9. 可口可乐公司与雀巢公司合作，这种合作属于（　　　）。

A. 垂直渠道系统　　　　　　　　　　B. 传统渠道系统

C. 水平渠道系统　　　　　　　　　　D. 复合渠道系统

10. 特许经营属于（　　　）。

A. 垂直渠道系统　　　　　　　　　　B. 紧密型的产销一体化

C. 水平渠道系统　　　　　　　　　　D. 复合渠道系统

（二）多项选择

1. 下列对于广泛性分销渠道的说法，正确的有（　　　）。

A. 广泛性分销渠道其实也是宽渠道

B. 广泛性分销渠道适用于日用品销售

C. 广泛性分销有利于产品快速进入市场

D. 广泛性分销属于间接分销

2. 对于独家分销，说法正确的有（　　　）。

A. 独家分销属于窄渠道

B. 独家分销有利于厂家和经销商维护良好的关系

C. 独家分销有利于生产商对中间商的控制

D. 独家分销有利于维护良好的市场秩序

3. 营销渠道设计的工作主要有（　　　）。

A. 分析购买者的服务需求水平　　　　B. 确定营销渠道的目标

C. 分析营销渠道设计的影响因素　　　D. 设计营销渠道系统

4. 中间商的作用有（　　　）。

A. 扩大交易范围　　　　　　　　　　B. 能够促使产品快速流通

C. 增加中间商之间的竞争　　　　　　D. 使交易简化

5. 营销渠道的功能有（　　　）。

A. 信息收集的功能　　　　　　　　　B. 融资功能

C. 承担风险的功能　　　　　　　　　D. 物流的功能

6. 营销渠道的结构主要有（　　　）。

A. 长度结构　　　　　　　　　　　　B. 宽度结构

C. 系统结构　　　　　　　　　　　　D. 成员结构

7. 企业不经过流通的中间环节，采用产销合一的经营模式，直接将产品卖给消费者，属于（　　　）。

A. 直接渠道　　　　B. 短渠道　　　　C. 零级渠道　　　　D. 直销

8. 企业的分销渠道策略有（　　　）。

A. 密集性分销渠道策略　　　　　　　B. 选择性分销渠道策略

C. 独家分销渠道策略　　　　　　　　D. 分散分销渠道策略

9. 短渠道的优点有（　　　）。

A. 成本低　　　　　　　　　　　　　B. 信息反馈快

C. 能够实现快速分销　　　　　　　　D. 能够加强对企业的控制

10. 生产企业控制渠道的方法有（　　）。

A. 绝对控制　　　　　　　　　　　　B. 低度控制

C. 高度控制　　　　　　　　　　　　D. 中度控制

二、判断题

1. 营销渠道是一条商品流通的路线，由参与产品或服务转移活动以便消费者使用的企业或个人组成。（　　）

2. 渠道和渠道策略是一回事，只要我们按照营销渠道的要求去建设与管理，就能达到预想的目标。（　　）

3. 营销渠道协调了生产企业与消费者之间的供需矛盾。（　　）

4. 营销渠道管理是企业内部的管理活动。（　　）

5. 营销渠道的起点是供应商，所以供应商是营销渠道的组织者。（　　）

6. 广义的营销渠道包括产品在流通过程中的所有参与者，因此也包括一些辅助商，比如营销机构、银行和物流服务商等组织参与者。（　　）

7. 渠道功能的执行者一旦确定就不能改变。（　　）

8. 渠道成员之间通过共同的目标凝聚在一起，不存在矛盾。（　　）

9. 零售店提供给消费者的赊销活动属于营销渠道的融资行为。（　　）

10. 营销渠道决策是在考虑企业自身的条件下做出的，不需要考虑其他的情况。（　　）

三、案例分析

【案例一】

"美乐"洗发水的渠道策略

根据案例一，完成以下问题。

（一）选择题

1. 公司无法进军一级城市是受（　　）影响。

A. 市场　　　　　　B. 企业　　　　　　C. 中间商　　　　　　D. 产品

2. 公司选择成长型代理商的原因包括（　　）。

A. 产品是新产品，知名度低

B. 公司财务能力有限，控制力弱

C. 成长型代理商进取心强，合作意愿强

D. 日用品需要宽分销渠道

3. 公司实行宽渠道是受（　　）影响。

A. 市场　　　　　　B. 产品　　　　　　C. 购买行为　　　　　　D. 企业控制力

4. 公司为代理商提供分销技能培训、销售人员培训，属于（　　）。

A. 渠道成员功能调整　　　　　　　　B. 渠道成员素质调整

C. 渠道成员数量调整　　　　　　　　D. 个别分销渠道调整

5. 公司对代理商的直接激励包括（　　　）。

A. 分销技能、销售人员培训　　　　　B. 设定销售目标、奖励政策

C. 广告支持，促销活动管理　　　　　D. 帮助代理商维护客户网络

（二）问答题

1. 你觉得深圳香雪兰公司在推广新产品时，应采用经销商制度还是代理商制度？说说你的理由。

2. 你觉得深圳香雪兰公司应如何提高渠道的竞争力来吸引渠道商推广新产品？

【案例二】

本案例展示了三家公司的销售队伍问题，这些问题具有很强的代表性。

A 公司：独当一面，单线联系

在市场划分上，A 公司简单地按地区来划分，其结构设置是区域型组织模式，也就是张三负责东北地区，李四负责西北地区。张三负责东北地区的整体销售工作，这就形成一种独当一面、单线联系的局面，即东北地区所有的客户都是张三单线接洽、联系。销售初期，经理给了张三一些名单，让张三去接洽客户。开始时张三还跟经理交流客户各个方面的情况，但随着他业务能力的增强，张三觉得自己完全可以掌控这一方的客户，因为在客户眼中，公司和张三完全是一体的，他代表了公司，代表了所有的产品。

B 公司：承包制、放羊式管理

B 公司的销售部制定了明确的政策，只要销售人员在一个季度之内拿到一定额度的订单，销售规定套数的管理软件，就算完成销售指标，就能够拿到底薪和比较高的提成。这样一来，公司的销售人员把心思都放在业绩上了，对相应的管理活动，如参加公司例会、参加公司培训、参加公司文化和制度方面的学习、填写必要的管理表单以及进行工作谈话等，都不重视。由于平时这方面缺乏管理，销售人员很自然就认为只要把业绩搞好就行了，而且这些业绩全是自己一个人努力的结果。

C 公司：疏于培训，草莽英雄

C 公司从来不重视对销售队伍的培训，培训机制存在许多不足，结果销售人员只能"八仙过海，各显其能"。有的销售人员对产品了解得比较多，于是以产品去打动客户；有的销售人员酒量很不错，于是经常与客户"煮酒论英雄"，以酒量去征服客户；有的销售人员则搞一些桌椅底下的交易，专走旁门左道。运用以上几种方法，C 公司的一部分销售人员有了不错的业绩。

（资料来源：营销渠道管理习题及答案，https://max.book118.com/html/2016/0305/36910512.shtm）

（三）分析题

1. 案例中 A、B、C 三家公司对销售人员的管理各有何利弊？

2. 怎样才能为公司制定一个合理的销售人员管理政策？

（四）知识应用

1. 假如你是老板，你最关心和最头疼的是什么？是如何创新自己的产品还是如何将自己的产品卖出去？

2. 如何让渠道成员死心塌地地帮你销售产品？

（五）技能题

"渠道为王，终端制胜。"谈谈你对这句话的理解。在全网（全渠道）营销阶段，作为一家公司的老板来说，你觉得应如何建立自己的营销渠道？

（六）能力提升

班级同学五人分为一组，以小组为单位任选一家企业，调查该企业的营销渠道，选择你们认为在营销渠道方面建设比较成功的案例，与其他小组分享，并用思维导图绘制渠道的结构。

项目二

开发营销渠道

项目学习指南

　　在了解了营销渠道的概念和相关类型之后，对于一名营销渠道管理人员来说，接下来就要准备开发营销渠道。营销渠道开发是每一个企业都需要做的工作，对企业的发展起着至关重要的作用。在进行渠道开发工作之前要做好方案设计，本项目主要介绍渠道开发设计的相关内容，并将渠道开发的具体工作分为三个任务：任务一是设计营销渠道目标；任务二是掌握营销渠道设计的影响因素；任务三是制定营销渠道设计方案。

　　众所周知，营销渠道是企业开展市场营销工作的基础，也是企业生产行为与销售行为联结的通道，对企业具有极其重要的作用。企业在设计营销渠道的过程中首先要明晰目标和需求所在，只有在明确目标的前提下才能推进营销渠道的构建和应用工作。此外，营销渠道的好坏事关企业发展的成败，所以掌握营销渠道设计的营销因素十分重要。

　　传统的营销渠道包含直接渠道与间接渠道两类，渠道设计的目标要契合企业的生产、经营和管理要求，而对营销渠道设计影响因素的探究，应当成为企业管理者的重大课题。此项目的学习重点就在于从营销渠道目标的设计入手，引导学生掌握营销渠道目标设计的作用，同时对营销渠道设计的因素进行探析。尤其是从传统营销渠道与新型营销渠道的维度入手，提出立体性结论，让学生通过学习，扎实掌握营销渠道设计目标的功能和价值，形成对营销渠道的深刻理解。

如何进行新零售的业务推广

名人语录

"人的思想是了不起的，只要专注某一项事业，就一定做出不一样的成绩来。"

——马克·吐温

任务一　设计营销渠道目标

▶ 学习目标

（一）知识目标
1. 全面了解营销渠道的概念和基本内涵。
2. 掌握营销渠道的特点和应用现况。
3. 掌握营销渠道目标的内在要求和构成要素。
4. 掌握营销渠道目标的应用价值和主要功能。

（二）能力目标
1. 能够全面理解营销渠道目标的应用标准与要求。
2. 能够从市场化角度厘清营销渠道目标的设计价值。
3. 能够从专业视角提出营销渠道目标的设计方向和方法。

（三）素质目标
1. 具备市场化、专业化的营销渠道目标认知。
2. 具备营销渠道目标的设计思维和应用能力。
3. 具备集体主义精神、团队合作意识与创新能力。
4. 形成现代营销理念、具备商业道德及诚信合作意识。

▶ 任务导入

在项目一分析了营销渠道成功的案例，并使用思维导图完成营销渠道结构的绘制后，我们就需要更进一步知晓营销渠道的目标，思考如何设计营销渠道的目标，及营销渠道设计的原则，最后设计出较为合适的营销渠道目标。在本任务中我们要循序渐进地提高自己的技能。

在互联网模式大行其道的今天，你是否思考过成功的企业和品牌是如何开展市场营销工作的？你是否理解营销渠道目标设定和应用的价值？是否从个人专业学习的角度思考过类似的问题？这一切，都可以归结为营销渠道目标的设计和应用，其本质是借助高水平的市场营销提升销售能力，为企业、品牌创造更大价值。作为本专业的学生，如果你具备创新创业的思维和冲动，那么就应当思考相关问题，并对营销渠道目标有全面的理解和把握。

假如，你毕业后想开一家网店，或与志同道合的朋友、同学一起参与实体创业，就必须理解营销渠道目标设计的"来龙去脉"，形成对营销渠道的科学认识。比如，网店创业过程中如何选择营销渠道的方式，如何设计"渐进式"的营销渠道目标，如何在合理控制开支、成本的基础上达成最好的营销效果，这些都需要创业者在初期进行深度思考。对于你以及所有的创业者、商业经营者来说，思考、观察、记录与整理都是必不可少的内容，这些也是营销渠道目标设计的重要思维过程。本任务就是从营销渠道目标的设计入手，帮助人们更好地认识现代企业运营过程中营销渠道目标设计的价值和路径，以增强企业营销质量与效率，为企业发展提供更大支持。

课前思考：你是否关注过近几年大火的"独角兽企业"是如何开展市场营销工作的？

你对于知名的企业和品牌有过营销渠道方面的了解和认知吗？如果一个企业快速获得成功，那么它背后营销渠道目标的设计和应用，就成了业界关注的焦点。这些问题能否引发你的重视？企业营销渠道目标的设定，如何更好地契合企业发展进度，相关问题值得进一步深究。

任务分析

现代市场经济的快速发展使企业、品牌间的竞争日趋白热化，这也使参与市场竞争的企业不得不使出浑身解数提高竞争力，以获得更大的市场占有率和经济效益。企业要想把自己的产品更多地推向市场，获得更多消费者的青睐，必须建立完善的营销渠道，设计可行的营销渠道目标，逐步落实营销举措和任务。从对诺基亚和苹果的对比分析中可知，营销渠道目标的设计要与企业当前的发展进度相契合，才能发挥市场营销工作的最大效力，才能更好地增强企业产品的竞争力与影响力。企业的经营者和管理者要形成科学的认知，对营销渠道目标要保持客观、全面的认识。尤其是要从企业生产、经营、管理的一体化要求入手，管理者要设计"渐进式营销目标"，决不能"胡子眉毛一把抓"，更不能"好高骛远"，否则不仅无法实现预定的营销目标，甚至有可能破坏企业现有的市场营销格局，对企业的长远可持续发展带来不利影响。如图2-1所示，传统的产品营销渠道设计相对单一，各主体间的关系与功能相对固定。

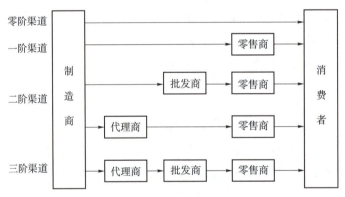

图2-1　传统的产品营销渠道设计

一言以蔽之：营销渠道目标的设计是企业递进式发展的"导航器"，需要管理者"量体裁衣"，打造渐进式的目标集成体系，逐步分解营销渠道任务，形成"递进式成长"态势，最终完成营销渠道的构建与市场营销行为。

企业的发展有赖于高水平的市场营销模式创新，而营销渠道的疏通和目标设计是前提性工作。就好比建造一座摩天大楼，工程师必须预先选址、疏通管线，必须设计完整、可行且可持续的水电运行模式，确保摩天大楼的基座更为稳固、扎实，唯有如此，大楼的"使用寿命"才能更长。对于现代企业来说，同样需要在经营和管理过程中疏通营销渠道，设计切实可行、对标企业发展现况的营销渠道目标，将市场营销行为具体化、任务化，在逐层分解、有效落实的过程中完成营销渠道预设目标，提升营销工作的综合效能，助力企业的持续健康发展。所以，对于大学生及创业者来说，要全面、深刻理解营销渠道目标设计的重要性，从企业长远发展的视域入手，打造可行性营销渠道目标和导向，推动企业营销工作的有序进步。

一年开了5 000家店，"量贩式"零食店正在悄然占领县城市场

"量贩式"零食店正悄然地占领县城、乡镇和大城市的郊区（图2-2）。在佛山市顺德区的一个乡镇，方圆两公里内至少开了五家零食店，赵一鸣零食、零食很忙、零食有鸣、零食舱、天啦零食等，有的零食店相隔仅几百米，这些零食店不少都是全国连锁品牌，并且俨然一副"零食店巨头"的样子。

图2-2　"量贩式"零食店兴起

"量贩"一词，此前多与KTV联系在一起，意指"捆绑式销售"，很少人能想到，这样的一个词会与"零食"绑在一起。

简而言之，将零食"量贩化"，就是将各种零食集合在一起，通过更加灵活、低廉的售卖方式，来达到提高销量的目的。

"量贩式"零食店是行业人士对这种新型零食销售模式的称呼，与一般的超市、便利店不同，这些零食店只售卖零食、饮品，并且有着统一的品牌标识和门店装修风格，店内零食品牌多样并且陈列整洁，有时还会推出折扣活动。

进入2023年之后，"量贩式"零食店突然如雨后春笋一样，开始全国各地到处开店。

根据公开信息梳理，今年以来零食很忙约开了2 000家店，赵一鸣零食开了1 500家店，零食有鸣约开了1 000家店，这些零食店已经遍布全国各地，并且依然以每个月新开数百家店的速度在增长。

品牌	发源地	创始人	成立时间/年	现有门店/家	2023年新增店数量/家
零食很忙	湖南	晏周	2017	4 000+	约2 000
赵一鸣零食	江西宜春	赵定	2019	2 500+	1 500+
零食有鸣	四川成都	李湖雨	2021	2 000+	约1 000
爱零食	湖南长沙	唐光亮	2020	1 200+	暂不详

《棱镜》作者根据品牌官网及公开资料整理

根据《棱镜》作者的统计，目前门店数量突破1 000家的零食店品牌有零食很忙、好想来、赵一鸣零食、零食有鸣和爱零食等，今年新开的门店至少5 000家。

越来越多零食店开始占领县城的时候，有些零食店品牌便将目光盯上了更下沉的乡镇。

零食有鸣的一位招商经理就向作者介绍，他们在近期开放了乡镇区域的加盟，与县城里的门店相比，乡镇的门店投资会少15万左右。

零食很忙也将门店开到了乡镇，据联商网的报道，他们在乡镇有800多家门店，占全国总门店数的1/5。赵一鸣零食的创始人赵定在公开报道中也曾提到："真正的好生意可以开到镇上去。"

（资料来源于：实习作者：冯晔，编辑：陈弗也，出品：棱镜·腾讯小满工作室，2023-11-02 07：20：15发布于广东腾讯新闻《棱镜》栏目官方账号）

课前思考：零食店快速扩张给你有什么启示？

名人语录

人生要事在于树立一个伟大的目标，并决心实现它。

——歌德

知识精讲

一、营销渠道目标的作用

中国有句俗语说得好，"火车跑得快，全靠车头带"。中国人还常说"大海航行靠舵手"。可见，强有力的引领和目标在实践行为中是不可或缺的。在现代企业发展和市场竞争过程中，营销渠道目标的设计十分重要。首先，营销渠道是企业开展市场营销行为的基础，而营销渠道目标则是基础性的理念的汇总，对企业不可或缺；其次，设计好的营销渠道目标，体现着现代企业的经营和管理水平，也透视出企业发展的质量与经营者的"实际能力"。因此，厘清营销渠道目标的作用和价值，对于开展营销渠道目标的设计与应用具有前提性功能。

案例阅读

柳州螺蛳粉的快速崛起

思考：

（1）柳州螺蛳粉快速崛起的背后，体现了互联网经济的什么特色与趋势？

（2）柳州螺蛳粉品牌的崛起和快速发展，运用了哪些独特的营销渠道及方法？

（3）柳州螺蛳粉的营销渠道目标选择、设计，与传统的营销渠道目标设计存在哪些差异？前者的优势是如何体现的？

通过柳州螺蛳粉的营销案例可以看出，企业营销渠道的目标设计应当放到品牌传播和塑造上，并将其作为与产品同等重要的工作来抓。打造螺蛳粉品牌，传播螺蛳粉概念，塑造螺蛳粉的网红感与时尚度，在很大程度上就已经成功了。更好地塑造螺蛳粉的品牌形象，提升公众的认知度，自然可以让消费者为之"埋单"，这无疑是螺蛳粉经济成功的重要逻辑。

营销渠道目标主要有以下几个方面的作用。

（一）营销渠道目标是聚合企业营销资源的"黏合剂"

企业在市场中参与竞争，需要借助有效的市场营销来提升竞争力，从而完成产品的销售以获取最大化的经济效益。在此过程中，确立明确且清晰的营销渠道目标，能够帮助企业更好地聚合各类营销资源，这是企业持续发展的内在动能。比如，企业从产品的研发、生产周期入手，设立立体式的营销目标，逐步深入推进市场营销工作，可以不断提升产品的市场影响力，确保更多消费者了解、认知产品，从而为产品的畅销奠定基础。在此期间，明确的营销渠道目标可以帮助营销工作者对各类资源进行整合与配置，这是营销工作取得预期效果的重要保证。因此，营销渠道目标在企业市场营销工作中的作用不容小觑。

（二）营销渠道目标可以增强营销人员的工作向心力

市场营销工作的执行力是企业管理者极为关注的问题。考虑到现代企业市场竞争的激烈程度，高层管理者更有必要对营销工作的各个细节进行统筹，而营销渠道目标的设计事关重大。借助营销渠道目标的细分，营销人员可以围绕特定目标开展工作，这样能够确保营销工作"精准到位"。同时，在营销业绩、晋升前景、工作激励以及发展空间等因素的"诱导"下，营销人员的向心力和战斗力也可以得到有效提升。

营销渠道的目标是营销渠道创建的"行动标的"，反映了营销人员开展工作的基本需求，能够为营销人员更好地践行营销目标提供指引。从企业营销工作深化的维度看，营销渠道的目标设计彰显了营销工作与企业管理的内在联系，实际上反映了企业各项业务环节之间的密切关联。营销人员以营销渠道目标为抓手，可以开展更具针对性的市场情报搜集、营销方案打磨、营销举措优化、营销资源配置等具体工作，这对于增强营销工作有效性十分有利。

（三）营销渠道目标有利于企业市场化活动的深化

现代企业处于市场化环境中，开展各类市场化活动以获得最大利益是基本诉求。确定明晰的营销渠道目标，能够促进企业市场化活动的深化，能够帮助企业决策者更好地把握工作进程，提升经营工作的整体效果。可以想象，在科学的营销渠道目标指引下，企业的各类市场化活动将突出重点，并更好地突出本企业的核心优势，从而完成营销工作的"破局"，这是企业协调发展的重要趋向。营销渠道目标的细化，能够帮助管理者尤其是营销人员从市场变化、消费者需求、产业动态、竞争对手、自身特点等因素入手，开展更具针对性的营销行为，可以确保营销工作直达核心受众的需求点，与销售形成深度捆绑，进而增强产品竞争力，为企业创造更大的经济效益。

（四）营销渠道目标能够增强企业经营与管理工作的一致性

在现代市场经济条件下，无论任何类型的企业，都必须遵循市场经济法则，参与市场竞争。毋庸讳言，企业市场化行为包含多重内容和要素，比如生产、仓储、经营、管理、销售、营销、物流等环节。其中，市场营销行为的开展，往往以营销渠道的构建为前提，而营销渠道目标的设计则是"前提的前提"。以营销渠道目标为导向和依托，企业的经营性行为与管理工作可以达成一致，即经营与管理形成深度契合，这样可以降低企业运行的综合成本，提高企业运转的效率。比如在电子商务类企业的运行过程中，设计科学的营销渠道目标，能够增强经营工作的务实性，也可以推动企业内部管理的创新，实现企业各项业务支线的整合，对企业多层次发展大有裨益。所以，以营销渠道目标为抓手，现代企业经营性行为与管理行为的统筹将成为可能，这对企业谋求高质量发展十分重要。

（五）营销渠道目标能够提升企业营销工作层次与效能

现代企业的营销行为在很大程度上表现为企业对消费者和潜在市场的密切关注，而营销渠道目标的设计和落实可以为营销工作确立"标杆"与"航向"，这对于营销工作的层次性变化十分重要，也将促使营销工作的效率得到提高。企业管理者在开展针对性营销的过程中，预先对营销渠道目标进行细化，有利于营销工作的深入发展，这是统筹企业营销、销售乃至售后服务工作的重要基础。

从理论层面看，企业营销渠道设计的目标是以公司发展战略、市场营销策略以及客户的需求导向为基础的。因此，不同的企业根据自身及市场环境的不同，其营销渠道设计目标也千差万别，但主要包括以下几个相同目标：保证顾客采购的便捷性，实现顾客让渡价值的最大化；开拓市场，提高市场占有率；提高产品渗透率，使中间商有钱可赚，能够实现营销渠道成员的共赢；营销渠道设计通畅，便于管理、控制，流程高效；合理定位产品的市场覆盖面及密度；提升产品和品牌的知名度，提升最终用户及中间商的信赖度、忠诚度等。整体来说，确立完整的营销渠道目标，将提升企业营销工作的层次感，对于营销效能的转化具有积极意义。

案例阅读

加多宝的渠道制胜秘诀

思考：

（1）加多宝的总经销制有哪些优势？

（2）加多宝的营销渠道有哪些经验可以借鉴？

二、营销渠道目标

设计营销渠道主要是解决如何发掘企业商品到达目标市场的最佳途径以提高分销效率的问题。所谓"最佳"，是指以最低的成本与费用，通过适当的渠道，把商品适时地送到企业既定的目标市场。"条条大路通罗马"，渠道设计就是要寻找其中"最短"的那 条。

从生产商的角度来看，营销渠道设计的目标就是更有效地实现分销目标。具体来讲，在设计营销渠道时，必须了解所选定的目标客户要购买什么产品、在什么地方购买、为何买、何时买以及如何买，同时还要弄清楚客户在购买产品时想要的和所期望的服务类型和水平，这样才能设计出更加有效的渠道组合。

▶ *知识链接*

灰色营销

灰色营销是企业的销售人员通过向买方代理人个人（如采购人员）出让某种利益而销售商品的营销方式。出让的利益包括给回扣、请吃、请玩、送昂贵的礼品等，或提供其他不直接以金钱表达的好处。灰色营销与其他非道德营销行为（如"窜货"问题、虚夸广告、虚假降价行为等）相比有一个重要区别，就是买卖双方都有道德问题，双方都在一定程度上通过损害他人或社会的利益而使自己得利。所以，灰色营销的双方是"灰色利益共同体"。

（资料来源：庄贵军《营销渠道管理》）

三、营销渠道设计目标的内容

（1）货畅其流。渠道如水，顺势而为，商品流通通畅是渠道设计的基本要求。

（2）渠道充满。渠道的设计需要考虑各种渠道的优化组合，实现流量最大化。

（3）渠道平衡。渠道的优化组合要考虑各种渠道之间利益的协调、平衡与整合。

（4）便于开拓新市场。开渠犹如修路，要将渠道之"路"修到企业的目标市场。

（5）便于提高市场占有率。渠道的设计及选择要看该渠道是否有利于提高产品铺市率。

（6）便于扩大产品知名度。渠道的设计及选择要看该渠道是否有利于扩大品牌影响力。

（7）便于顾客购买。渠道的设计及选择要看该渠道是否满足顾客购买便利性的要求。就像可口可乐的经营原则那样，不但要消费者"乐于""买得起"，还要"买得到，能够伸手可及"，只要有饮料销售的地方，就一定会有可口可乐。

（8）利于提高经济效益。渠道的设计及选择要比较预期的成本投入和预期效益。

（9）利于实现渠道控制。渠道的设计及选择还要考虑渠道成员的服从性和忠诚度。

综上所述，营销渠道设计的根本目标就是确保设计的渠道结构能适应企业市场定位的目标，能够充分发挥企业的资源优势，能够实现渠道销量的最大化和市场占有率的最大化，并确保制造商对渠道的适度控制，具有一定的渠道调整和完善的灵活性，以便于渠道的可持续发展。

课堂思考：为什么要设计渠道目标？渠道目标具体有哪些？

提示：目标能够引领工作前进的方向，中共十八大以来，党在引领全国人民实现伟大中国梦的进程中，树立了愿景目标。十九大以来的五年，是极不寻常、极不平凡的五年。党中央统筹中华民族伟大复兴战略全局和世界百年未有之大变局，制定"十四五"规划和2035年远景目标，全面总结党的百年奋斗重大成就和历史经验等重大问题作出决定和决议，就党和国家事业发展作出重大战略部署，团结带领全党全军全国各族人民有效应对严峻复杂的国际形势和接踵而至的巨大风险挑战，以奋发有为的精神把新时代中国特色社会主义不断向前推进。渠道目标可以从市场占有率、销售额、销售增长率等方面来设计。

海底捞首位女服务员杨丽娟

思考：杨丽娟的成长经历给了你什么启示？

四、营销渠道目标的设计

（一）渠道设计的原则

企业在进行渠道设计时，一方面要追求销量和市场覆盖率的最大化，另一方面也要考虑投入成本，要考虑企业的资源状况，考虑如何通过最小的投入、最有效的管理，达到渠道效益最大化等问题。渠道的设计是要讲究科学的，不能盲目贪大，也不能随意行事。没有哪种渠道形式、结构是绝对好的，关键是要根据企业的具体情况和需要因地制宜地进行设计和选择。为此，我们提出营销渠道设计的九大原则：顾客导向原则；通畅高效原则；发挥优势原则；利益均沾原则；分工合作原则；覆盖适度原则；稳定可控原则；协调平衡原则；变通与创新原则。

1. 顾客导向原则

现代营销追求"顾客导向"，企业必须将顾客的需求放在第一位，以顾客导向的经营思想设计渠道，使顾客方便购买，这是4C营销便利性的要求。这就需要企业进行周密细致的市场调查研究，不仅要提供符合消费者需求的产品，还必须使营销渠道的建设充分为目标消费者的购买提供方便，满足消费者在购买时间、地点以及售后服务上的需求。

2. 通畅高效原则

渠道的效率主要是指该渠道在产品销量和市场份额上的有效性，它是分销效果的最主要指标。有效的渠道设计应该能够实现渠道充满、实现销量和市场覆盖率最大化。企业选择合适的渠道模式，目的在于提高流通的效率，不断降低流通过程中的费用，使分销网络的各个阶段、各个环节、各个流程的费用合理化，销量最大化。

3. 发挥优势原则

企业在设计、选择营销渠道时，要注意发挥自己的特长，确保企业在市场竞争中的优势地位。现代营销的竞争是综合性的整体竞争，企业依据自己的优势，选择合适的渠道模式，能够达到最佳的经济效应和良好的客户反应，同时，企业也要注意通过发挥营销渠道管理的自身优势来保证渠道成员的合作，贯彻企业的渠道战略方针与政策。

4. 利益均沾原则

销售管理的实质是利益管理，利益是驱动渠道运转的动力。渠道设计的目标是双赢和共同发展，合理分配渠道利益是渠道管理与渠道合作的关键，而利益的分配不公常常是渠道成员之间冲突的根源。因此，企业应该设计一整套渠道利益分配制度，根据渠道成员担当的职能、投入的资源和取得的成绩，合理分配各渠道层次成员的利益。

5. 分工合作原则

渠道成员之间不可避免地存在着竞争，因此，企业在建立、选择营销渠道模式时，应充分考虑渠道成员之间的竞争性和竞争强度，避免直接竞争，设计优势互补性渠道。一方面鼓励渠道成员之间的有益竞争，另一方面要积极引导渠道成员之间的合作。加强渠道成员的沟通，协调其冲突，从渠道竞争走向渠道竞合，实现既定目标。

6. 覆盖适度原则

根据经济学"规模经济"和"规模不经济"的原理，企业在设计、选择营销渠道时，仅仅考虑流量最大化、降低费用是不够的，企业还应考虑其具体情况和管理能力，不能盲目贪大求全。因此，在营销渠道建设中，也应该避免扩张过度、分布范围过宽过广的情况，以免造成沟通和服务困难，导致无法控制和管理目标市场。

7. 稳定可控原则

企业在设计、建设营销渠道时，还有可控性的要求。因为企业的营销渠道模式一经确定，便需要花费相当大的人力、物力、财力去建立和巩固，整个过程往往是复杂而漫长的。所以，企业一般不会轻易更换渠道模式及成员。覆盖适度、畅通有序和可控制性是营销渠道稳固发展的基础，只有保持渠道的相对稳定和可控，才能进一步提高渠道的效益。

8. 协调平衡原则

企业在选择、管理营销渠道时，应该注意各个营销渠道层次和渠道成员类型之间的协调平衡，不能只追求自身利益的最大化而忽视其他渠道成员的局部利益，应合理分配各个成员的利益。这种协调平衡主要体现在价格体系的制定和渠道促销资源的分配方面，应该兼顾各个渠道成员的利益，实现他们之间的优势互补，比如经销商、大零售商和批发商之间存在各自优势特点不同、承担功能不同的问题，这就需要厂家进行协调和平衡，不能厚此薄彼。有人总结可口可乐成功的渠道真经就是"协调平衡"，即各渠道平衡发展。

9. 变通与创新原则

变则通，通则久。《孙子兵法·虚实篇》中说："兵无常势，水无常形，能因敌变化而取胜者，谓之神。"市场环境往往瞬息万变，成功只钟情于"会变、善变"的企业。过去的渠道设计再怎么完美，也可能会因为环境的变化而过时，一旦现有的渠道设计不再适应竞争的需要，企业应立即对渠道战略进行调整。

在设计渠道目标时要树立创新发展理念，环境是不断发展变化的，要设计好渠道目标必须有创新发展的思维。二十大提出贯彻新发展理念，着力推进高质量发展，推动构建新发展格局，实施供给侧结构性改革，制定一系列具有全局性意义的区域重大战略，推动我国经济实力实现历史性跃升。要做好渠道的顶层设计，敢于面对新矛盾新挑战，冲破思想观念的束缚，突破利益固化的藩篱，坚决破除各方面体制机制弊端。

▶ **案例阅读**

在日本，打火机原先一般都在百货商店或是在附带卖香烟的杂货店里售卖。可是，日本丸万公司在十几年前推出瓦斯打火机时，就把它交由钟表店销售。如今，日本的钟表店到处都是卖打火机的，这在以前是根本没有的现象。钟表店一向被认为是卖贵重物品的高级场所，在这里卖打火机，人们一定会视它为高级品。而在暗淡的杂货店、香烟店里，上面蒙着一层灰尘的打火机和摆在闪闪发光的钟表店中的打火机，这两者给人的印象当然是天壤之别了。丸万公司采取在钟表店销售打火机的方式收到了惊人的效果，他们的打火机十分畅销。由于采取的是反传统的销售渠道，使他们的打火机出尽风头，令人们产生了丸万公司的打火机非常高级的印象，丸万公司的打火机目前风行到世界的每一个角落。

（资料来源：分销渠道策略案例，https://www.renrendoc.com/paper/169411096.html）

思考：打火机为什么在钟表店这么畅销，说明了渠道设计的什么原则？

（二）营销渠道目标的设计

营销渠道设计是一个系统工程，当企业具体实施营销渠道设计时，首先要建立渠道目标。如何建立某一特定的渠道目标呢？一般是在分析目标顾客对服务要求的基础上辨别顾客的分销需要。

1. 分销目标要满足顾客对服务的要求

在设计营销渠道时，分销人员必须了解目标顾客对服务的要求，即人们在购买产品时想要的和所期望的服务类型和水平。如果生产者无力提供这些服务，就需要营销中介机构的助力了。

营销渠道可以满足以下五种服务要求。

（1）批量大小，批量是营销渠道在分销过程中提供给顾客的单位数量。一汽大众公司偏好能大批量购买的渠道，而消费者想要能允许购买一辆汽车的渠道。很明显，必须为大批量购买者和家庭购买者建立不同的营销渠道。

（2）等候时间，即营销渠道的顾客等待收到货物的平均时间，顾客通常喜欢能够快速交货的渠道。

（3）空间便利，即营销渠道为顾客购买产品所提供的方便程度。比如，海尔为给顾客购买提供更大的空间便利，签约了众多经销商，其较高的市场分散化帮助顾客节省运输和寻求成本，海尔还为电器维修提供全天候上门维修服务。空间便利的用途被直接分销进一步强化。

（4）产品品种多样化，即营销渠道提供的商品花色品种的宽度。一般来说，顾客喜欢较宽的花色品种，因为这使得实际上满足顾客需要的机会更多。比如，汽车购买者买汽车喜欢选择经营多家品牌的经销店，而不是只有单一品牌的经销店。

（5）服务支持，即营销渠道提供的附加服务，如信贷、交货、安装、维修等。服务支持越强，渠道提供的服务工作越多。

营销渠道设计者必须了解目标顾客的服务产出需要。提高服务产出的水平意味着渠道成本的增加和对服务的改进。折扣商店的成功表明了在商品能降低价格时，消费者愿意接受较低的服务产出。

2. 建立渠道经营目标

有效的渠道设计首先要决定要达到什么目标，进入哪个市场。渠道目标因产品特性不同而不同，具体如表 2-1 所示。

表 2-1 渠道经营目标

目标	要点
通畅	基本目标，直销或短渠道
增大流量	追求铺货率，广泛布局
便利	最大限度贴近消费者，广设网点，灵活经营
开拓市场	先依靠中间商，再组建自己的网络
提高市场占有率	直面竞争，加强渠道维护
扩大品牌知名度	争取和维系客户对品牌的忠诚度
经济性	关注渠道的开发与维护成本及收益
市场覆盖面积及密度	广泛分销及密集分销
控制渠道	凭借自身实力掌握渠道主动权

（三）营销渠道目标设计需要注意的问题

传统的市场营销行为很依赖线下渠道的支撑，比如人们熟悉的批发商、代理商、经销商、零售商等。营销渠道实际上是一种管道和路径，借助营销信息的传递完成企业所需的货物、劳务、信息量的转移，是一个很自然的经济现象。在设计营销渠道目标的过程中，企业管理者需要对各类要素进行分析，提出适配企业需求的目标和任务，以科学的目标设定促进营销渠道的畅通，助力企业的营销行为。从这个意义上看，营销渠道目标的设计方法和思路应包括以下几方面。

1. 结合企业战略规划，设计中长期目标

现代企业的可持续发展是一个延续的动态化过程，因而战略规划的设计不可或缺。战略规划指的是企业基于自身定位、发展愿景、未来进阶需求设计的一整套发展构想和实践规划，也可以视为企业持续发展的"愿景蓝图"。企业要以自身的战略规划为依托，设计中长期的营销渠道目标，作为企业整体营销活动开展的重要指引和抓手。中长期的营销渠道目标要具备这样几个特点：一是突出企业战略层面的特色与优势，比如加入企业整体的发展构想，不必拘泥于某个产品或某条业务线；二是中长期营销渠道目标要致力于营销渠道的扩充、深化和挖潜，要以此增强营销渠道扩展的工作水平；三是中长期营销渠道目标的设计要凸显企业的前瞻性判断，能够契合市场未来发展趋势，在"预判与探索"中为企业未来的营销活动蓄力。企业经营者和管理者要把握战略性要求，打造中长期营销渠道目标，为营销渠道扩展、营销活动的深化创造积极条件。

2. 优化营销策略，设计短期营销目标

除了中长期的营销渠道目标设计外，企业还要关注短期目标的设计和落实。实际上，短期的营销渠道目标对于企业发展更为重要，也更为迫切。如果中长期目标是指引企业营销渠道拓宽的"蓝图"和"范本"，那么短期的营销渠道目标更为务实，它需要管理者"精雕细琢"，并作为市场营销活动开展的依据和方向。比如，企业某款紧俏产品的营销工作，管理者需要结合产品的卖点、核心受众的需求与市场价格的起伏情况设计短期的营销渠道目标，适时对营销渠道和策略进行改进、优化，因此进一步推高爆款产品的热度，提升消费者黏性和老用户的忠诚度。这样一来，营销渠道的内化空间得到扩展，外部渠道的发掘也可以顺势推进，这对产品的销售大有好处，同时能够提升企业的品牌渗透力和辐射力。所以，从产品

销售、价格策略、品牌营销、企业推广等多个维度看，短期的营销渠道目标设计十分重要，这也是企业优化市场营销策略的重要抓手。管理者要设计适宜、可落地的短期目标，不断拓宽营销渠道，提升营销工作一体化水平。

3. 立足市场动态与用户需求，改进营销目标

营销渠道目标的设计是为了厘清营销渠道的构建和拓展方向，帮助营销人员更好地推进本职工作。从市场化角度看，企业发展过程中，营销渠道的构建决不能盲目而无序，因此格外需要清晰、立体的目标加以指引。在营销渠道目标的设计过程中，市场动态与用户需求两大因素发挥着重要作用，这也是营销部门必须重视的两类因素。

市场动态指的是企业产品所处细分市场的信息走势和基本变化等情况。依据市场动态设计营销渠道目标，这是现代企业营销工作的基本要求，体现了营销活动融入市场、嵌入产业的基本特点。营销人员要广泛搜集市场信息、产品数据和产业走势等各类资料，据此设计有针对性的营销渠道目标，确保营销渠道的构建、优化更加有的放矢。

另外，结合用户需求设计营销渠道目标，体现了"以人为本"的发展理念，实际上代表着新时期企业营销活动演进的时代走势——即尊重用户的诉求和体验，从用户角度设计营销渠道行动方案，改善营销工作举措和策略。对营销人员来说，时刻关注市场动态和用户需求，切实改进营销渠道目标，将促进企业营销工作的创新升级。

4. 秉持多元化思维，设定立体式目标

传统意义上的营销渠道相对单一，严重依赖线下的实体批发商、经销商、代理商、零售商等"市场主体"。从经济行为路径依赖的角度看，单一的营销渠道目标必然引发单一、单线条的营销活动，这对企业产品、形象、品牌的营销都是极为不利的。要想设计出更具竞争力的营销渠道与市场营销举措，就必须以多元化思维改进营销渠道目标，设计立体式、协同式的营销渠道目标，打造"目标导向"下的市场营销渠道模式，提升营销渠道的构建和融合力度。

例如，从营销工作的实体流程、所有权流程、付款流程、信息流程与促销流程入手，建构跨越多个层级、容纳多种主题的营销渠道目标，可以帮助营销人员更有效地开展工作，进而增强营销工作的综合品质。确立立体式营销渠道目标，将极大提升企业营销工作与经营、管理工作的融合度，对企业打造核心竞争力和优质品牌大有帮助。所以，多元化思维指导下的立体式目标，体现了现代企业营销渠道创新的基本趋向，对企业协同发展具有特殊价值。

5. 运用互联网模式，打造复合型目标

互联网的快速发展和深度应用是21世纪科技革命的重要底色，也是企业营销渠道目标设计的大背景。传统的依赖线下平台和批发商、代理商、经销商的营销渠道过于单一，在各类不可控因素的冲击下很容易出现断链、缺环的情况，对企业营销活动的持续推进十分不利。尤其是各类"黑天鹅事件"的出现，如自然灾害等，都会给营销渠道的设计带来负面影响。基于此，要把握互联网技术的应用优势，打造复合型的营销目标，提升营销渠道目标设计的多样性，创造更多的营销渠道选项，为企业开展多维度营销提供支持。从企业自身的角度入手，互联网模式下的复合型营销渠道构建要突出重点，展现企业特色和独特价值，形成线上线下的贯通，以循序渐进的目标推动市场营销深化，助力企业销售、经营和管理创新。唯有如此，营销渠道目标的设计才能契合企业诉求，助力企业持续发展。

课堂思考：

1. 对营销渠道目标的设计进行探索，分析营销渠道目标设计的关联性因素以及行动举措。

2. 从商品因素、市场因素、竞争对手、制造商、环境因素等方向着手，探讨设计营销渠道目标时需要考虑的主要内容，提出可行的方案和建议。

思政小故事

佳明毕业在即，下一步应该怎么办？有很多的路摆在他面前。大学四年，佳明对自己所学的专业并不满意，他想从事一个新的专业，可是他对这个新专业的知识了解得并不多，用人单位又怎么会轻易录用一个"门外汉"？他没有信心，于是给自己制定了三套方案，第一，考研，继续学习本来的专业，拿到硕士学位，提高自自身价值。第二，找一份自己所学专业的工作，放弃所有好高骛远的想法，老老实实地工作。第三，随便找份工作，半工半读，等到有一定经验之后再考虑转行。方案虽好，他却开始犹豫了，不知道到底选择哪条路，甚至没有为选择做什么准备。时间一天天过去，佳明总对自己说，不怕，车到山前必有路，到时候自然就解决了。别的同学有的放矢地备战考研，有的已经和企业签约了，佳明还在一天一天的等待着……

（资料来源：宋洁《人生三修：道家做人、儒家做事、佛家修心》）

思考：这个故事说明了什么道理？

但凡成功的人，他们心中都有一个永恒的目标，并为这个目标一如既往地去奋斗，最终获得成功。车到山前必有路，其实是一种自我心理安慰，它并不能代表长久，也不能代表能够解决问题，关键还是要靠自己去努力，去克服困难，只有这样才能战胜困难，实现一个个目标。

任务实践

学习了本任务的内容之后，要掌握营销渠道的目标设计。请自由结组并选择自己熟悉的企业或产品，利用 SMART 原则，为其进行渠道设计。

SMART 原则

任务二 掌握营销渠道设计的影响因素

学习目标

（一）知识目标

1. 大体了解营销渠道设计的基本概念和内涵。

2. 理解营销渠道设计的需求点和应用现状。

3. 掌握营销渠道设计的影响因素，归纳总结相关要点。

4. 对营销渠道设计的影响因素进行验证。

（二）能力目标

1. 能够准确说出营销渠道设计的基本含义。

2. 能够清晰描述营销渠道设计的影响因素及其表现。

3. 能够完整阐释营销渠道设计的案例成因，进行理论化表达。

（三）素质目标

1. 逐渐形成整体性思维，能从营销渠道设计的全流程进行思考，形成对营销渠道的立体式理解。

2. 全面掌握营销渠道设计的影响因素，对各类因素进行现实验证，形成一体化认知。

3. 形成团队合作意识与创新探索思维，能更好地从企业发展的维度入手，在营销渠道设计的探究中形成立体认知，掌握全局性观念和协同能力，形成较为优化的实践技能。

任务导入

情景一：

大学毕业后，许多人选择从事创业活动。有的毕业生根据自己的专长和爱好开始与小伙伴一起创业，参与各类趣味性的创业项目和活动。在创业起步阶段，创业者必须了解市场营销活动的周期性概念，形成对营销渠道知识和应用常识的理解。有的大学毕业生与创业伙伴开奶茶店，一方面满足自己的"口腹之欲"，另一方面则是从自己相对熟悉的领域切入，提高创业的热情与投入度。在奶茶店创业过程中，大学生创业者很容易出现"浅尝辄止""三分钟热度"等突出问题。尤其是因缺乏基础的创业素质和应变能力，以及对市场和用户的认知、预期不足而导致创业受挫。

比如，开奶茶店之后需要进行店铺、产品的推广，需要从线上线下两个维度打造营销渠道。在此期间，创业者必须打造优质的营销模式，拓宽营销渠道的影响力，提升产品的差异化竞争力。在缺乏外部资金、人力支援的情况下，大学生创业者很难以系统化思维构建营销渠道和营销模式，产品的同质化现象愈发突出。许多大学生创业者会按照自身的喜好和熟悉度来选择创业项目，缺乏对市场、产业动态的完整了解，缺少科学的营销渠道目标，对影响营销渠道的因素也缺乏认识。如此一来，创业项目的起步将十分艰难，"奶茶店"创业也将很快宣告结束。

课前思考："奶茶店"创业为什么日益遭遇失败？大学生创业者在创业过程中犯了哪些错误？从营销渠道角度看，可以得到哪些启示？

情景二：

企业发展过程中，市场营销工作的开展首先要建立链条和通道，其中市场营销渠道的构建十分重要。营销渠道是营销工作推进的管道和支点，关系到营销全链条的运行状态，因此格外重要。鲜丰水果是内地著名的水果生鲜品牌，在全国各地设有分公司以及各层级分店。截至目前，鲜丰水果在全国拥有超 2 400 家门店，下辖 19 个城市分公司，辐射全国 15 个省、63 个市、200 余个县。营销渠道的搭建是鲜丰水果的一大特色。为了增强营销能力，鲜丰水果在全国建立了 7 个总仓，国内外共合作 254 个种植基地，还建立了大规模的现代化仓储配送中心，有力支撑着水果类产品的营销、零售，确保了企业的高速运转。一方面，鲜丰水果拥有完善的供应链，供应链直达种植基地，尽可能地减少中间商，他们直接从种植基地采购，采购的价格比水果批发市场上的要低很多，速度也更快。水果从种植基地运送到配送中心后，直接由配送中心配送到相应门店，再由门店进行销售。这种供应模式基本上实现了零库存，能够最大程度避免水果损耗。另一方面，鲜丰水果开展了立体式的营销渠道扩充工作，不仅拥有专业化的营销团队，而且在积极探索全国性的"百城万店"的布局，开展线上线下营销渠道的优化，对影响营销渠道的要素进行整合，提升了营销运转效率，为"新鲜，丰富"的水果产品供应和销售提供了有力支持。

课前思考：鲜丰水果的营销渠道构建有哪些特色和"过人之处"？鲜丰水果打造了高水平、立体式的营销渠道，对营销营销渠道的要素开展了有效整合，这样做的好处有哪些？结合专业知识，分析一下鲜丰水果营销渠道相关工作推广的可行性与必要性。

▶ 任务分析

渠道设计的最终目的是更好地销售产品，但世界上没有万能的渠道模式，任何行之有效的渠道都是因地制宜和因时制宜的产物。一个成功、科学的营销渠道方案能够更快、更有效地推动商品广泛地进入目标市场，为生产商及中间商带来极大的现实及长远收益。因此，营销渠道的设计应充分考虑各种限制因素，制定出适合组织产品或服务特性的营销渠道，促使组织营销目标的实现。

▶ 案例导入

市场变化不断木门企业营销需回归消费者本源

我国现代木门发展很久了，木门产品由最初的满足功能性需求，发展到现在满足消费者的品位、文化需求；从产品仅仅是满足共性需求，发展到现在满足个性化的求美、求新需求。木门市场的划分开始细化，由产品竞争、价格竞争转向定位竞争、市场细分竞争。

针对目前产能过剩、产品同质化现象严重、行业标准缺失、渠道管理混乱等使企业陷入困境的市场环境，木门企业应审时度势地采取一些行之有效的营销措施。最重要的是，无论市场环境如何变化，企业营销都要回归消费者本源。

1. 地区、习俗差别带来的消费者习惯差异

由于我国地广人多，各地区的习俗、审美以及消费习惯有很大的差异，企业需要根据不同的地区特点打造差异化产品，满足不同消费者的需求。

木门企业同样也应如此。比如南方的天气比较潮湿，消费者比较看重产品的防潮功能，企业面对南方市场时就应该开发具有此种功能的木门产品，这样才能赢得消费者。

2. 分析并最大限度满足消费者需求

在产品的销售过程中，营销渠道起着非常重要的作用。营销渠道就是商品或服务从生产者向消费者转移过程的具体通道或路径。

同样的销售渠道，考虑的角度不同，便会产生截然不同的结果。一些木门企业站在自己的利益角度片面地理解销售，而另外一些成功的企业则是站在消费者的角度以满足消费者需求为基准，在同样投入的情况下收到了不一样的效果。

在木门制造竞争进入白热化的今天，营销渠道尤为重要。木门企业必须精准分析消费者的需求，有目的地引导消费。正所谓"知己知彼，百战不殆"。

▶ 案例分析

第一步：导致消费者差异性的原因是什么？

第二步：满足消费者需求对于渠道方案制定的影响体现在哪些方面？

▶ 名人语录

营销是没有专家的，唯一的专家是消费者，就是你只要能打动消费者就行了。

——史玉柱

▶ 知识精讲

一、分析营销渠道设计的影响因素

中国古代典籍《列子·汤问》中记载了愚公不畏艰难，坚持不懈挖山凿石的传奇故事。愚公为了移走挡在自家门口的太行、王屋两座大山，带领子孙挖山不止，最终感动天帝，两座大山被移走，愚公的梦想得以实现。中国人常说"逢山开路，遇水搭桥"，说的就是要办成一件事，必须有通畅而正确的路径，这就是所谓的渠道。

在农业水利工作中，渠道发挥着通流功能，确保了水资源可以被输送到沃野良田中；在市场经济条件下，渠道的概念同样十分重要，在某种程度上，渠道决定了市场营销运转的效率和水平。所以，对营销渠道进行探讨，无疑具备现实意义。

日本著名的企业家稻盛和夫曾经说，在经营出现困难的情况下，企业里的每个人都要成为营销工作的一分子。换言之，只有每个人都参与到营销渠道的拓展工作中，才能壮大企业的根基，企业的发展才能持续推进。

与稻盛和夫几乎同时代的松下幸之助因为创建了著名的松下公司而被誉为"经营之神"。松下幸之助早年从事最基础的市场营销工作时，对于如何设计、开辟全新的营销渠道有自己的感受和心得。松下幸之助认为，顾客的满意是成功经营的基础。要想做好销售，首先就是不把销售当销售，只有以对待亲人的方式对待客户才能取得成功。对松下本人来说，这一点始终是他营销工作的信条。无论是 11 岁时在街边推销香烟，还是 40 岁时推销知名的松下牌电风扇、冰箱，他始终把营销渠道的拓展与个人秉持的信念视为一体，并形成了独特的松下营销风格，受到世人的追捧和效仿。

可以看出，市场营销工作的开展，不能离开多元、通畅的营销渠道的支撑，而设计高效的营销渠道则需要企业管理者睿智的思考与灵活的把握，要使营销渠道符合产品推广要求，符合企业发展的特点。

美国市场营销学权威菲利普·科特勒认为："营销渠道是指某种货物或劳务从生产者向消费者移动时，取得这种货物或劳务所有权或帮助转移其所有权的所有企业或个人。简言之，营销渠道就是商品和服务从生产者向消费者转移过程的具体通道或路径。"

对企业经营者和管理者来说，拓宽、打通营销渠道，或根据企业需要设计高效的营销渠道，不仅是开展企业营销工作的前提，也是企业销售能力增长的前提。鉴于此，要科学把握营销渠道设计的影响因素，并结合相关因素提出可行性建议，促进企业营销渠道设计工作的开展。营销渠道设计的影响因素主要有以下几方面。

（一）市场营销目标

企业在打造营销渠道时很容易受到营销目标的影响，这也给管理者提出了很高要求。例如，为了迅速提高市场占有率，企业一般会选择多层级渠道结构；为了降低销售成本，营销人员通常要选择简单的销售渠道结构。再如，为了加强渠道的控制力，需要设计层级较少的营销渠道以增加营销运转频率；为了达到较高的铺货率，营销人员需要设计多层级渠道结构，满足不同层次的营销需求。

（二）产品因素

企业的产品是影响营销渠道设计的核心指标之一。比如产品的定价、自然属性、受众喜爱度、用途及功能、市场生命周期、技术与服务性要求等，都是设计和打造营销渠道时必须衡量的因素。

（三）企业自身因素

内因在很大程度上决定了企业营销渠道设计的走向。从企业自身看，企业的规模、发展水平和营销实力等要素，都会给企业营销渠道设计带来显著影响。另外，企业的产品组合情况与营销渠道的控制能力，也会给营销渠道的打造带来不确定性。

（四）外部环境因素

外部市场的快速变化是企业营销渠道设计时必须考察的重要因素。例如，在经济繁荣、市场兴旺的环境下，营销渠道的扩充和发展自然十分有利。而一旦出现类似新型冠状病毒感染这样的不确定因素，市场萎缩、人民消费能力下滑，营销渠道的设计自然受到影响。此外，政府出台的政策法规等，也会给企业营销渠道设计与营销行为带来突出影响。

（五）市场变化因素

市场的状况及其变化会给营销渠道设计带来显著影响。具体来说，这种影响表现在这样几方面：①市场的大小与潜在顾客的多少；②目标市场的分布情况；③竞争者的分销渠道及其策略；④目标受众的购买力与购买欲望。

二、设计营销渠道

营销渠道在很大程度上决定了市场营销工作的效果。

因此，对营销渠道类型的关注一直都是企业经营者和管理者工作的重中之重，也是决定企业运行效率和水平的重要因素。琳达·哥乔斯、爱德华·玛瑞恩和查克·韦斯特的著作《渠道管理的第一本书》明确提出，企业内部和外部的代理商和经销商的组织机构，通过他们的运作，商品才能得以上市销售。可以看出，权威学者认为各级参与影响的主体必须加强合作，才能提升营销工作的水平，商品的流通和运转才能实现。

换言之，营销渠道的不同类型决定了商品流转的方式和质量，也在很大程度上决定了商品背后的企业的发展质量。因此，企业管理者要对常见的营销渠道类型有清晰的认识。具体来说，营销渠道主要包括以下几类。

（一）直接营销渠道

直接营销渠道也被称为直销或零级渠道（Direct Marketing Channel），指的是生产者与消费者完成直接联系的营销方式。在直销模式下，营销渠道的效率较高，消费者与生产者的关系更为密切。IBM、惠普、联想等公司都是善于使用直销渠道的代表。

（二）间接营销渠道

相对于直接营销渠道而存在的间接营销渠道（Indirect Marketing Channel）是指存在一个或多个中介机构的营销渠道。这种营销渠道涉及的中间商更多，相对步骤更为烦琐，也对参与营销的各方提出了更高要求。

（三）宽营销渠道

随着中间商数量的增加，营销渠道的"宽度"增加，营销的效率也会提高。

（四）窄营销渠道

窄营销渠道相对于宽营销渠道而存在，当分销渠道内每个层次上使用同种类型中间商数目减少时，较窄的营销渠道就形成了。

（五）垂直营销渠道

在传统的营销渠道之外，垂直营销渠道是生产者、批发商和零售商组成的一种统一的联合体，通常包括公司式、管理式、合同式等类型。为了适应不同营销场景，垂直营销渠道的选择也存在差异。

（六）互联网营销渠道

运用互联网平台和信息技术进行市场营销，如人们熟知的电子商务平台，可以极大提升营销效率，对营销渠道扩充也大有好处。

营销渠道是企业开展市场营销工作必须考虑的重点，也是企业开拓市场、打造核心竞争力的重要环节。企业管理者要从企业定位、产品特点、销售需求等因素入手，选择适宜的营销渠道类型，为制定一体化的市场营销举措确立基础。从这个意义上看，企业在选择营销渠道类型的过程中，需要着重考虑以下因素。

1. 按照企业定位选择营销渠道

不同企业的类型和定位存在差异，因此营销渠道的选择也存在差别。依照企业性质和自身定位的不同，管理者在选择营销渠道类型的过程中要个性化考虑，最终做出符合企业利益的判断和选择。

2. 围绕产品特性确定营销渠道类型

不同产品的特点决定了企业营销渠道选择的差异。有些产品适合直接销售，因此企业直销的方式容易被接受；有的产品适合外包、分销，因此企业会选择分包的方式进行营销，这样可以节省成本、提升营销效果。

3. 依照企业规模和实力选择营销渠道的类型

企业在选择营销渠道类型的时候必须结合自身实力和发展规模做出明智判断，这样才能将市场营销行为与企业利益深度捆绑，进而为企业发展创造最大效益。企业实力不足时，要选择合作伙伴共同进行营销，降低营销风险，提升共同发展的能力。

4. 考察外部市场动态变化，确定营销渠道

当外部市场出现明显波动时，企业选择的营销渠道类型也要发生变化。比如，经济下行时，企业的营销渠道要尽量缩短，提高稳定性，确保充足的现金流；当经济状况较好时，企业可以增加营销渠道、扩充营销渠道内容，在开辟业务线的同时提升企业的影响力。

5. 依照企业中短期规划，选择适宜的营销渠道

企业在发展和运行过程中，随着中长期目标与短期目标的不断校正，所运用的营销渠道和方式也会发生变化。比如，企业为了获取短期内的良好效益，可以选择"直销+分销"结合的模式，这样可以扩大影响力，提升销售能力。当然，企业为了打造良好的品牌形象，也要改变营销渠道的类型，其目的是适应市场变化与企业战略转型的要求。

● 思政小故事

药店售假被罚，供货方是否要担责？

××药店通过正规渠道进货，没想到供货方提供的却是假药，导致被罚款。该药店一怒之下将供货方告上了法庭，造成的损失该如何分担呢？法院最终判决供应商也要承担一半的责任。

药品采购两年后被抽查认定为假药，药店供货方闹上公堂。2018年10月，该药店从某药业公司处采购药品一批，其中包括生产批号为180301的砂仁500克。

2020年8月，市场监督管理局会同食品药品检验所对该药店在售的药品进行抽查，将抽检的砂仁送检后，认定该批砂仁是假药。市场监督管理局因此对药店做出处罚，决定没收违法所得，停业整顿并处罚款。

2021年4月，该药店向市场监督管理局缴纳了全部罚款。事后，该药店与××药业公司曾就分担罚款事宜进行协商，未能达成一致意见。该药店认为药业公司应向其赔偿罚款造成的全部损失，遂诉至法院。

药业公司抗辩称，不同意药店的诉请。其是合法经营的企业，具备药品经营的相关证书，且进货渠道合法合规，不存在经营假药的行为。药店主张被查处的药品是2018年10月5日从该公司处采购的意见不符合日常经验，仅500克的砂仁经过3年后仍有存货，不符合常理，不能排除药店存在串货调包的行为。

根据案件事实和证据，药店因此造成的损失包括没收违法所得和罚款，法院酌情认定该部分损失应由药店、药业公司各自承担50%，并驳回药店其他诉讼请求。

××药店不服判决，提起上诉。广州市法院二审判决：驳回上诉，维持原判。

法官意见：一方供假药，一方不认真查验。

该案例给我们的启示是：人无信不立，商无信不兴。诚信原则作为民法典的重要条款，也是市场经济主体从事经济活动所应当遵循的基本原则。药业公司出售假冒产品给他人造成损失，理应为自己的失信行为付出代价。但是，当地市场监督管理部门在查处时也指出，该批砂仁的形状、尺寸、颜色、疏生短柔刺等性状可以通过感官大致判断，该药店作为药品销售企业，进货时并无认真查验即收货上架销售，对于造成的损失也负有相当过错。

在此也提醒广大经营者，药品与人的身体健康及生命安全息息相关，稍不注意就会对身体造成损害。因此，在销售药品时，应对药品履行审查义务，如果怠于履行职责，将会面临相应的法律责任。中共二十大提出"人民至上"，要以人民为中心的服务理念，对于企业来说，要做到诚信经营，遵守国家的法律法规，不要做伤害人民利益的事情。

（资料来源：药店售假被罚，供货方是否要担责？法院判了，https://baijiahao.baidu.com/s？id=1742334489354844746&wfr=spider&for=pc，2022-08-28）

三、如何进行新零售的业务推广

2015年9月13日，小米之家当代商城店在北京正式开业，许多用户第一次在线下看到

了"小米商店"的庐山真面目。作为一家创立于 2010 年的互联网模式的手机公司，小米始终在探索市场营销与受众需求之间的边界，并找到了新零售这条全新的跑道。从小米之家开始，小米便开始了线下疯狂开店的步伐，并在 2020 年年底达到了全国 10 000 家店的峰值。

在小米线上业务快速上涨的背景下，雷军果断选择了新零售这个全新的业务方向，这引发了人们极大的关注和好奇心。数据显示，自 2015—2016 年小米之家疯狂扩张开始，每一个线下的小米门店几乎都是当地商场中人流最大、销售量最高的单店。小米每家门店平均面积达 250 平方米，平均年销售额约 1 000 万美元，且仍然保持着可喜的增长态势。目前，小米之家的楼面效应（销售面积/平方米）居世界第二，仅次于苹果的线下零售店。

遍布全国各地的小米之家，实现了"销售—服务—保障—再销售"的良性循环和一体化营销，建成了"销售的地方有服务，有服务的地方有销售"的线下营销场景，打通厂商和消费者之间的最后一公里，展现了新零售模式的巨大威力。

雷军选择拓展小米之家的新零售渠道，目的是更好地统筹线上线下资源，打通互联网与实体店的关联渠道，为小米业务创新提供更多元的能量支持。至少从目前看，以小米之家为代表的新零售模式催生着小米业务不断攀升，对于小米品牌竞争力的塑造也有积极作用。

通过小米的案例不难看出，新零售模式是不同于传统零售的一种新型市场营销与销售策略。尤其是互联网思维的加入，使新零售突破了传统的实体店售卖的限制，极大优化了顾客的感受和体验，产品、品牌的有效推广起到了独特作用。概括来说，新零售的业务推广模式，大致具备如下特性。

（一）线上线下深度交融

新零售模式以线下实体店为支撑，以线上的互联网营销为载体，形成线上线下深度交融、有效捆绑的运营新业态。

（二）智慧型体验不断优化

借助现代科技的加持，新零售业务中的智能试妆、隔空感应、拍照搜索、语音购物、VR逛店、无人物流、自助结算、虚拟助理等图景将大面积应用，这将极大改善消费者体验。

（三）以消费者为中心

新零售业务模式是以消费者为中心的会员、支付、库存、服务等模式的集成，对于消费者的诉求和感受会最大限度地加以满足。

（四）新型技术的充分运用

在新零售的业务推广过程中，大数据、云计算、人工智能等新型技术得到有效普及和运用，企业方可以通过技术平台进行数据分析与研判，从而制定个性化的零售模式，最大程度较低了企业成本，提高了运行效率。

企业为了更好地提升销售能力，筑牢市场营销与发展基础，必须走新零售业务拓展和推广之路。基于此，企业管理者要围绕新零售的市场动态，设计新零售业务推广的有效举措，实现企业可持续发展。

1. 把握细分市场，锁定核心受众

锁定企业产品的核心细分市场，对主要的目标用户进行分析，这是新零售业务推广的前提。

2. 打造特色化的零售实体店

线下的特色实体店是新零售推进的依托。企业要把握产品和品牌特质，打造个性化的实体店，实现线上品牌与线下体验的统整，增强消费者的体验感。

3. 搭建完善的线上营销与体验平台

实体零售店为消费者提供了"逛商场""货比三家"的良好体验，而线上营销模式的渗透则增强了实体店的销售能力，二者的融合意义重大。

4. 推进销售与服务一体化设计，优化消费者体验

把销售和服务统一起来，这是新零售业务推广的核心工作，也是提高消费者忠诚度的重要方法。比如线上下单、到店自取的购物方式就深受年轻消费者的青睐。

5. 数字化运营与大数据技术分析

新零售的业务模式以数字化运营为重点，比如门店的数字化基础设施建设、线上店铺的数字化和自动化管理等。此外，借助大数据分析来刻画用户画像、描绘用户需求点，能够增强新零售业务的竞争力。

6. 线上线下资源整合与物流体系重构

在新零售业务体系中，线上线下的产品资源得到优化配置，物流模式重新整合，零库存、零积压将成为企业零售的重要优势。

> **案例阅读**

百事可乐的营销渠道选择

1903 年 6 月 16 日，一个名为 Pepsi-Cola 的品牌在美国被注册。经过 100 多年的发展，这个品牌成为最著名的饮料品牌之一，与可口可乐比肩而立，在世界各地的肯德基餐厅内随处可见"它的身影"。Pepsi-Cola 就是人们熟知的百事可乐。

2002 年，一个百事可乐的电视广告片在内地反复播放，其中不仅有中国足球运动员谢晖，同时还有世界级球星贝克汉姆、卡洛斯、贝隆等人。广告片中一众足球明星面对 6 位强壮的相扑运动员的阻隔，运用百事可乐赋予的能量，最终突破了体壮如牛的相扑运动员的阻隔，成功完成了射门，取得了比赛的胜利。

2006 年德国世界杯期间，百事可乐邀请蔡依林、Rain 等当红明星，拍摄了百事可乐的广告片，在营销上取得了极大成功。到了 2022 年，恰逢卡塔尔世界杯如火如荼的举办，一款名为"梅西小罗街头大乱斗"的广告片在互联网上快速传播。广告片中，球王梅西与曾经的世界足球先生小罗来了一场"真刀真枪"的对抗赛，吸引了无数人的目光。在国内，杨幂为百事可乐拍摄了广告片，也辐射了电视、互联网、线下渠道，有力增强了百事可乐的国民认可度。

可以看到，作为与可口可乐竞争多年的重要饮料品牌，百事可乐的营销渠道选择十分独特，往往与"运动""热血""足球""青年人""明星"等标签形成密切关联，这也塑造了百事可乐贴近年轻人、靠近运动和时尚的品牌形象。

在营销渠道的选择上，百事可乐注重对各个渠道的有效整合，充分调动核心受众、潜在消费者的热情。百事可乐运用了电视、平面媒体、互联网、社交媒体等多重渠道，实现了营销渠道的全覆盖。百事可乐注重对影响营销渠道要素的整合，对市场变化、竞争对手情况、消费者需求、自身特点等进行了立体分析，提出了更为合理、全面的营销策略，有效提升了营销渠道的渗透力、影响力。

对于当代大学生而言，如何更好地应对市场变化，如何在创新创业中敏锐地把握营销渠道的影响因素，做出合理的营销策略选择，这一点相当重要。

百事可乐的案例说明，企业的营销渠道选择既要保持自我定力，又要足够坚持自己的路线，还要随着"事与势"的变化做出相应调整，优化营销渠道实践模式。百事可乐坚持自己的品牌定位，亲和、年轻、运动且时尚，这是其产品与品牌形象的底色，数十年来几乎没有大的变化；此外，百事可乐随着市场和消费结构的变化，也在不断优化营销渠道模式，比如加大互联网、社交媒体渠道的投入力度，拥抱新媒体和新业态，不断创新营销方法，提升营销的立体辐射力。

在竞争极为激烈的商业世界里，任何人都不可能永远保持优势。曾经在国内畅销的汇源果汁、天府可乐、非常可乐等，都因为营销策略失当、经营模式僵化、战略决策失误等原因，已然消失在历史洪流中。如何更好地把握外部市场变化与自身发展需求，打造营销渠道的有效模式，成为企业的核心议题之一。

创新、发展、整合、提升、优化、升级，实际上代表了新时期企业营销渠道设计、营销策略选择的基本方向。更好地打造营销渠道，对影响营销渠道的因素进行综合梳理，目的就是提升营销效果、助力产品销售。从这个意义上看，对营销渠道影响因素的把握，既要成为营销人员工作的重点，也要成为企业管理者关注的重要内容。

思考：

1. 从百事可乐的市场营销渠道构建及营销模式选择上，结合专业知识，说出或写出自己的心得体会。

2. 结合百事可乐或类似案例，分组探讨企业营销渠道选择中影响因素的功能，并对影响营销渠道的因素进行梳理和概况。

任务实践

随着营销环境的不断变化和技术的更新，给传统的营销渠道带来了巨大的挑战和机遇。对于传统的营销渠道来说，如何利用信息化和数字经济进行渠道的变革显得尤为重要。请结合案例完成以下任务。

德克士的扩展和发展

任务要求：通过阅读材料，思考分析以下问题并进行分组讨论。

1. 德克士品牌最初进入中国市场后，市场营销与经营工作为什么会连续遭遇失败？

2. 德克士市场经营与营销渠道模式的转变，体现了市场营销渠道构建中哪些影响性因素？转型的根本原因是什么？

3. 结合所学的专业知识，总结德克士主攻二三线城市的营销举措及其表现，并分析德克士市场营销行为、营销渠道设计的基本特点。

4. 德克士营销渠道的重构，带给当下的人们以及创业者哪些启迪？

任务三　制定营销渠道设计方案

学习目标

（一）知识目标

1. 了解营销渠道调整的理由。
2. 了解渠道调整优化的方向。

（二）能力目标

1. 能根据实际情况，科学地选择和优化营销渠道。
2. 能正确运用营销渠道类型，组织并开展具体产品的营销渠道活动。

（三）素质目标

1. 培养良好的营销渠道思维习惯，能以认真负责的态度进行营销渠道类型的运用实践。
2. 在工作中热情服务，勤于思考。
3. 在工作中实事求是，注重调查。
4. 在工作中勇于开拓，善于创新。

任务导入

为什么在学校随处可以买到可口可乐，而电脑只能在电脑市场或商场才可以买到？这些就是渠道设计的问题，需要渠道设计者根据营销渠道的类型和不同的产品进行渠道设计。

课前思考：

1. 如何选择营销渠道类型？
2. 营销渠道系统结构是什么？
3. 如何优化营销渠道？

任务分析

产品如何在激烈的市场竞争中，赢得市场、赢得利润？如何在激烈的市场竞争中，整合资源、变革创新、成功突围？如何在激烈的竞争中建立起最适合自己发展的营销渠道，营销渠道设计方案尤为重要。通过建立特有的渠道，实现渠道管理差异化来获取竞争优势是可能的，而且渠道竞争优势不易被模仿，是企业持久的竞争优势。

案例导入

直销、传销与非法传销

20世纪80年代，安利、雅芳等国外企业带着传销模式进入我国，传销在我国迅速兴起。紧接着，一些不法商人看到了传销模式的诱人之处，打着直销的旗号，利用传统模式去销售假冒伪劣产品，欺骗自己的亲人、朋友，利用消费者的无知牟取暴利，于是传销被非法传销所笼罩，直销与传销混为一谈。在这种情况下，国家于1998年出台政策打击非法传销，但屡禁不止。2005年国家颁布了禁止传销的条例，视所有传销活动为非法，并且颁布了《直销管理条例》以澄清直销与传销的关系，使直销得以健康发展。

安利模式究竟属于直销还是传销

1998年，中国政府颁布打击非法传销的法令，2005年又颁布了禁止一切传销活动的禁令，并颁布了《直销管理条例》。这给像安利这样的厂家留下了一个余地，要证明不是传销而是直销，必须满足三个条件：第一，投资额1 000万元以上；第二，有自己的工厂；第三，有自己的店铺。这三个条件安利都满足了。

安利在中国目前有110多家店铺。安利总裁狄维士介绍："安利将来会继续投资，店铺数量将极大增长。"一位安利的北京直销人员向记者介绍，安利店铺上午10点半开门营业，下午7点半关门。每天不到10小时的营业时间，对于这样一个超市型店铺而言，营业时间实在太短。实际上，安利并未赋予店铺一个单纯的利润制造者的角色。安利中国店铺的经营重心其实不在于直接销售。"我们的店铺不仅是出售产品的地方，而且提供产品售后服务，并对雇用的推销员提供提货培训服务。"狄维士对记者说。

安利在北京只有3家店铺，可见目前店铺的投资并不是安利的重点。在全球市场中，安利为了节约成本，也并未开设太多店铺，而只是使用直销人员。也许在安利看来，开设一定数量的店铺是为了给谈"传销"色变的中国政府和消费者吃一个定心丸。传销和直销其实源于同样的英文表达——Direct Selling，只是在各地的称谓不同而已。我国香港和台湾地区将直销称作传销，在大陆，由于最早采用直销方式进行产品营销的以港台商人居多，于是也将这种营销方式称作传销。

安利中国公司总经理黄德荫曾经对媒体表示，传销在进入内地不久后就变味了，被一些非法分子利用变成了非法传销。所以，在目前的词义里，传销和诈骗、金字塔会、老鼠会是画等号的；而直销则是直接把商品和服务送到消费者手中，通过货物的直接销售来赚取利润，雅芳、安利等在国外都是采取人员直销的方式。

（资料来源：传销模式的商业伦理分析，https://wenku.baidu.com/view/917e7462453610661ed9f4ac.html?_wkts_=1699425446921）

思考： 安利到底是直销还是传销，你认为直销和传销有什么区别？

1. 直销

根据世界直销联盟的定义，传统意义的"直销"（Direct Selling）是"以面对面的方式，直接将产品及服务销售给消费者，销售地点通常是在消费者或他人家中或工作场所，或其他有别于永久性零售商店的地点"。所以，传统的"直销"通常指的是无店铺的直销，或者说是由直接的销售人员进行演示或说明的直销，是单层次的销售。

现代意义的"直销"是具有中国特色的直销，它通常是指不通过中间商而直接将产品和服务从生产者到达最终使用者的经营形式。在这个意义上，推销员直接把产品卖给最终使用者、邮寄销售或工厂经营零售等销售均属于直销范畴，所以，现代"直销"包括无店铺直销和有店铺直销两种形式，目前，雅芳、安利就是通过转型走的第二条直销道路。

无店铺直销的主要方式包括人员直销、自动售货机、网上直销等。人员直销是指销售人员在消费者家里或其他的非商店地点与消费者接触，上门直接向顾客推销产品或服务的一种渠道模式。人员直销的特点是产品随身携带、当面沟通和议价、有感情交流、现场交易，与店铺零售相比，交易地点由固定的商店变为灵活的顾客工作或生活的场所。

人员直销主要有几种类型：上门推销、办公室推销、家庭销售会、多层次直销等。直销可以分为单层直销与多层次直销两种形式，其中多层次直销就是通常所说的传销。

渠道管理专家伯特·罗森布洛姆认为："由于直销是强调高度的个人推销和在顾客家中

进行实际产品展示，所以，直销最适合销售高质量的产品和具有独特性能的产品，以及那些要求提供大量产品信息的商品。"

2. 传销

传销又叫"多层次营销"（Multi-Level Marketing），是一种以市场倍增学为理论基础，以人情为联系纽带，以人际传播推广为主要形式的商品营销方式。通俗来讲，传销就是传销人员在推销产品、取得报酬的同时，还着力建立、发展下游传销人员组织，并通过这个组织的整体销售业绩提升获取经济效益的一种营销模式。

其实，纯粹从营销理论角度看，传销绝对是一种非常有效的创新营销模式，它极大地发挥了人的作用，通过激发人追求利益的欲望，调动人的潜能，能够有效地实现产品的快速扩散，在人力资源丰富的国家和地区具有广泛的应用前景。该模式还节约了大量渠道推广成本，专用于对传销人员的奖励，实践证明是一种非常具有冲击力的优秀营销模式。但为什么传销在中国被政府打击和取缔呢？这完全是非法传销惹的祸。自 20 世纪 80 年代传销进入我国以后，一些不法商人利用传销的形式干非法传销的勾当，欺骗宣传，暴敛钱财，在群众中造成了极坏的影响，很多人因为缺乏相关的知识，因难以分辨直销和传销的本质而上当受骗。

（1）传销组织是一个等级分明的"金字塔"网络结构，每一个传销人员都处于传销渠道中的某一个层次中，同时又可以发展自己的下线网络，这样就形成了多层次的销售网络。传销人员大多要经人推荐并购买最低数量的产品才能加入营销网络，取得经销权，此后就能以独立经销商的身份从事传销活动并发展自己的网络。每一个层次的传销人员都只接受自己上线的领导，同时管理自己的下线网络。这样，较高级别的传销人员发展下游传销人员，下游传销人员再发展更下游的传销人员，如此扩散形成一个金字塔形的销售网络。

（2）传销组织带有浓厚的投机色彩。传销组织利用大众的投机心理来维持和发展组织，以加入销售网络取得经销权为诱饵，迫使想要加入组织的人员高价购买某种产品，获取非法暴利。传销人员也不是因为需要才购买，而是为了取得经销权并从发展下线中获得投机收益而购买。传销组织的计酬制度规定，每一个传销人员不仅可以自己发展下线，向下线销售产品获利，而且可以从自己所发展的整个网络中所有下级传销人员的业绩中按一定的比例提取所谓的"花红"，或者各类"奖励"。因此，越是处于金字塔较高层次的传销人员就越能轻松地获得巨额的收入，众多下线的资金聚敛到少数上线的手中，使他们获得暴利。

（3）传销的投机性往往导致欺骗性。传销人员为了从发展下线网络中获利，常常利用欺骗的手段诱使他人入会，并收取高额入会费，且特别容易发展自己的亲戚、朋友、熟人入会。一旦被骗进入，为了减少损失，赚回原先投入的成本，这些人就会拼命发展新会员，整个组织会迅速扩张，但是，当处于金字塔最底层的会员看到继续发展下线没有希望时，整个组织就会瘫痪，并可能危及社会的安定。因此，严格区分直销与传销之间的差异，识别各种变相的传销形式，无论对促进社会经济的健康发展，还是避免人们上当受骗都具有重要意义。

由此可以看出，传销的理论基础来源于市场倍增学的原理，它充分利用了人们发财的欲望，而中国具有良好的人口基础；传销的文化基础则是人们之间的人情关系，在注重人情关系的中国，传销具有很好的土壤。正因为如此，传销自 20 世纪 80 年代引入中国就得到了迅速的发展，并被一些不法商人所利用，用于销售假冒伪劣产品，组织地下传销活动欺骗百姓，把传销搞成了非法传销，成为骗人的把戏，社会危害极大，进而彻底抹黑了传销的名声，使传销成为过街的老鼠，人人喊打。

3. 直销与传销的区别

直销与传销具有根本性质的不同。其区别主要表现在以下几个方面。

（1）销售代表角色不同。直销公司的销售代表是公司的雇员，而传销公司的传销商是独立的经销商。

（2）渠道长度不同。多层次传销是渠道长度最大的营销模式，而直销又称"零层次的业务管理模式"，传销则为"金字塔"结构。

（3）业务管理模式不同。直销企业的业务管理模式是"扁平化"结构，而传销企业的业务管理模式则为"金字塔"结构。

（4）销售激励机制不同。直销一般采用"底薪+佣金"的收入制度，传销则采用纯粹提成，外加发展下线奖励，上线从下线的经营业绩中取得收益。

（5）晋升导向不同。传销是纯粹的业绩导向，达到了什么样的业绩水平，就享受什么级别的待遇，不考虑综合标准考核。

（6）推广导向不同。直销是以服务为导向，突出厂家直接的服务和个性化需求的满足，而传销是"成功学"导向，靠激发传销员发财暴富的冲动取胜，带有很强的诱导性质。

4. 非法传销

自1990年美国雅芳公司进入中国以来，美国安利、仙妮蕾德等公司也相继进入中国市场开展业务，同时带来了直销、传销这种新的营销模式。随着市场的发展，传销逐渐演化为非法传销，变成了一种欺骗消费者的游戏，带来了严重的社会问题。

非法传销是指运用传销的模式销售假冒伪劣产品或莫须有产品且不在工商管理部门登记注册、不向国家纳税的非法经营行为。非法传销往往具有以下几个显著特征：传销员主要收入不是来自产品零售利润及其业绩奖金，而是以介绍他人入会收取"人头费"佣金为主；公司利润不是靠整体传销员的零售业绩，而是靠最底层新人入会费收入；组织结构上是一层层向下发展，形成"金字塔"式的几何效应；传销的产品往往是非正牌的假冒伪劣产品、暴利产品，甚至是莫须有的产品，无任何品质责任保险；传销机构往往没有在当地工商管理部门注册而是非法经营，因而又名"老鼠会"；所传销产品不准退货或退货条件苛刻，传销员权利缺乏保障；强调高报酬及坐享其成，推崇短期内快速诈取钱财的发财理念。可以看出，非法传销具有很大的欺骗性和强制性质，国家明令禁止。

根据2000年国家工商行政管理总局、公安部和中国人民银行发布的《关于严厉打击传销和变相传销等非法经营活动的意见》，我国政府坚决予以取缔并按有关法规处理的传销或变相传销行为主要有以下几种。

（1）经营者通过发展人员、组织网络从事无店铺经营活动，参加者之间上线从下线的营销业绩中提取报酬的。

（2）参加者通过交纳入门费或以认购商品（含服务）等变相交纳入门费等，取得加入、介绍或发展他人加入的资格，并以此获取回报的。

（3）先参加者从发展的下线成员所交纳的费用中获取收益，且收益数额是由其加入先后顺序决定的。

（4）组织者的收益主要来自参加者交纳的入门费或以认购商品等方式变相交纳的。

（5）组织者利用后参加者所交纳的部分费用支付先参加者的报酬维持运作的。

（6）其他通过发展人员、组织网络或以高额回报为诱饵，招揽人员从事变相传销的。

综合上述的传销或变相传销的行为，我们可以看到其共同特征：首先，非法传销组织没有自己的优质产品，是利用独立于生产企业之外的"贸易公司"或"分销中心"来组织实施的；其次，非法传销通过收取高额入门费（人头费）或强制要求下线购买高价产品实施非法融资；最后，非法传销通过层层收费、层层卖货、层层欺骗形成一个多层次、金字塔形的销售网路，达到欺骗消费者和非法敛财的目的。

5. 政府对直销、传销的立法监管

有的企业打着直销的旗号搞非法传销，具有很大的欺骗性。为了规范企业的直销行为，我国于2005年颁布了《直销管理条例》，建立了对直销的审批机制和管理机制。审批机制主要包括审批直销企业的多层次直销体系、明码标价制度、冷静期政策、低门槛进入机制、退货机制、退出机制和公布机制。

工商部门在审批直销企业时，第一，评价其多层次的直销体系，即判断一家直销企业的奖金制度到底是不是"金字塔"式的，而判断的标准就是企业及直销员的最终利润必须来自销售商品的所得，才能通过审批。第二，直销企业所销售的产品必须明码标价。明码标价可以减少消费者的顾虑，同时可以减少直销员不必要的解释，对消费者、直销员、直销企业来说，都是有益的。第三，设立冷静期。直销企业必须给予购买直销商品的消费者及直销员一定时间的冷静期，来考虑最终是否购买，以避免消费者及直销员由于一时冲动而做出某些不理智的购买行为。第四，低门槛进入机制，也就是说，消费者要想成为直销企业的直销员，其加入的入会费要有一定的限制，这实际上相当于对冷静期条款的补充。第五，退货机制。直销企业必须允许消费者在购买直销产品之后，如发现不满意时可以退货，以保证购买直销产品的消费者与通过其他渠道购买产品的消费者拥有同等的权利。第六，退出机制。当直销员不想继续从事直销行业时，直销企业不得以各种理由不准其退出。这样可以保障直销从业人员进出自愿的权利，同时在某种程度上进一步补充了冷静期条款。第七，公布机制。通过审批的企业应该由工商部门在官方网站对外公布所有被批准的直销企业，使消费者及直销员可以很容易地知道某企业的直销合法性。中国的直销更倾向于单层次模式，直销法直接否定了多层次直销，并且规定了严格的监管措施。

对于传销，我国的态度是坚决予以打击和取缔。特别是非法传销，对社会经济、社会秩序危害极大。因为老百姓没有办法区别哪种是"合法传销"，哪种是"非法传销"。不法商家往往钻这个空子欺骗百姓，使国家无法有效监管。鉴于此，国务院于1995年9月22日发布了《关于停止发展多层次传销企业的通知》，又于1998年4月18日发布了《国务院关于禁止传销经营活动的通知》，宣布传销在中国为非法行为，明令禁止各种传销活动。但是，此后各地的非法传销活动时有发生，而且往往是借用直销的名义进行。为了肃清非法传销的遗毒，2005年9月2日，国务院又签署了《禁止传销条例》，在中国全面禁止传销经营，主要条款如下。

第二条　本条例所称传销，是指组织者或者经营者发展人员，通过对被发展人员以其直接或者间接发展的人员数量或者销售业绩为依据计算和给付报酬，或者要求被发展人员以交纳一定费用为条件取得加入资格等方式牟取非法利益，扰乱经济秩序，影响社会稳定的行为。

第十条   在传销中以介绍工作、从事经营活动等名义欺骗他人离开居住地非法聚集并限制其人身自由的，由公安机关会同工商行政管理部门依法查处。

条例还具体描述了传销行为并明确界定了相关法律责任和处罚条款。

总之，虽然传销本身是一种极具创新性的营销渠道模式，但在中国特殊的市场环境下，一切"传销"都是非法的，一切"传销活动"都是被禁止的。我们要警惕传销的陷阱，任何时候天下都没有免费的午餐，想要获得相应的报酬和收入，自己就必须付出艰辛的汗水。

▶ 名人语录

子曰："我未见好仁者，恶不仁者。好仁者，无以尚之；恶不仁者，其为仁矣，不使不仁者加乎其身。有能一日用其力于仁矣乎？我未见力不足者。盖有之矣，我未之见也。"

——孔子

▶ 知识精讲

一、如何选择营销渠道类型

（一）确定营销渠道长度和宽度

1. 确定营销渠道的长度

渠道长度是指为完成企业的营销目标而需要的渠道层次的数目。营销渠道的长度是根据不同层级中间商数目的多少来划分的。营销渠道按长度可以分为零层渠道（直接渠道）、一阶渠道、二阶渠道和三阶渠道（产品由生产商卖给代理商，再到批发商，再到零售商，再到最终消费者）。零层渠道和一阶渠道又被称为短渠道，超过两层的渠道就被称为长渠道。企业应该根据自身的条件、特点及分销目标确定渠道长度。确定渠道长度需要考虑的一个主要问题是资源运用与渠道控制的关系，可以参考表2-2进行选择。

表2-2   长渠道与短渠道比较

渠道类型	优点及适用范围	缺点及基本要求
长渠道	①市场覆盖面广 ②厂家可以将中间商的优势转化为自己的优势 ③适用于一般消费品销售 ④能够减轻厂家费用压力	①厂家对渠道的控制程度较低 ②增加了服务水平的差异性；加大了对中间商进行协调的工作量
短渠道	①厂家对渠道的控制程度较高 ②专用品、时尚品及顾客密度大的市场区域	①厂家要承担大部分或者全部渠道功能，必须具备足够的资源 ②市场覆盖面较窄

2. 确定营销渠道的宽度

渠道宽度是指在渠道的每一层次上所需分销商的数目，它反映了在任一渠道层次上的竞争程度以及在市场领域中的竞争密度。决定渠道的宽度有三个因素：所需的渠道投资水平、目标消费者的购买行为和市场中的商家数目。与消费品市场宽度相关的一个重要特性是分销机构的市场覆盖面。如果市场覆盖面太窄，厂家就难以实现其销售目标。常见的分销类型有密集性分销、选择性分销和集中性分销三种。密集性分销：尽可能多地利用中间机构参与销售商品或劳务。选择性分销：利用一家以上，但又不是让所有愿意经销或代销的机构都来经营某一特定产品。集中性分销（独家分销）：在某一地区仅利用一家机构来销售某种特定产品。分销类型比较如表2-3所示。

表2-3　分销类型比较

分销类型	含义	优点	不足
集中性分销性分销	在既定市场区域内，每一渠道层次只有一个中间商运作	市场竞争程度低；厂家与商家关系较为密切；适宜专用产品分销	因缺乏竞争导致分销效率不高；经销商对厂家的反控力较强
密集性分销	凡符合厂家最低要求的中间商均可参与分销	市场覆盖率高；比较适宜日用消费品分销	市场竞争激烈，易导致市场混乱，破坏厂家的营销意图；渠道管理成本较高
选择性分销	从入围者中有针对性地选择几个作为分销商	通常介于集中性分销和密集性分销之间	

（二）分配渠道任务

1. 明确渠道成员的职责

营销渠道成员的职责，主要包括推销、渠道支持、物流、产品修正、售后服务以及风险承担。

2. 分配渠道任务

从生产商的角度出发，在渠道成员中分配任务的主要标准有五个：①降低分销成本；②增加市场份额、销售额和利润；③分销投资的风险最低化和收益最优化；④满足消费者对产品技术信息、产品差异、产品调整以及售后服务的要求；⑤保持对市场信息的了解。

同时，在渠道成员之间分配渠道任务时，需要考虑以下因素：①渠道成员是否愿意承担相关的营销渠道职能；②不同的渠道成员所提供的相应职能服务的质量；③生产商希望与顾客接触的程度；④特定顾客的重要性；⑤渠道设计的实用性。

课堂思考：各营销渠道成员之间的关系都一样吗？如果不一样，会存在什么样的关系？

案例阅读

戴尔中国的渠道之变

总部设在得克萨斯州奥斯汀（Austin）的戴尔公司于1984年由迈克尔·戴尔创立。他的理念非常简单："按照客户要求制造计算机，并向客户直接发货。"这使戴尔公司能够最有效和明确地了解客户需求，迅速作出反应。这种直销模式消除了中间商，减少了不必要的成本和时间，让戴尔公司能以富有竞争性的价格，为每一位消费者定制并提供配置丰富的电脑。

平均4天更新一次库存，戴尔把最新的技术带给消费者，远远快于那些运转缓慢、采取分销模式的公司。30多年以来，戴尔以直接生产、快速交货的直销模式取得了巨大的成功，成为全球市场占有率最大的计算机厂商。不仅如此，它的直销模式还革命性地改变了整个行业，使全球的客户都能以更低的价格购买到计算机产品，很多人的生活和工作由此得以改善。

　　然而，在全球市场，戴尔面临着惠普咄咄逼人的竞争；在中国市场，联想等本土品牌强势崛起也给戴尔带来了巨大的压力。戴尔电脑的直销模式在我国曾经面临挑战，主要来自信息到达、物流配送和中国人购买习惯的挑战。中国市场地域辽阔，当时科技不发达、网络不普及，商品信息难以到达，物流配送也很困难，而且，大多数中国人习惯在店里购物，所以，戴尔不得不做出渠道策略调整，尝试分销，以适应中国的市场竞争环境。2006 年，戴尔整体业绩表现不佳，其赖以成功的直销模式受到业界和华尔街金融界质疑，这迫使戴尔不得不重新考虑它在中国的渠道模式。为了站稳中国市场，戴尔 2008 年开始颠覆其发展了 23年之久的单一直销模式，开始学习和借鉴中国特色的联想分销（代理）模式，并宣布进入零售渠道，与沃尔玛、家乐福、百思买、史泰博等全球连锁零售巨头合作进行分销，采取了"两条腿走路"的策略。

　　戴尔中国公司渠道总经理表示："我们不会效仿联想的模式，而是在过去直销成功的肩膀上，再创造一个成功。"这意味着戴尔中国的营销渠道重点在直销和分销两方面，"两手都要抓，两手都要硬"。为了保证中国渠道长期、稳定的发展，戴尔公司成立了专门的渠道业务部门为合作伙伴提供直接支持，开通了专门的合作伙伴计划网页以方便合作伙伴注册并与戴尔沟通。

　　国家推行"互联网+"的产业政策为戴尔中国的发展提供了新的机遇，戴尔网络直销模式的优势得以充分发挥，但戴尔顾及中国市场的庞大及其特殊性，拓展了直销与分销相结合的复合渠道模式。近年来，戴尔着力渠道创新，拓展了四种营销渠道互为支持、全面覆盖，包括：网上在线购物；电话购物；客户体验中心直接购买（主要针对企业客户）；零售渠道分销（大型商超、家电连锁、电脑专营店、戴尔专卖店）。

　　总之，戴尔通过线上直销与线下分销相结合的渠道战略转型，各项业务取得了稳步发展，在中国市场获得了稳定的消费群并缩小了与联想等本土企业的销量差距。可以说，戴尔与时俱进、兼收并蓄，真正领会、把握了中国市场，并且通过渠道变革站稳了中国市场。

　　（资料来源：戴尔公司的直销战略分析，https://wenku.baidu.com/view/4fe795c66629647d27284b73f242336c1fb93069.html？_wkts_=1699427350458）

　　思考：

　　1. 怎样看待戴尔中国的渠道变革与创新？
　　2. 戴尔以中国家庭为目标的直销存在哪些困难？

二、营销渠道系统结构

　　企业把产品交给经销商或代理商，再由经销商或代理商一级一级地分销下去，由于网络不健全、通路不畅、终端市场铺开率不高、渗透深度不足等原因，经销商无法将产品分销到厂家所希望的目标市场上，结果厂家的产品广告在电视上天天与消费者见面，消费者在零售店里却难觅产品踪影。厂家无法保证消费者在零售店里见得到、买得到。为什么会出现这种情况呢？原因很多，其中有生产商管理的原因，也有经销商或代理商销售产品积极性不高等原因，为了了解这种现状产生的原因，我们有必要了解渠道成员之间的关系。

　　无论是零级渠道还是间接渠道都包括若干成员，这些成员像接力赛一样完成商品的传递过程，而这些成员的关系状况就表现为营销渠道系统。按渠道成员相互联系的紧密程度，营销渠道系统可以分为传统渠道系统、垂直渠道系统、水平渠道系统和复合渠道系统。

（一）传统渠道系统

传统渠道系统是指渠道中各成员之间是一种松散的合作关系，各自都为追求自身利益最大化而进行激烈竞争，甚至不惜牺牲整个渠道系统的利益，最终导致整个营销渠道效率低下。这种渠道关系也称为松散型渠道系统。有学者把传统渠道系统描述为："高度松散的网络，其中制造商、批发商和零售商松散地联络在一起，相互间进行不亲密的讨价还价，对于销售条件各持己见，互不相让，所以各自为政，各行其是。"

从严格意义上来讲，松散型渠道关系还算不上一种较为定型的模式，但对于实力较弱的中小企业来说，参与其中要比单枪匹马、独闯天下强得多。

传统渠道系统可以为渠道成员提供以下几方面的好处。

（1）渠道成员有较强的独立性，无须承担太多义务。

（2）进退灵活，进入或退出完全由各个成员自主决策，根据局势需要可以自由结盟。

（3）对中小企业来说，由于知名度、财力和销售力的缺乏，在刚进入市场时可以借助这种关系迅速成长。

传统渠道系统的不足有以下几点。

（1）成员间属于临时交易关系，缺乏长期合作的根基。

（2）渠道成员最关心的是自身利益能否实现，而较少考虑渠道的长远发展问题。

（3）没有形成明确的分工协作关系，使广告、资金、经验、品牌、人员等渠道资源无法有效共享。

课堂思考：什么样的企业适合选择传统渠道模式？

（二）垂直渠道系统

垂直渠道系统是由生产制造商、批发商和零售商组成的一种统一的联合体，每个渠道成员都把自己看作系统的一部分，关注整个系统的成功。

垂直渠道系统根据关系的紧密程度，从弱到强依次分为管理型、契约型和公司型。

1. 管理型渠道系统

所谓管理型渠道系统，是指由一个或少数几个实力强大、具有良好品牌声望的大公司依靠自身影响，通过强有力的管理将众多中间商聚集在一起而形成的渠道关系。主要通过信用方式，将各个渠道系统联系在一起。

2. 契约型渠道系统

契约型渠道系统，是指厂商与分销商之间通过法律、契约、合同来确定它们之间的分销权利与义务关系，形成一个独立的分销系统。

在长期的商业实践中，涌现了多种形式的契约型渠道关系，下面我们介绍几种主要类型。

（1）特许经营销售网络。

在发达国家，特许经营是发展最快、地位最重要的一种模式。

特许经营：特许商将自己所拥有的商标（包括服务商标）、商号、产品、专利和专有技术、经营模式等以特许经营合同的形式授予授许商使用，授许商按合同规定，在特许商统一的业务模式下从事经营活动，并向特许商支付特许费或加盟费，如各种加盟店。

（2）以批发商为核心的自愿连锁。

由一个或一个以上独立批发商发起，由独立的中小零售商自愿参加的连锁组织，他们之间以签订合同为约束，相互合作。

例如，某些零售商的供货全部由某一个批发商来供给，以批发商为核心与大制造商、大零售商竞争，维护自己的利益。

（3）零售商合作社。

在公司型渠道系统中，渠道领袖依靠股权机制来控制渠道成员，使其统一按照公司的计划目标和管理要求进行分销。

在某一地区，零售商共同签订契约或协议，组成零售商合作社这一商业实体，通过零售商合作社进行集中采购、共同开拓市场、共同策划广告。成员间最重要的合作是集中采购，这样可获得较大的折扣，所得利润按采购比例分配。

相对于以批发商为核心的自愿连锁，零售商合作社既可以向批发商进货，也可以直接和生产厂家洽谈。

3. 公司型渠道系统

公司型渠道系统主要通过股权方式，以生产制造商对中间商，或者中间商对生产制造商的控股、参股形式，加强对对方公司的控制。公司型渠道系统以产权为纽带凝聚而成，是渠道关系中最为紧密的一种，相对于管理型、契约型渠道关系而言，根基更为牢固。

（三）水平渠道系统

水平渠道系统，是指由两个或两个以上企业（各自都有自己的营销渠道）横向联合在一起，发挥各自的优势，实现分销系统有效、快速运行的系统。如可口可乐公司和雀巢咖啡公司合作，组建新的公司。雀巢公司以其专门的技术开发新的饮品，然后交由熟悉饮料市场分销的可口可乐公司去销售。

（四）复合渠道系统

复合渠道系统，是企业同时利用多条营销渠道销售其产品的渠道系统。在现实社会中，企业往往有多条营销渠道，比如既有线上营销渠道，也有线下的多渠道系统（复合渠道系统），如何在不同的地区采用不同的营销渠道组合应该是渠道经理关心的重点。

案例阅读

格力的营销渠道系统变革

格力公司早期渠道系统就是采用传统松散式的渠道模式，通过多个一级经销商直接向厂家进货，这些经销大户都拥有控制一方市场的实力，且有实力向厂家争取较低的价格，同时这些一级经销商又交叉向二级经销商供货，造成渠道的混乱及恶性竞争，如图2-3所示。

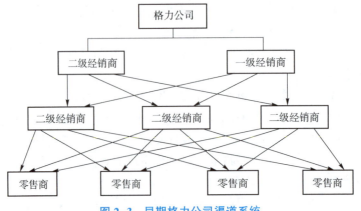

图2-3　早期格力公司渠道系统

格力公司为了控制由传统渠道系统造成的渠道混乱局面，1997年11月28日，组建了第一家试验制的股份制销售公司——湖北销售公司。

具体做法是：格力各分公司均由格力总公司的一位负责人统一担任董事长，总经理则按参股经销商的出资数目共同推举产生，各股东年终按股本结构分红。

入股经销商必须是当地大户，格力产品占其经营业务的70%以上。

这样，新成立的公司就成为格力与各大经销商合资组建的公司，并由格力控股。

在这种新型的公司型（产权）垂直渠道系统中，格力增强了对渠道的控制，规范了进货渠道，同时也避免了渠道成员间的恶性竞争，变化后的渠道系统如图2-4所示。

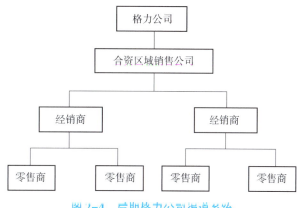

图2-4　后期格力公司渠道系统

三、营销渠道的系统优化

对营销渠道的调整与优化，一般是在对其评估的基础上实施的。因为企业要生存和发展，就必须适应不断变化的营销环境，即使外部环境变化不大，营销工作本身也不是完美无缺的，也需要不断改进。另外，竞争者营销渠道的变化势必要求制造商重新设计自己的营销渠道，面对竞争的压力与挑战，企业不得不调整和优化原有的营销渠道。

（一）渠道调整的原因

1. 现有渠道未达到发展的要求

企业发展战略的实现必须借助分销的能力，如果现有的营销渠道在设计上有误，中间商选择不当，管理不足，或者现有渠道在规模、水平上不能满足企业发展的要求，都会促使企业进行相应的渠道战略或策略调整，甚至渠道创新，以适应新形势下企业的分销要求。

2. 客观经济条件发生了变化

尽管营销渠道在设计之初很科学，但随着各方面的环境因素发生了某些重大变化，就产生了调整营销渠道的需求。因此，企业有必要定期地、经常地对影响营销渠道的各种因素进行检测、检查、分析。另外，企业若能准确地预测和把握某些影响营销渠道因素的变化情况，则应提前对营销渠道进行调整。

3. 企业的发展战略发生变化

营销渠道的设计是渠道战略的构成内容，渠道战略是围绕着企业的发展战略而展开的，所以，如果企业的发展战略发生了变化，也会要求企业调整其营销渠道方向。

（二）渠道调整优化的主要方向

为了适应市场需求的变化，整个渠道系统或部分渠道必须随时在评估的基础上加以调整与优化。当然，这种调整与优化是相互的，一方面要尊重中间商的选择，另一方面企业可以和中间商按股份制原则结成更为紧密的关系。一般情况下，这种调整和优化应是不断的、局部的调整。

在调整过程中，要注意处理好企业内部营销人员和中间商之间的感情和利益关系，防止出现较大的负面影响，尤其是要避免负激励这种会将中间商推向竞争对手的情况。中间商在分销过程中不可忽视的作用决定了企业必须充分考虑中间商的利益，这样才能使合作长久进行下去。

营销渠道的落后及其变革意味着许多机会的存在，企业在调整与优化自身营销渠道的过程中，可以从以下几个方面采取措施。

1. 关注顾客满意度

面对不满的顾客，企业应找出使顾客满意的关键驱动因素，投资于那些给顾客带来实在效益且成本较低的渠道。戴尔正是由于从计算机知识比其更少的经销商处购买计算机的不快经历，才创造了计算机直销法，开创了个人计算机行业的神话。

2. 开发新渠道

新兴的营销渠道会带来全新的顾客期望，并且会重新定义成本或服务标准。如在消费品行业，仓储式大型超市重新划定了规模和价格/价值关系，从而获得了传统零售商无法比拟的成本优势。所以企业应定期全面评估现有和可替换的渠道，以开发利用新渠道，服务新的细分市场。

3. 填补市场空白

各个营销渠道趋向于服务各个不同的细分市场，如果公司未使用其中一种营销渠道，便可能错过整个细分市场。曾有家计算机设备公司由于忽略了系统集成商而失去了其巨大的潜在市场。故企业可在不伤及其主要旧渠道的基础上引进新渠道，填补市场空白。

4. 重组渠道

成功的企业在管理内部问题之余，也积极维护整个分销系统的竞争力。由于渠道成本受规模成本影响，企业可通过鼓励分销商整合来加强其网络系统，取得成本优势。此外，那些向优秀分销商提供优惠政策的渠道优化重组法也可以提高整个渠道的经济性。为了使分销商保持竞争优势，通用电气公司的电气用具部发展了外部支持系统，包括引进顾客化库存，加快了库存周期，降低了运输成本。

▶ **案例阅读**

娃哈哈进军童装市场

杭州娃哈哈集团有限公司（以下简称娃哈哈）创建于 1987 年，目前是中国最大的食品饮料生产企业，全球第四大饮料生产企业，仅次于可口可乐、百事可乐、吉百利这三家跨国公司，在中国 29 个省市建有 100 余家合资控股、参股公司，在全国除台湾省外的所有省、自治区、直辖市均建立了销售分支机构，拥有员工近 3 万名，总资产达 268 亿元。

娃哈哈主要从事食品饮料的开发、生产和销售，其中瓶装水、含乳饮料、八宝粥罐头。多年来的产销量一直位居全国第一。2002 年，娃哈哈继续秉承为广大中国少年儿童带来健康和欢乐的企业宗旨，选择与孩子们成长、生活紧密相关的童装行业作为跨行业发展的起点，并成为中国最大的童装品牌之一。这为娃哈哈开创发展新支点，进一步向多元化企业进军奠定了基础。

从 2005 年开始，中国的第四个生育高峰来临，这个高峰时段会持续 10~15 年。在这个黄金时间里，童装拥有有史以来经济实力最雄厚的消费者。目前中国童装市场的格局大致是国内国外品牌各占国内市场的一半，中国童装消费呈现两位数以上的增长，童装成了服装业发展的一个新增长点，消费者对童装需求趋向潮流化、品牌化。

娃哈哈童装采用贴牌生产方式，以特许经营、知名商场、直营店的经营模式，品牌理念为"快乐童年，我最棒"。

思考： 娃哈哈进入童装市场会成功吗？你觉得影响渠道设计的因素有哪些？

（三）渠道优化的主要策略

1. 调整渠道政策

渠道是一个动态的系统，其系统要素构成和竞争环境都在不断发生变化，所以，渠道不是固定不变的，渠道相关政策也不能一成不变，而是要根据实际不断调整。特别是通过渠道绩效的评估发现问题以后，更应该及时调整和纠偏，以保证渠道运作的高效和良性发展。渠道政策的调整包括渠道战略方向的调整，如渠道模式创新、渠道成员增减等；还包括渠道战术方面的调整，如渠道产品组合、新产品上市节奏、价格变动、广告和促销政策、铺货和信用政策、市场推广策略、人员管理政策以及渠道激励政策等。

2. 增减渠道成员

增减某些中间商是渠道调整常用的一种做法，但裁减渠道成员是有一定风险的。制造商在做出这项决策时要进行渠道调整分析，要考查增减某个中间商会给企业的销售和利润带来的影响。调整渠道成员、改变渠道结构不仅会影响渠道的正常运作，也会对销售部门、财务部门、物流部门等产生连带影响，因此，制造商在进行渠道结构调整前要对因中间商的替换而可能产生的各方面影响进行综合分析，同时要考虑除销售利润、成本外，这种替换对渠道整体性功能所产生的影响，以便做出明智的选择。

3. 改进整个渠道系统

渠道系统的改进是一项复杂的系统工程，因为它不仅涉及营销渠道的改进，还涉及整个营销系统的修正和创新。整体渠道调整对企业及整个渠道运作的影响都很大，如果决策失误，短时间内又难以补救，损失将更大。所以，在渠道调整以前一定要做好可行性分析与渠道评价工作，认真考虑这种调整是否可行、中间商的反应如何、是否会引起某些重大冲突等问题。对新渠道的费用、收益及利润的分析也要从整个渠道系统角度统筹考虑，权衡利弊。有时限制因素的变化只是暂时的现象，不久又会恢复原状，这时不要急于调整渠道；有时限制因素虽已变化，但未来的情况难以预测，这时应尽快通过渠道管理消化这些变化，并注意监测这些因素的进一步变化。渠道的调整主要表现为中间商的增减和渠道政策调整，而中间商的增减常常引发许多问题，所以事先必须周密考虑，防患于未然。

4. 增减某些营销渠道

增减某些类型的市场渠道是一种战略决策。当我们通过渠道绩效的评估发现公司产品不适合在某类渠道销售，出现得不偿失的情况时，就应该果断决策，放弃某些营销渠道。如某公司产品线较窄，产品规格、品种不够多，尝试进行连锁经营后，发现销售业绩不佳，入不敷出，这时应该果断叫停，退出连锁经营而选择其他渠道模式。

当然，偶尔会出现很多经销商不能完成销售任务的情况，这种结果往往是由生产企业设定的目标与实际不符造成的，但也不排除其他原因造成经销商懒惰或有意抵抗。例如，生产企业竞争者给予经销商更多利润时，经销商就更倾向于销售竞争者的产品，对生产企业的产品关注度则会降低。生产企业有权删减不合格的市场渠道，但必须考虑删减市场渠道带来的负面效应。在充分考虑以下因素后，如果企业认为删减渠道的利大于弊，就可以做出删减渠道的决策。

减少渠道意味着减少渠道库存，意味着将缩减生产，且由于制造费用和管理费用被分摊在较少的产品上，单位产品的生产成本将会提高。这可能减少产品销量，闲置部分设备，引起有限资源的人为浪费。原有的一些市场机会可能转到竞争者手中，增加对手的经营实力。还可能会引起其他经销商的不安和不稳定感，不利于渠道关系的维护。

（四）渠道的优化整合

渠道的优化整合本身是一种创新。十几年来，中国营销如火如荼，渠道变革日新月异。一方面，连锁企业蓬勃兴起，成为现代商业的主角，并大肆进行规模扩张，似乎规模等同于效益，致使很多卖场、连锁亏本经营；另一方面，各生产企业盲目进行规模化深度分销，力图将自己的产品分销到市场的各个角落，不顾成本，不讲效益，致使投入大于产出，难以为继。这种盲目追求分销深度和规模的做法造成了渠道的盲目扩张和混乱，浪费企业资源，影响效益。所以这几年企业不断将渠道的优化和整合提到议事日程，以经营效益为考核目标，把企业单位看作一个利润中心而不是单独的销售中心，以期在提高整体渠道分销效率的同时改善企业的整体效益。

例如，TCL曾经进行"渠道瘦身"，大规模裁减自己的销售队伍，在优化销售队伍的同时优化分销商结构，并把自己的销售公司建成独立的销售平台，同时代理飞利浦家电和东芝彩电的销售，大大提高其渠道的影响力、竞争力和含金量。可以看出渠道的优化整合包括淘汰落后的、多余的、叛逆的、不服从管理的、对公司不忠诚的渠道成员，同时吸纳一些认同公司文化的、有现代经营观念的、有一定综合实力的、资信良好并且具有发展潜力的成员，为渠道补充新鲜血液，并激活渠道。TCL在其各地区分公司的统筹下也寻找小区域经销商开展分销，同时建立"幸福树"连锁专卖店，在中国广大的农村乡镇市场开展家电产品的连锁经营。

此外，渠道的优化整合还包括"渠道重心下移""渠道扁平化""深度分销""区域精耕""电子化直销"等综合渠道技术的应用，包括建立渠道战略联盟和构建复合型渠道，如果这些渠道创新技术得当，可以帮助企业改善分销网络质量，增强渠道活力和竞争力。

▶ 思政小故事

周黎曾在美国生活过一段时间。那时，他总爱在夜晚跑到一个酒吧找人聊聊天，时间久了，便和那里的调酒师认识了。周黎从内心对他有过一丝同情，他问调酒师，如果将来你失业了怎么办？调酒师愣了一会儿，答道，那或许我只有重新回到华尔街做个金融家了。这一次轮到周黎懵了，纳闷了，一个普通的调酒师怎么能够做体面的金融家？

但事实令他瞠目结舌，原来调酒师就是厌倦了华尔街的生活才来做调酒师的，他对自己的目前状态很满意，当他看到客人在品尝他调出来的美酒时特别有成就感，而这种成就感，甚至是华尔街的体面也不能给予。

（资料来源：宋洁. 人生三修：道家做人、儒家做事、佛家修心［M］. 北京：中国华侨出版社. 2022）

思考： 这个故事说明了什么道理？

这个故事告诉我们：一个人要懂得释放压力，如果一味地追求完美，可能会在无形之中给自己增添不少压力，当你遇到不顺心或不如意的时候，就要懂得怎么去生活，会享受生活的人才能更好地努力拼搏，实现自己的人生目标。

▶ 任务实践

本任务的主要目标是掌握营销渠道系统的结构，以及如何对营销渠道系统进行优化。请利用所学知识，结合案例，完成以下任务。

青岛啤酒的分销渠道

任务要求：

1. 对青岛啤酒的分销渠道案例进行分析，分组讨论青岛啤酒采用了什么分销渠道策略？应如何对营销渠道系统进行变革？

2. 选择自己熟悉的一家企业，为该企业设计分销渠道系统。

☑ 项目小结

营销渠道设计方案至关重要，良好的方案可以极大地提高企业的竞争力。本部分帮助大家了解营销渠道目标设计，使大家对营销渠道目标有全面、清晰的认识，分析探讨营销渠道设计的影响因素，在实际工作中如何充分利用各种有利因素，制定较为合适的营销渠道设计方案。

本项目主要介绍营销渠道目标的作用，营销渠道目标的设计，分析营销渠道设计的影响因素，设计营销渠道，如何进行新零售的业务推广，如何选择营销渠道类型，如何对营销渠道进行系统优化。通过本部分的学习，可以帮助营销工作人员制定较为适合相关产品的营销渠道设计方案。

☑ 知识巩固

一、选择题

（一）单项选择

1. 渠道设计是企业对自己产品未来的营销渠道的长度、宽度和（　　）的提前规划。

A. 分销模式　　　　　　　　　　B. 产品结构

C. 价格体系　　　　　　　　　　D. 媒介策略

2.（　　）是指构成营销渠道的层级、环节的多少，或者说是构成营销渠道的不同层级渠道成员的多少。

    A. 渠道的长度   B. 渠道的宽度

    C. 渠道的深度   D. 渠道的关联度

3. 营销渠道的宽窄是指渠道同一层次选用的（　　）数目的多少，多者为宽、少者为窄。

    A. 中间商   B. 供应商

    C. 制造商   D. 服务商

4. 电子渠道、直销从渠道分类上属于（　　）模式。

    A. 新兴渠道   B. 传统渠道

    C. 特殊通道   D. 间接渠道

5. 在同一流通环节使用同类中间商数量少的渠道是（　　）。

    A. 长渠道   B. 短渠道

    C. 宽渠道   D. 窄渠道

6. 大型、高价、高技术的生产设备采用（　　）销售最为合理。

    A. 直接   B. 间接

    C. 中间商   D. 代理商

7. 制造商在某地区仅选择一家中间商推销其产品，属于（　　）策略。

    A. 密集性分销   B. 选择性分销

    C. 独家分销   D. 联合销售

8. 渠道的每个层次中所需中间商的数目多少称为（　　）。

    A. 直接渠道   B. 间接渠道

    C. 渠道长度   D. 渠道宽度

9. 生产消费品中的便利品的企业通常采用（　　）策略。

    A. 密集性分销   B. 独家分销

    C. 选择性分销   D. 直销

10. 产品在分销渠道中流动时，存在着五种以物质或非物质形态运动的"流"，其中"供应商→制造商→销售商→买者"表示（　　）。

    A. 所有权流   B. 信息流

    C. 促销流   D. 商品实体转移流

（二）多项选择

1. 下列产品宜采用短渠道销售的有（　　）。

    A. 标准品   B. 便利品

    C. 时尚品   D. 易腐易损品

    E. 技术品

2. 短渠道一般适用于（　　）的销售。

    A. 一般消费品   B. 专业性强的商品

    C. 鲜活商品   D. 体积大且笨重的商品

3. 分销渠道的功能包括（　　）。

    A. 整理   B. 大量分销

    C. 联系顾客   D. 信用

4. 中间商的作用有（　　　）。

A. 扩大交易范围　　　　　　　　　　B. 加快商品流通速度

C. 沟通信息　　　　　　　　　　　　D. 使交易简化

E. 帮助管理企业

5. 宽渠道的优点有（　　　）。

A. 快速分销　　　　　　　　　　　　B. 广泛分销

C. 促进中间商竞争　　　　　　　　　D. 有效控制经销商

E. 信息反馈快

6. 直复营销的形式有（　　　）。

A. 电视营销　　　　　　　　　　　　B. DM

C. 互联网营销　　　　　　　　　　　D. 信函邮寄

7. 下列有关零层渠道的说法，正确的有（　　　）。

A. 也叫直接渠道　　　　　　　　　　B. 适用于大多数日用消费品

C. 可以极大降低厂家的销售成本　　　D. 可以有效降低产品的终端销售价格

E. 可以加强厂家对终端的控制

8. 下列关于独家分销的说法，正确的有（　　　）。

A. 独家分销适合处于投入期的产品

B. 独家产品的经销商一般同时代理或经销几个具有竞争的品牌

C. 独家分销往往是一种对经销商有效的激励方式

D. 独家分销有利于加强厂家对经销商的管理

E. 独家分销有利于维护良好的市场秩序

9. 特许经营费用包括（　　　）。

A. 特许加盟费　　　　　　　　　　　B. 特许经营风险费

C. 特许权转让费　　　　　　　　　　D. 特许权使用费

10. 分销渠道设计的原则有（　　　）。

A. 客户导向原则　　　　　　　　　　B. 覆盖适度原则

C. 利润最大原则　　　　　　　　　　D. 合理分配利益原则

二、判断题

1. 渠道具有收集市场信息和促进销售的功能。　　　　　　　　　　（　　）

2. 垂直渠道系统属于紧密型渠道，而水平型渠道结构属于松散型渠道。　（　　）

3. 一般而言，市场范围窄、用户专业化强的商品或服务适合采用窄渠道。（　　）

4. 营销渠道的发展趋势之一是渠道结构扁平化。　　　　　　　　　　（　　）

5. 分销渠道战略设计的第一步是建立渠道目标。　　　　　　　　　　（　　）

6. 市场范围越大，分销渠道相应越长。　　　　　　　　　　　　　　（　　）

7. 密集性分销渠道是指在一个特定的等级中选择一部分中间商作为经销商。（　　）

8. 网上直销属于直接销售方式。　　　　　　　　　　　　　　　　　（　　）

9. 批发商包括商人批发商、代理商以及制造商的分销机构或销售办事处三种类型。

（　　）

10. 大类商品批发商是指专业化程度高，专门经营某一大类商品的商人批发商。（　　）

三、案例分析

【案例一】

海尔、格力、美的的市场营销渠道模式

问答题

1. 分别评述海尔、格力和美的营销渠道结构的优缺点。

2. 你认为未来中国家电业的营销渠道会呈现哪些趋势？

3. 以上企业的营销渠道建设给了我们哪些启示？

【案例二】

百丽跨渠道经营

问答题

1. 根据案例分析百丽营销渠道设计的特点。

2. 百丽是如何解决网络渠道与传统渠道的冲突的？

【案例三】

诺基亚和苹果

问答题

1. 诺基亚手机的崛起和衰落，是如何体现市场营销渠道及目标设计的重要性？

2. 诺基亚的衰落和苹果的崛起，这一强烈对比带给你什么样的感受？

3. 在营销渠道目标设计和营销举措落实方面，苹果公司做对了什么？

项目三

管理营销渠道

项目学习指南

　　完成了渠道开发工作只是实现有效渠道设计的第一步，接下来就需要对建立的营销渠道进行管理，本项目主要是带领大家了解营销渠道管理的具体工作，掌握营销渠道管理的招商工作以及营销渠道终端的选择方法，帮助终端商进行商品的陈列。营销渠道的管理是一项非常复杂的工作，需要营销渠道成员认真细致，面面俱到。本项目主要分为四个子任务：任务一是了解营销渠道管理的内容；任务二是掌握营销渠道的招商管理；任务三是选择营销渠道终端；任务四是帮助终端进行商品的陈列。

兴趣电商时代如何打造新消费场景

任务一　了解营销渠道管理的内容

学习目标

（一）知识目标

1. 了解营销渠道管理的基本内容。
2. 掌握选择营销渠道成员的原则。
3. 理解选择营销渠道成员的评价维度。

（二）能力目标

1. 能够说出选择营销渠道成员的步骤和途径。
2. 能够使用营销渠道成员的评价方法来选择渠道成员。

（三）素质目标

1. 培养渠道建设及管理人员的法律意识和职业道德。
2. 具有科学决策的意识、严谨认真的精神，能够相互尊重，具有合作共赢的商业道德。

▶ **任务导入**

　　企业在设计并确定营销渠道之后，就要着手寻找合适的渠道成员，帮助企业开拓市场。要注意的是，渠道成员在组织上不隶属于企业，只是合作伙伴关系，所以挑选既能够满足企业要求又能够实现共赢的渠道成员是非常重要的事情。有企业认为选择营销渠道成员就像"找对象"，那么如何才能在众多渠道商中挑选出合适的渠道成员？从哪些维度来对所选的渠道成员进行评价？用什么方法来确定最终的渠道成员？这些是生产企业进行渠道管理的必修课。本任务将带领你进一步了解相关内容。

　　课前思考：

　　1. 你认为作为渠道成员要具备哪些条件？

　　2. 如果由你来选择渠道成员，你会从哪些方面考虑？

▶ **任务分析**

　　营销渠道的建设和发展离不开企业和渠道成员的共同努力，渠道成员能够高度认可企业、能够将营销策略付诸实践，是营销渠道成功的必须条件，企业的支持是渠道成员全力拼搏的行为保障和精神后盾。良好的渠道建设需要企业和渠道成员双方的付出，只有良好的合作才能实现共赢，只有共赢才能共同发展。

▶ **案例导入**

鸿星尔克是怎么掉队的

　　2007 年，鸿星尔克营收 20 亿元。2019 年，鸿星尔克的营收还是 20 亿元。营收没涨，成本大涨，鸿星尔克亏损着走过这一路。所以，在 2021 年夏天，当本不富裕的鸿星尔克驰援河南灾区捐赠 5 000 万元物资后，网友心疼了，纷纷冲进直播间要买得鸿星尔克"缝纫机冒烟"，一天内就创下破亿的销售记录。

　　国内运动鞋服市场常年被主攻高端市场的耐克、阿迪达斯占据，市场占有紧随率随后的是中高端市场代表安踏和李宁，而售价低廉的鸿星尔克和特步、361 度等一众晋江鞋企，排在更后面或者处于被边缘化的"其他类"。

　　纵观中国运动鞋服品牌的崛起，可以总结为两条路：卖得快和卖得贵。前者比开店速度，后者靠品牌溢价。卖得快，主要发生在 1990 年到 21 世纪初，当时的中国运动鞋服市场是一个 200 元以下的产品占比超 40%、消费者不挑剔的增量市场。谁扩张的速度快，谁就可以在市场中占据一席之地。

　　2008 年，国内当时门店数量超过 3 000 家的运动品牌不止 15 个，安踏有近 6 000 家门店，鸿星尔克有 7 000 家，李宁在 2004—2008 年的营收年复合增长率高达 37%，原因就是它把门店从 2 000 家开到了 6 000 家。

　　相比之下，国外品牌在中国的开店就保守了一些。例如，2008 年，阿迪达斯在中国的门店数，就比鸿星尔克少 3 000 家。

　　这一阶段，本土运动鞋服公司首先获利，纷纷上市：李宁（2004 年）、安踏（2007年）、特步（2008 年）、361 度（2009 年），匹克（2009 年）。它们的秘诀就是靠经销商快速铺开销售网络，开店越快，卖得越多。

卖得贵模式的威力则在近几年显现。这个时期，品牌取代渠道成为制胜关键：消费者对品牌的诉求加上经济条件的提升，让他们不介意多花几百块去买"品牌"。

非晋江系的李宁，由于多次拿到亚运会、奥运会的赞助商资格，更是将自己的品牌影响力最大化，早早有了品牌输出。2007—2011 年，李宁以近 50%的毛利率就比肩外牌，后来的毛利率暴跌主要是公司管理和去库存所致。之后，借着国潮和时装周的东风，李宁跻身千元市场，毛利率又逐渐赶上来。2009—2018 年，中国运动鞋服市场 CR4（耐克、阿迪达斯、安踏、李宁）的份额从 45%上升到 70%，只有卖上价的安踏和李宁有了一席之地，鸿星尔克们则随着市场占有率的降低逐渐消失在人们的视线，直到这次抗洪捐款才重回聚光灯下。

但涨价不是想涨就能涨，品牌也不是说有就有的。

2008—2011 年，国产品牌的门店扩张速度远高于行业增长需求，导致供给过剩。2011年，经销商手里已经压了传闻"停产三年都卖不完"的货。2012 年，所有国产品牌的营收大幅下滑，行业爆仓，从此进入一段较为漫长的去库存时期。

库存危机下，运动鞋服的销售模式有两种：直营和分销。直营模式投入高，风险高，扩张的速度慢，但离消费者更近；分销模式投入少，扩张快，经营风险由众多经销商共担，但消费端反馈速度慢。分销模式下，从经销商订货到产品上市有 8~9 个月的时间差。一旦错判市场趋势，就要面临库存积压的风险，而运动品牌早期均以分销为主。

从后来发生的事情来看，北京奥运热潮期间，企业销量的增长很大程度上是靠经销商压货压出来的，并不能真实反映市场需求。

经过 2012—2014 年的行业调整后，耐克和阿迪达斯就此坐稳国内运动鞋服市场第一梯队的位置，市占率逐年升高；安踏跟在两大巨头之后，位列第二梯队；20 世纪 90 年代市场份额一度排在耐克、阿迪达斯之前的李宁掉到了第三梯队；鸿星尔克等一众晋江鞋走向了边缘。

促成这一局面的主要原因是品牌商对销售渠道的管理水平存在较大差异。

阿迪达斯和耐克的率先布局。早在 2008 年年底，阿迪达斯就成立了"清库存特别行动小组"，不看 8 个月后可以卖出多少，而是看每天能卖出多少。此外，原先的小经销商慢慢退出，渠道向大代理商集中，渠道效率由此提高。

李宁"硬着陆"、安踏"软着陆"。李宁的硬着陆迫于自身庞大的加盟体系。安踏扭亏为盈，2013 年的市占率反超李宁，跻身国内第三。至于其他一众晋江品牌，要么无法与经销商建立有效沟通，要么没有足够的资金支持改革。本就负重前行难，又遇上耐克和阿迪达斯降价，水深火热的鸿星尔克再次受到冲击。为了不让经销商关闭门店，鸿星尔克向经销商提供了 8 亿元资助，但在账面上仍把这些钱算在自己的现金里，最终财务造假东窗事发，遭新交所停牌。

卖得快走到头，卖得贵走不了，鸿星尔克和德尔惠、金莱克、喜得龙……这些曾经叱咤步行街的国产运动品牌们，逐渐被边缘化。

但是，近些年消费者更加青睐国产品牌。2018 年 2 月，李宁首次站上了世界四大时装周的舞台，以"悟道"为主题，实现了中国运动品牌在纽约时装周零的突破。印有"中国李宁"字样的帽衫、T 恤是那场秀的核心产品。李宁真正成了中国李宁。

阿迪达斯 2021 年第二季度财报显示，大中华区收入跌幅接近 16%。首席执行官卡斯珀·罗斯特德表示，中国的市场需求已经偏向中国本土品牌而非全球品牌。新疆棉事件中，外资品牌的无理抵制激发了中国消费者进一步拥抱国产品牌，拿着真金白银的消费者希望选出能真正代表自己的品牌。

可见，国货回归一定是未来长期发展的大趋势，但是品牌发展还要看具体的渠道管理。

（资料来源：鸿星尔克是怎么掉队的，https://www.huxiu.com/article/450361.html）

思考：

1. 如何评价鸿星尔克的生意经？
2. 渠道管理采取先发制人、提前布局到底对不对？
3. 库存和渠道管理之间有什么关系？

▶ 名人语录

企业应当全力以赴地发现分销渠道，分销渠道越多，企业离市场越近。

——菲利普·科特勒

▶ 知识精讲

一、营销渠道管理的基本内容

营销渠道，是产品或服务从生产者流向消费者过程中所经过的通路。为了保证盈利目标的实现，企业需要对营销渠道进行从始至终的管理，这种管理通常从营销渠道目标的设计出发，并始于营销渠道战略的制定。

按照不同的分类标准，营销渠道管理可以划分为不同的内容。

按照营销渠道流程，营销渠道管理的基本内容可以划分为物流、资金流和信息流的管理。

按照营销渠道的参与成员身份，营销渠道管理的基本内容可以划分为生产企业自身管理、中间商管理、终端商管理。

按照市场营销策划的四大要素组合，营销渠道管理的基本内容可以划分为渠道中的产品管理、价格管理和促销管理。

综上可见，营销渠道管理的主要内容包括渠道商品管理、渠道物流管理、渠道信息管理、渠道促销管理、渠道成员管理五大方面。

（一）渠道商品管理

商品所有权的转移，是建设营销渠道的根本目标。商品生命周期、商品组合策略、商品包装策略，与渠道管理是相互作用，相互联系的。

1. 商品生命周期与营销渠道管理

商品生命周期，也称产品生命周期，是指产品从准备进入市场开始到被淘汰退出市场为止的全部运动过程。如图3-1所示，商品生命周期一般分为导入期、成长期、成熟期（饱和期）、衰退期四个阶段。

（1）导入期与营销渠道管理。

新产品投入市场，便进入了导入期。此时，消费者对产品还不了解，只有少数追求新奇的消费者可能购买，销售量很低。为了提升产品的知名度，生产企业不得不投入大量的销售费用，对产品进行宣传推广。

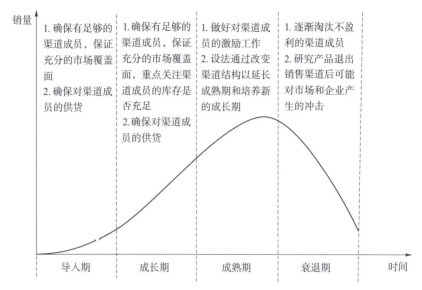

图 3-1　商品生命周期与营销渠道管理的关系

在这一阶段，生产企业要确保渠道成员为其产品提供足够大的市场覆盖面。如果不能及时提供足够的货物而引起脱销现象，很可能会影响产品的市场推广进程和前景。在产品的导入期，生产企业要为渠道成员做以下工作：①确保开发出足够数量的渠道成员，以获得足够大的市场覆盖面；②确保渠道成员货架上有足够的货物供应。

（2）成长期与营销渠道管理。

经历了导入期，消费者对产品已经熟悉，大量的新消费者开始购买产品，市场开始快速增长。随着销售额迅速上升，生产企业势必要进行大批量生产，生产成本相对降低，利润开始迅速增长。此时，产品竞争者看到有利可图，纷纷进入市场参与竞争。

在这一阶段，生产企业为了保持其产品的市场增长速度，获取足够的市场份额，会面临两个挑战：一是渠道成员是否能够积极有效地将产品供应给消费者，避免因脱销而影响产品市场的增长；二是要关注渠道成员为竞争对手的产品所做的工作，关注各渠道成员对其所经营的其他竞争性产品所采取的措施，并留心是否有新的竞争产品进入本公司产品的销售渠道。

（3）成熟期与营销渠道管理。

经历过成长期后，由于产品普及日趋标准化，成本低且产量大。随着购买产品的消费者增多，市场需求趋向饱和，潜在的消费者不断减少，加上不断进入市场的竞争者，使同类产品供给量增加，产品价格随之下降，产品销量增长缓慢直至转而下降，标志着产品进入了成熟期。

在这一阶段，由于市场增速放缓并接近饱和状态，很多渠道成员的产品销量和资金周转率都下降了。渠道成员会依据市场行情减少或完全停止进购产品，并设法快速处理掉存储的商品。为了缓和渠道成员这种行为带来的破坏性影响，生产企业在营销渠道管理上，必须通过一些措施来增强产品对渠道成员的吸引力。增强吸引力的方法包括特殊的贸易折扣、广告津贴、特殊包装经营折扣和一些丰厚的回报政策等。这样可以提高产品的潜在利润，并降低渠道成员持有该产品的风险。但这些也只能暂时地缓解现状，从长远来看，更全面、更长远的渠道策略应该是改变渠道结构。在某些情况下，改变渠道结构可以带来产品新一轮的销售增长。实际上，将成熟产品推广到非传统终端上、改变渠道结构的策略已经越来越有效了，相宜本草通过网络渠道进行产品营销便是成功的典型案例。

（4）衰退期与营销渠道管理。

随着科学技术的发展，新产品或物美价廉的替代品出现，将使消费者的消费习惯发生改变，转向其他产品，从而使原产品的销售额和利润额迅速下降。于是，产品进入了衰退期。

在这一阶段，仍然有渠道成员在经营产品。小客户的渠道成员大都会谨慎又少量地进货，在追求微薄利润的同时防范风险。大客户则可能干脆放弃该产品，转向其他利润更高的产品。这时生产企业要将利润总额与成本总额进行分析，判断是否需要淘汰那些经营状况很差的经销商，以减少自身的利润损失。同时，生产企业还应该考察消费者对该商品还有多大的购买兴趣，渠道成员对该商品还有多大的经营兴趣，并以此来考虑衰退期产品是否退市，若产品退市，会不会对渠道成员经营产品线中不属于衰退期的同系列产品产生影响。

2. 商品组合策略与营销渠道管理

市场需求是变化的，不会停留在一个水平上。产品组合策略是生产企业根据经营目标，针对市场变化，对现有产品结构进行最优化的调整。

企业在调整产品组合时，可以根据与渠道管理的关系选择以下几种产品组合策略。

（1）扩大产品组合。

扩大产品组合是开拓产品组合的宽度和加深产品组合的深度。开拓产品组合宽度是指增添一条或几条产品线，扩大产品经营范围；加深产品组合深度是指在原有的产品线内增加新的产品项目。当生产企业预测现有产品的销售额和利润额在未来一段时间内有可能下降时，就可以考虑扩大现有的产品组合。具体方式有：①在维持原产品品质和价格的前提下，增加同一产品的规格、型号和款式；②增加不同品质和不同价格的同一种产品；③增加与原产品相类似的产品；增加与原产品毫不相关的产品。这样做的优点有：①可以满足不同渠道成员及消费者的多方面需求，提高产品的市场占有率；②充分利用生产商信誉和商标知名度，完善产品系列，扩大经营规模；③充分利用生产商和渠道成员的资源和剩余生产能力，提高经济效益；④减小渠道市场需求变动性的影响，分散市场风险，降低损失程度。

（2）缩减产品组合。

缩减产品组合是削减产品线或产品项目，特别是要取消那些获利小的产品，以便集中力量经营获利大的产品线和产品项目。当市场不景气或原料、能源供应紧张或渠道成员要求减少产品项目，取消那些获利小的产品时，可以考虑在现行产品组合中缩减一些产品项目。缩减产品组合的方式有：①减少产品线数量，实现专业化生产经营；②保留原产品线，缩减产品项目，停止生产某类产品，外购同类产品继续销售。这样做的优点有：①可以集中资源和技术力量改进保留产品的品质，提高产品商标的知名度；②促使生产经营专业化，提高生产效率，降低生产成本；③有利于企业向市场的纵深发展，寻求合适的目标市场；④减少资金占用，加速资金周转。

（3）产品组合延伸。

产品组合延伸是指全部或部分地改变生产企业原有产品的市场定位，将现有产品大类延长的一种行动。产品组合延伸的主要方式有以下几种。

① 向上延伸策略。

向上延伸策略，即生产企业以中低档产品的品牌向高档产品延伸，进入高档产品市场，这种策略通常是在原有的产品线内增加高档次、高价格的产品项目，也叫作高档产品策略。

一般来讲，实行向上延伸策略主要有这样一些益处：高档产品的生产经营可以为生产商及渠道成员带来丰厚的利润；可以提高企业现有产品的声望，提高企业产品的市场地位；有利于推动企业生产技术水平和管理水平的提高。一些国际知名品牌，特别是一些原来定位于中档的大众名牌，为了达到上述目的，不惜花费巨资，以向上延伸策略拓展渠道市场。但采用这一策略也要承担一定风险，因为企业一贯的产品形象在消费者心目中不可能立即转变。

② 向下延伸策略。

向下延伸策略，即企业以高档产品的品牌推出中低档产品，通过品牌向下延伸策略扩大渠道市场占有率。这种策略通常是在原有的产品线内增加低档次、低价格的产品项目，也叫作低档产品策略。

一般来讲，实行向下延伸策略的好处有：借高档名牌产品的声誉，可以吸引消费水平较低的顾客慕名去购买该产品线中的低档廉价产品；可以充分利用企业现有生产能力，填补产品项目空白，形成产品系列；可以增加销售总额，扩大渠道市场占有率。

当中低档产品市场存在空隙，销售和利润空间较为可观，或是在高档产品渠道市场受到打击，企图通过拓展中低档产品市场来反击竞争对手，或是为了填补自身产品线的空档，防止竞争对手的攻击性行为时，可以采用向下延伸策略。

与向上延伸策略一样，向下延伸策略的实行能够迅速为企业寻求新的市场机会，但若处理不当，可能会影响企业原有产品的市场声誉和名牌产品的市场形象。

③ 双向延伸策略。

双向延伸策略是指原定位于中档产品市场的企业掌握了市场优势以后，决定向产品大类的上下两个方向延伸，一方面增加高档产品，另一方面增加低档产品，以扩大渠道市场覆盖面的策略。

3. 商品包装策略与营销渠道管理

商品包装是强有力的营销手段之一。营销渠道管理中的商品包装策略不仅要考虑到保护商品、便于储运的基本功能，还要力争做到经济、美观、环保。常用的商品包装策略有以下几种。

（1）类似包装。

企业所有产品的包装，在图案、色彩等方面，均采用相同或相似的形式。引入 CI 设计的企业往往采取这种包装策略，使企业形象更加突显。这种方法可以降低包装的成本，扩大企业的影响，特别是在推出新产品时，可以利用企业的声誉，使顾客首先从包装上辨认出产品，迅速打开市场。

（2）组合包装。

把若干有关联的产品，包装在同一容器中。如化妆品的组合包装、节日礼盒包装等，都属于这种包装方法。组合包装不仅能刺激消费者的购买欲，也有利于企业推销产品，特别是推销新产品时，可将其与老产品组合出售，创造条件使消费者接受、试用。

（3）附赠品包装。

这种包装的主要方法是在包装物中附赠一些物品，从而引起消费者的购买兴趣，有时还能激发顾客重复购买的意愿。例如在每一瓶珍珠霜盒里放一颗珍珠，顾客购买一定数量的珍珠霜之后就能将附赠的珍珠串成一条项链。

（4）再使用包装。

这种包装物在产品使用完后，还可以有别的用途。这样，购买者可以得到一种额外的满足，从而激发其购买产品的欲望。如设计精巧的果酱瓶，在果酱吃完后可以作茶杯之用。这种包装物在继续使用过程中，还起到了广告作用，增加了顾客重复购买的可能。

（5）分组包装。

对同一种产品，可以根据顾客的不同需要，采用不同级别的包装。如若用作礼品，则可以精致地包装；若自己使用，则只需简单包装。此外，对不同等级的产品，也可采用不同包装。高档产品，包装精致些，可体现产品的价值；中低档产品，包装简略些，以减少产品的成本。

（6）改变包装。

当由于某种原因导致产品销量下降，市场声誉跌落时，企业可以在改进产品质量的同时，改变包装的形式，从而以新的产品形象出现在市场上，改善产品在消费者心目中的不良影响。这种做法有利于迅速恢复企业声誉，重新占领市场份额。

（二）渠道物流管理

渠道物流管理，即销售物流，是生产企业的产品向消费者的流转。在商品渠道营销中，物流的任务就是以尽可能低的成本为消费者提供最好的服务。营销渠道中主要的物流管理活动包括订单处理、运输管理、仓储管理和配送管理。

1. 订单处理

订单处理是商品分销的一个核心业务流程，包括订单准备、订单传递、订单登录、按订单供货、订单处理状态跟踪等活动过程。改善订单处理过程、缩短订单处理周期、提高订单满足率和供货准确率及提供订单处理全程跟踪信息，可以大大提高顾客服务水平与顾客满意度，同时能够降低库存水平，在提高顾客服务水平的同时降低物流总成本。

订单准备是指顾客寻找所需产品或服务的相关信息并做出具体的订货决定，具体内容包括选择合适的厂商和品牌，了解产品的价格、功能、售后服务以及厂商的库存水平等信息。订单传递就是把订货信息从顾客处传递到产品的供应商处。订单登录是指顾客订货信息转变为企业订单的过程，具体内容包括检查订货信息的准确性，检查库存状况，准备延期订货或取消订单，检查顾客信用等级，规范顾客订单，把顾客的订货信息按照公司所要求的格式规范化，开单，准备发货单据等。按订单供货包括货物的拣选、包装、运输安排、准备运单、发送和运输。这些活动可以并行处理，以缩短商品配送时间。另外，为了向顾客提供更好的服务，满足顾客了解订单处理状态信息的要求，需要对订单处理进行状态追踪，并与顾客交流订单处理状态的信息。

2. 运输管理

运输管理是商品渠道营销中物流管理的主要内容，它关系到消费者需要的商品能否及时、安全、低成本地转移到消费者的手上。运输管理的主要内容是选择合适的运输方式，针对不同运输方式的特点和运输成本的影响因素，确定合适的运输方案，安排和执行运输计划。

常见的运输方式有铁路运输、水路运输、公路运输、航空运输和管道运输，其特点如表3-1所示。

表 3-1　常见运输方式及其特点

运输方式	优点	缺点
铁路运输	运量大、速度快、运费较低、受自然因素影响小、连续性好	造价高、占地广、短途运输成本高
水路运输	历史悠久、运量大、投资少、成本低	速度慢、灵活性和连续性差、受自然条件影响大
公路运输	机动灵活、周转快、装卸方便、对自然条件适应性强，应用最广，发展最快	运量小、耗能多、成本高、运费较高
航空运输	速度快、效率高	运量小、能耗大、运费高、设备投资大、技术要求高
管道运输	运具与线路合二为一、运量大、损耗小、安全、连续性强、管理方便	需铺设专门管道、设备投资大、灵活性差

以上几种运输方式各有优缺点，在选择时，还应从运输距离、运输能力、产品密度、产品具体形状及其对运输工具的空间利用率、产品搬运难易度、运输责任、运输方式的竞争关系等方面综合考虑。

3. 仓储管理

仓储管理活动，主要是对商品流通过程中货物储存环节的经营管理，其管理的内容有技术的也有经济的，主要包括仓库选址与布点，仓库规模的确定和仓库内部的合理布局，仓库设施和设备的选择及配备，仓储资源的获得，仓储作业活动管理，库存控制，仓储经营管理，仓储人力资源管理等几个方面。

仓储管理主要指库存控制，及对库存数量和结构进行控制分类和管理的物流作业活动。

（1）库存的分类。

①周转库存：为满足日常销售需要而保有的库存。周转库存的大小与采购量的多少直接相关。渠道成员为了降低物流成本，需要批量采购、批量运输和批量生产，这样便形成了周期性的周转库存，这种库存随着每天的消耗而减少，当降低到一定水平时需要补充库存。

②安全库存：为了防止不确定因素的发生（如供货时间延迟、消费需求激增、库存消耗速度骤然加快等）而设置的库存。安全库存与库存安全系数或者说与库存管理水平有关。从经济性的角度看，库存安全系数应确定在一个合适的水平上。例如后疫情时代，防疫物资的营销渠道成员为了预防疫情突起等不确定因素的发生而进行的物资商品储备就是一种安全库存。

③调节库存：为了调节需求或供应的不均衡而设置的一定数量的库存。例如空调、电风扇、羽绒服等商品的消费具有明显的季节性特征，渠道成员为了保持供应能力的均衡，在淡季便开始储备一定数量的商品作为调节库存，以备旺季所需。

④在途库存：处于运输途中的库存。当生产企业与渠道成员的空间距离很远时，在途库存是一种比较大规模的投资。在途库存的大小取决于运输时间长短以及该期间内平均需求的大小。

（2）库存控制方法。

① ABC 分类法。

ABC 分类法是一种对重要物品进行重点管理的方法，又称为重点管理法。ABC 分类法来源于著名的帕累托定律，是现在库存物品分类中应用最广泛的方法之一。

ABC 分类法的原理是：渠道成员将所有库存物资按照物资的重要性及其占用库存资金量的多少划分为 A、B、C 三大类，A 类为重要物品，B 类为一般重要物品，C 类为不重要物品。其中 A 类物资虽然仅占库存物资品种总数的 15%~20%，但其占用的库存资金通常有 70%~80%；B 类物资品种数占库存物资品种总数的 30%，占用库存资金在 15%~20%；C 类物资品种占库存物资品种总数的 55%左右，但其占用库存资金仅有 5%。在管理办法上对 A 类物品实行重点管理，对 B 类物品实行次重点管理，对 C 类物品实行一般管理。这种方法能够抓住重点，分清主次，对库存物资进行有效的经济管理。ABC 分类法是库存控制中常用的分析方法，具有压缩总库存量、优化库存结构、降低管理成本的效果。

② 经济订货批量。

经济订货批量（Economic Order Quantity，EOQ）是指渠道成员通过平衡采购、进货成本和保管仓储成本核算，以实现总库存成本最低的最佳订货量。在消费者对商品的总需求量一定的条件下，渠道成员的订购次数越多，每次订购批量就越小，订购费用就越高，而保管费用则越低；反之，每次订购数量越大，订购费用就越低，而保管费用就越高。因此，对于渠道成员来说，要选择一个最适合的订货批量。

经济订货批量是固定订货批量模型的一种。当企业按照经济订货批量来订货时，可实现订货成本和存储成本之和最小化。随着存货的不断消耗，当库存水平到达最佳订货点时，即按照最佳订购数量进行采购。因此该模型需要管理人员实时监控库存的剩余情况。

经济订货批量主要用来处理那些消费者对物品的需求比较独立的物品的库存控制问题，它在保证渠道成员库存总成本最低时，通过计算求得每次所需订购货物量的大小。经济订货批量的确定可以使渠道成员所持有的库存合理化，一方面既能保证持续的渠道销售，另一方面也能保证库存总成本最低。

（三）渠道信息管理

渠道中的信息是企业决策的指南，包括公司信息、市场信息、渠道成员信息、竞争对手信息以及消费者信息等。对于生产企业和渠道成员来说，信息是一种无形的资源。在营销渠道管理中，整个渠道管理的运作和调整控制都离不开渠道中各种各样的信息，因此，建立并管理好渠道信息系统是加快企业对市场反应速度的重要手段。

渠道信息系统是以人为主导，利用计算机硬件、软件、网络通信设备以及其他办公设备，进行有关产品所有权转移信息、商品实物流转信息、回收货款流动等信息的搜集、加工、传输、储存、更新和维护。渠道信息系统通过管理信息系统（MIS）、电子数据交换系统（EDI）、企业资源计划（ERP）、供应链管理（SCM）、客户关系管理（CRM）和电子商务（EB）等实现企业信息流传递的电子化管理。

1. 管理信息系统（MIS）

管理信息系统，以企业战略竞优、提高收益和效率为目的，同时支持企业高层决策、中层控制和基层操作。管理信息系统主要涉及三大资源：人、科技和信息。管理信息系统不同于其他用来分析组织机构业务活动的信息系统，它通过给决策者提供需要的信息来实现对组织机构的有效管理。

完善的管理信息系统应达到以下四个标准：①确定的信息需求；②信息的可采集与可加工；③可以通过程序为管理人员提供信息；④可以对信息进行管理。具有统一规划的数据库是管理信息系统成熟的重要标志。

2. 电子数据交换系统（EDI）

电子数据交换，是一种利用计算机进行商务处理的新方法，是将贸易、运输、保险、银行和海关等行业的信息，用一种国际公认的标准格式，通过计算机通信网络，使各有关部门、公司和企业之间进行数据交换和处理，并完成以贸易为中心的全部业务过程，也有人称它为"无纸贸易"或"电子贸易"。

电子数据交换系统的主要特点是：发送方将要发送的数据从信息系统数据库提出，转换成平面文件；将平面文件翻译为标准 EDI 报文，并组成 EDI 信件，接收方从 EDI 信箱中收取信件；打开 EDI 信件并翻译成平面文件；将平面文件转换并送到接收方信息系统中进行处理。

3. 企业资源计划（ERP）

企业资源计划，是指建立在信息技术基础上，以系统化的管理思想，为企业提供决策运行手段的管理平台。

企业资源计划的核心管理思想是实现对整个供应链的有效管理，企业资源计划系统将企业业务明确划分为由多个业务结点联结而成的业务流程，通过各个业务结点明晰各自的权责范畴，而各个结点之间的无缝联结，实现了信息的充分共享及业务的流程化运转。企业采用 ERP 系统，可以实现对企业业务的重新梳理与优化，实现生产经营的精细化与集约化，带来的好处是成本的降低、生产周期的缩短、响应客户需求的速度更快、为客户提供更好的服务。

4. 供应链管理（SCM）

供应链管理主要通过信息手段对供应链各个环节中的各种物料、资金、信息等资源进行计划、调度、调配、控制与利用，使全部供应过程形成一个功能整体。

供应链管理利用互联网将企业的上下游企业进行整合，以中心制造厂商为核心，将产业上游原材料和零配件供应商、产业下游经销商、物流运输商及产品服务商以及往来银行结合为一体，构成一个面向最终顾客的完整的电子商务供应链。其目的是节约采购成本和物流成本，提高企业对市场和最终顾客需求的响应速度，从而提升企业产品的市场竞争力。

5. 客户关系管理（CRM）

客户关系管理是指企业为提升核心竞争力，利用相应的信息技术以及互联网技术来协调企业与顾客在销售、营销和服务上的交互，从而改善其管理方式，向客户提供创新性的个性化客户交互和服务的过程。其最终目标是吸引新客户、保留老客户以及将已有客户转为忠实客户，增加市场份额。

客户关系管理的实施目标就是通过全面加强对企业业务流程的管理来降低企业成本，通过提供更快速和更周到的优质服务来留住老客户，并吸引更多的新客户。

（四）渠道促销管理

渠道促销管理，是使用促销手段对消费者或渠道成员提供短程激励。因受到利益驱动，渠道成员和消费者都可能大量进货与购买。因此在渠道促销阶段，常常会增加消费，提高销售量。

主要的渠道促销策略有以下几种。

1. 人员促销

人员促销是最主要和最直接的促销方式，是指企业派出推销人员直接与顾客接触洽谈、宣传商品，以达到促进销售目的的活动过程。它既是一种渠道方式，也是一种促销方式。人员促销具有很大的灵活性，在推销过程中，买卖双方当面洽谈，易于形成一种直接而友好的相互关系。一个有经验的推销员为了达到促进销售的目的，可以使买卖双方从单纯的买卖关系发展到建立起深厚的友谊，彼此信任，彼此谅解。这种感情增进有助于推销工作的开展，实际上起到了公共关系的作用。

2. 促销补贴

促销补贴可以通过直接定额补贴，或者通过销售额百分比进行补贴，以调动渠道成员的积极性。提供补贴可以鼓励渠道成员大量进货、大量铺货，并尽力向消费者推销产品。渠道成员会在补贴的鼓励下为产品提供更多货架空间，进行现场宣传，营造促销气氛，带动销售量。但是，如果生产企业只提供促销补贴，而不对促销活动进行规范化的管理，这样很容易导致终端大幅降价，各渠道成员之间为了增加销售额彼此恶性降价竞争，既会损害渠道成员的利益，又会损害产品形象和生产企业的利益。

3. 合作广告

渠道上下游间的合作广告是指生产企业支付渠道成员部分广告费用的一种成本分摊机制。生产企业采用合作广告往往是由渠道成员在本区域内做广告，生产企业付部分广告费用。

这是因为地方性渠道成员在区域市场上拥有一定的市场势力，了解本区域内消费者的需求以及与地方媒体有长期合作关系等，因此，由渠道成员在本区域市场做广告的成本更低、效果更好。

合作广告在我国也有"广告返点"之称，即生产企业为鼓励渠道成员为其推销品做广告，在渠道成员支付的购货款中，将推销广告费的部分返还给渠道成员。合作广告发展至今，已经成为一种激励渠道成员的有效手段。

4. 展销协助

生产企业为了鼓励渠道成员销售本企业产品，借助渠道成员的力量与条件，生产企业可以要求渠道成员使用 POP 广告（售卖场所广告）或卖场身份鉴别标记、促销套装、店内特别展销等方式来促销产品。但在这一过程中，生产企业有必要向渠道成员提供与展销有关的物料支持。

5. 店内促销

店内促销是指在卖场内实施的以短期内提高销量为目而进行的促销活动。店内促销的方式主要有陈列、POP 广告、卖场叫卖、赠品、店内广播、店内背景音乐等。店内促销活动更贴近消费者，可以向消费者准确传达产品的特点以及与竞争品牌的差异，影响消费者的购买意向。

6. 销售竞赛和激励

销售竞赛是利用奖金或其他报酬来激励渠道成员完成生产商所确定目标的一种激励方法。销售竞赛的奖励标准通常有两种，即以销售额为奖励标准和以其他事项为奖励标准，如销货回收比率等。

当以获得新客户、销售选购商品或处理积压存货等为目标时，销售竞赛最能发挥作用。但销售竞赛在增加销售量和鼓舞士气的同时，也会带来一些不良后果。销售竞赛常常会导致进货过多、过度推销等，因此，在选择销售竞赛方法时，也应注意防止其负面影响的发生。

同时，应注意把物质奖励与精神奖励结合起来使用。

7. 培训计划

生产企业给渠道成员提供培训，既履行了对其提供帮助的承诺，又有可能提高渠道成员的销售业绩，对双方都是有益的。培训计划需要针对渠道成员的实际情况制订，注意要使用渠道成员能够接受的方式来开展培训。由于不同类型的渠道成员在资金规模和操作能力上不同，生产企业应该提供不同的培训内容。

8. 现场协助销售

现场协助销售是指生产企业派人员前往渠道成员处，帮助其开展销售活动。当渠道成员缺乏销售能力或不能很好地完成生产企业分配的销售份额任务时，生产企业通过与渠道成员商量，可以派出人员进行现场协助销售。但现场协助销售也有可能会带来成本的增加，降低渠道成员自身重要性的感知。

（五）渠道成员管理

渠道成员管理是指企业对营销渠道成员的开发、获得、保持和利用等方面的设计、组织、领导、激励和控制等活动，目的是协调渠道成员之间的相互合作关系，充分挖掘渠道成员的潜力，调动渠道成员的积极性，提高产品的流通效率，实现企业盈利目标。渠道成员管理的基本内容包括选择营销渠道成员、评价营销渠道成员、对营销渠道的招商、对营销渠道成员的培训、选择营销渠道终端、帮助渠道终端进行商品陈列等。

> **案例阅读**

九阳公司的经销商管理

济南九阳电器有限公司（以下简称九阳公司）是一家从事新型小家电研发、生产与销售的民营企业。公司设立于1993年下半年，起步资金仅有数千元。九阳公司于1994年12月推出产品豆浆机后，市场规模连年大幅度扩大，公司已发展成全国最大的家用豆浆机生产厂家，市场遍及除西藏、贵州、甘肃、新疆以外的大部分省市。虽然近年来消费品市场一直处于低迷状态，但1998年该产品市场销量仍保持了50%的增长率。这样一家品牌知名度并不高的中型企业，仅用6年时间就从无到有把豆浆机做成了一个产业，创造了每年近百万台的市场需求。虽然现在市场上有了100多家生产豆浆机的企业，但无论从产品性能还是市场营销上，他们还不能对九阳构成真正的威胁。九阳公司销售总经理许发刚说，九阳有技术优势，但与技术上的领先优势相比，九阳在市场营销上更为成功。特别是在全国160多个地级城市的营销网络，不仅是实现销售和利润的渠道，而且是构筑自身的安全体系，锤炼企业核心竞争力的"法宝"。

通过160多个地级市场的建设，九阳公司形成了一套寻找和管理经销商的思路。

九阳公司根据自身情况和产品特点采用了地区总经销制。以地级城市为单位，在确定目标市场后，选择一家经销商作为该地独家总经销。为达到立足长远做市场、做品牌、共同发展的目标，九阳公司对选择总经销商提出了严格的要求。

（1）总经销商要具有对公司和产品的认同感，具有负责任的态度，具有敬业精神。这是选择的首要条件。一个好的产品，不仅能给经销商创造一定的经营效益，而且能给其带来更大的市场空间和发展动力。经销商只有对企业和企业的产品高度认同，才能有与企业一致的对产品及市场的重视程度，也才能树立起开拓市场、扩大销售的信心，将九阳的产品作为经营的主项，主动投入所需的人力、物力、财力；同时，对企业经营理念的认同，有助于经销商与企业的沟通和理解，自觉施行企业营销策略，与企业保持步调一致。这些是企业建立成功的网点和良好的合作关系的根本。九阳公司销售人员能够在帮助经销商分析认识企业的发展前景和产品的市场潜力，并培养经销商的认同感方面提供帮助。

负责任的态度是指经销商要对产品负责、对品牌负责、对市场负责，这是经销商完成销售工作的保障。唯有如此，经销商才能尽心尽力地推广产品，努力将市场做好，也才能不断提高企业网点的质量，提高企业品牌和市场美誉度。九阳公司在开发重庆市场时，曾有一家大型国有批发企业提议担任总经销，公司在对其全面考察后，认为其虽然具备较强的实力但缺乏这种负责任的态度，不利于公司市场发展的需要，否决了这项提议。敬业精神是推动一个企业不断发展的重要动力，具备敬业精神的经销商能够积极主动地投入市场销售与拓展，克服销售障碍，协助企业开展各项市场活动，充分发挥能动性和创造性，通过自身的发展来带动企业销售业绩的提升及市场占有率的扩大，巩固销售网络基础，提高销售网络水平。

（2）总经销商要具备经营和市场开拓能力，具有较强的批发零售能力。这涉及经销商是否具备一定的业务联系面，分销通路是否顺畅，人员素质高低及促销能力的强弱。企业选择总经销商，就是要利用其开拓市场、扩散产品的能力。总经销商的市场营销能力直接决定着产品在该地市场能够在多大范围和程度上实现其价值，进而影响到企业的生产规模和生产速度。在一种新产品进入一个新市场时，如果经销商不具备经营及开拓的能力打开市场空间，仅靠企业一方的努力是不足以取得成功的。同时，总经销商作为企业产品流通中的一个重要环节，不仅要能够实现一部分终端销售，掌握第一手市场消费资料，更重要的是要具有经销产品的辐射力和批发能力，拓宽产品流通的出路。

（3）总经销商要具备一定的实力。实力是销售网点正常运营，实现企业营销模式的保证，但是要求实力并不是一味地求强求大。九阳公司在如何评价经销商实力上，采用一种辩证的标准，即只要符合九阳公司的需要，能够保证公司产品的正常经营即可，并不要求资金最多。适合的就是最好的，双方可以共同发展壮大。适用性原则扩大了选择的余地。

（4）经销商现有经营范围与公司一致，有较好的经营场所。如经营家电、厨房设备的经销商，顾客购买意向集中，易于带动公司产品的销售。由于经销商直接面对顾客，经销商的形象往往代表着企业的形象和产品的形象，对顾客心理产生影响，所以对经销商的经营场所亦不能忽视。九阳公司要求总经销商设立九阳产品专卖店，由九阳公司统一制作店头标志，对维护公司及经销商的形象产生了积极的作用。

九阳公司的业务经理们对于开拓市场首先树立了三个信心：第一，提供的是好产品，满足了消费者的生活需要，有市场需求。产品质量过硬，售后服务完善。第二，公司的一切工作围绕市场开展，考虑了经销商的利益，拥有先进的营销模式。第三，坚信有眼光的经销商必定会和九阳公司形成共识，进行合作。这三个信心保证了业务经理在同经销商的谈判中积极主动，帮助经销商分析产品的优势和市场潜力，理解并认同公司的经营理念和宗旨；认识合作能带来的近期及长远利益，研究符合当地市场特征的营销方案，并且在谈判中坚持公司对经销方式的原则要求，在网点选择上不做表面文章，奠定了整个网络质量的基础。

九阳公司与其经销商的关系，不是简单地立足于产品买卖的关系，而是一种伙伴关系，谋求的是共创市场、共同发展。因而公司在制定营销策略时，注意保证经销商的利益，注重的是利益均衡，不让经销商承担损失。如公司规定总经销商从公司进货，必须以现款结算，一方面保证公司的生产经营正常进行，另一方面可促使总经销商全力推动产品销售。那么，如何化解经销商的经营风险？一是公司的当地业务经理可以协助总经销商合理确定进货的品种和数量及协助到货的销售；二是公司能够做到为经销商调换产品品种，直至合同终止时原价收回经销商的全部存货，通过这些措施解除经销商的疑虑。

（资料来源：汤定娜、万后芬，《中国企业营销案例》）

思考：

1. 你对九阳公司选择经销商的条件如何评价？为什么？
2. 九阳公司和经销商能否达到双赢的目的？为什么？

二、选择营销渠道成员

营销渠道成员的选择将直接影响生产企业的产品能否及时、顺利地转移到消费者手中，影响生产企业的营销成本和品牌形象。若想确保企业营销渠道系统功能的发挥，必须慎重、科学地选择渠道成员。

营销渠道是一个系统，是由生产企业、各级中间商和消费者共同构成的循环系统。在这个系统中，企业通过各级中间商将商品的所有权转移到消费者手中，正是有厂（生产企业）和商（各级中间商）的存在，商品才能在营销渠道中实现流通。

在经济全球化发展的今天，市场竞争异常激烈，厂、商之间始终处于一种"博弈"的状态。因为厂和商都是独立且追求个体利益最大化的营利性组织，对盈利有着必然的追求。而建立一个稳定的营销渠道往往是一个长久的过程，要投入足够的时间、精力和财力；一旦确定了营销渠道间的合作，签订了合同，再更换渠道成员是成本极高的事情。因此，从生产企业的角度出发，企业在构建营销渠道网络的过程中，慎重选择营销渠道成员是非常关键的。

选择营销渠道成员，就是从众多的同类渠道成员中，选出适合本公司渠道系统、能够帮助本公司有效实现渠道销售目标的合作伙伴的过程。营销渠道成员如何选择，关系着营销渠道的顺畅与否，直接影响着生产企业的产品能否顺利、及时地转移到消费者手中，影响着生产企业的营销目标能否顺利实现，还影响着生产企业的分销成本和在消费者心目中的形象。

（一）营销渠道成员的选择原则

营销渠道的目标是由渠道成员实现的，企业要想实现营销渠道的目标，就要正确选择渠道成员。

1. 目标原则

消费者在哪里，就把营销渠道建设到哪里，这是最基本的选择渠道成员的原则。用麦当劳的话来说，就是"顾客在哪里，我们就把店开到哪里"。根据这个原则建设营销渠道，就其最基本的目标来说，就是要把自己的产品打入目标市场，让那些需要企业产品的最终消费者能够就近、方便地购买产品。

2. 认同原则

渠道成员能够认同生产企业的价值观，是生产企业与渠道成员之间合作的前提。生产企业在筛选渠道成员时，应选择认同本企业产品和理念的渠道成员。只有理念相同，愿意合作，合作才能顺利长久。

3. 互补原则

互补原则是指所选择的渠道成员应当在经营方向上一致且在专业能力方面互补，能够有效承担企业商品的分销功能，形成分工合作的局面。生产企业的主要职责是开发产品和推广品牌，渠道成员的主要职责是将商品分销到渠道，分销给消费者，分工协作，实现双赢。

4. 经济原则

经济原则，是指一条营销渠道运行的投入产出比要具有经济性，这一原则可以用渠道效率来描述。渠道效率主要体现在产品销量和市场覆盖两个方面。经济原则要求企业建设一个营销渠道时必须考虑该渠道能够给企业的产品销量和市场覆盖创造的预期贡献，还要考虑该渠道的预期费用投入，在比较和分析的基础上做出科学决策。

5. 共赢原则

营销渠道作为一个整体，每个成员的利益来自成员之间的合作和共同的利益创造活动。可以说，生产企业和渠道成员通过营销渠道把彼此之间的利益"捆绑"在了一起。只有所有成员具有共同愿望、共同抱负，具有合作精神，成员之间互惠互利、密切合作，才能实现共赢。

6. 前瞻原则

前瞻原则即渠道成员选择的战略性、前瞻性原则。选择成员不仅要看到眼前，还要从战略的高度选择和本企业战略规划一致或基本一致的渠道成员，要用发展的眼光来选择成员。

（二）营销渠道成员的选择步骤

企业可通过一定的步骤来寻找渠道成员。合理的步骤和程序，可以使企业在获取渠道成员时，更具有针对性、计划性和目的性。选择渠道成员可按以下程序进行。

1. 收集、了解目标市场的概况

在确定开拓某个新市场时，企业首先要对目标市场的经济、地理概况有全面、细致的了解和掌握。如区域市场的人口规模、人均收入、消费习惯等。此外，还要对市场的预期销售额目标和推广成本进行初步评估。

2. 把握经销商的要求

对企业来说，找到适合的渠道成员是一件比较困难的事。反之，渠道成员也不可能愿意为一个知名度低的品牌承担开拓市场的风险。

渠道成员在营销商品的同时追求的是利润最大化。渠道成员在考虑和企业建立合作时会更为关注企业的综合实力、企业产品品牌的强弱、企业在市场推广方面给予渠道成员的配合、企业要求的付款方式和提供的售后服务等。因此，企业在与渠道成员接触时，要准确掌握渠道成员的真实需求，最好向对方提供可供借鉴的样板市场的经营情况，帮助经销商树立经营信心。

3. 了解企业自身资源及能力

渠道建设人员要充分了解企业的战略、企业的背景和资金实力情况，要富有激情地将企业背景和销售政策传达给渠道成员。

渠道建设人员还要了解产品知识、市场定位及市场开发思路。具体来说，要知道企业开发市场的思路、市场定位、产品档次、性价比、产品的生产工艺、性能配置、使用方法等，以免和渠道成员交谈时出现尴尬。

渠道建设人员要了解企业销售政策，只有了解了企业的销售政策才能做好市场的布局，合理地确定销售区域和任务。在与渠道成员接触时，企业应当对可以为渠道成员提供哪些资源有清晰的认识，比如产品供应、价格体系、业务发展支持内容、推广物质支持、管理支持、销售奖励支持等，要全面展示企业的形象和实力，以增强渠道成员的信心，同时应避免向渠道成员轻易许诺。

4. 确定选择经销商的原则和标准

在选择渠道成员的时候，企业要遵循一定的原则和标准，不能为了眼前利益而忽视了长远的发展。制定原则的目的是使企业所选择的渠道成员更符合自己的长远规划。企业在选择渠道成员前，要制定出详细的渠道成员选择标准，利用该标准来衡量、选择渠道成员。

5. 准备合作协议的框架

在与渠道成员进行接触前，企业要准备好与渠道成员谈判的合作协议框架，以争取在谈判中将渠道成员引入企业所期望的合作模式中，占据谈判的主动权。合作协议框架的主要内容应包括以下几方面：销售区域的范围界定，合作协议的有效期，销售量指标，渠道成员的责任、义务（如提供销售的存货信息、遵守企业的价格体系、执行企业的销售政策等），市场推广支持方式，货款支付条件，违约的处罚措施等。

6. 运用科学的方法选择经销商

运用得当的方法，可以使企业对渠道成员的选择更加科学，选择渠道成员的方法有加权评分法、销售量分析法、销售费用分析法。其中，销售费用分析法又可分为总销售费用比较法、单位商品销售费用比较法和费用效率分析法。

7. 谈判并签订合同

这是选择渠道成员的最后一个步骤，也是很关键的一个步骤。不过，渠道成员之间的关系一般是合作关系，只要彼此都能给对方带来一定的经济利益或其他利益，合作自然会水到渠成。谈判一般围绕谁享有多少权利和尽多少义务来展开。签订合同时一定要慎重。

（三）营销渠道成员的选择途径

企业大致可以通过以下几种途径寻找合适的渠道成员。

1. 专业性批发市场

许多城市都有各个行业的专业批发市场或者小商品市场。大的渠道成员往往都会在这些批发市场设置门面来销售产品或者扩大影响。在这里，企业可以尝试寻找合适的渠道成员。虽然这些年批发市场走向衰落，但行业批发市场往往有当地渠道成员的销售窗口。

2. 媒体广告

到达一个新的市场，可以先买几份当地的报纸，看看当地的电视频道、听听广播或者到街上走走，或许就能得到同类商品的经销商信息。通过这些途径，也可以找到目标渠道成员。

3. 工具书

这里所说的工具书包括当地的电话簿、工商企业名录、地图册、手册、消费指南和专业杂志等。尤其是电话簿含有许多企业信息，一般情况下，当地比较有经验、有实力的经销商都有可能在电话簿上查到。

4. 广告公司咨询

当地的广告公司对本地的媒体、市场情况比较了解，往往有自己的关于各行各业的经销商的信息资料库。企业可以先找当地广告公司寻求广告代理，再通过广告公司介绍合适的渠道成员。

5. 刊登招商广告

如果通过一般途径找不到合适的渠道成员，或者企业很有实力想趁机扩大影响，可以通过刊登招商广告的方式寻找渠道成员。刊登招商广告可以详细说明对渠道成员的要求，然后进行挑选。这种方式见效快，一般能找到好的渠道成员，但费用较高。

6. 参加产品展销会、订货会

各个行业每年都会举行各种各样的产品展销会、订货会，厂商云集，很多专业的经销商都会参会。这是厂家展示产品、品牌的机会，也是很多企业寻找渠道成员的有利机会和途径。

7. 消费者和中间商介绍

企业可以通过正式或非正式的调查，了解消费者在其所处的区域内对不同中间商的看法，以确定企业未来的合作伙伴。另外，通过咨询现有中间商或让现有中间商推荐，也可能找到渠道成员。通过行业内的顾客和中间商介绍是一种非常可靠的方式。

8. 网上查询

企业可以运用现代信息技术，通过互联网，尤其是访问专业网站寻找、筛选渠道成员。这种方法几乎不需要什么费用，但是网上信息真假难辨，需要注意甄别。

案例阅读

白酒渠道分析——四家龙头酒企渠道对比

思考：

1. 从厂家主导、经销商主导到厂家与经销商合作，你认为哪一方对营销渠道进行控制更合适？控制程度达到什么状态为最佳？

2. 除了控制权，还可以从哪些方面考虑渠道成员？

三、评价营销渠道成员

企业在明确选择渠道成员的原则后，还要制定一系列的定性和定量相结合的评价方法，以便在多个渠道成员间进行选择。对于渠道成员的评价，要综合考虑各个方面的因素，一般而言，可以从能力维度、态度维度、控制性维度和适应性维度来进行评价。

（一）营销渠道成员的评价维度

1. 能力维度

能力维度是选择渠道成员的主要评价标准，通过对能力的具体评价可以大致判断渠道成员与企业合作的可能性。

（1）营销思路。

思路决定命运，这句话在评价渠道成员时同样适用。今天的思路决定明天的出路，应选择与企业营销思路相近的渠道成员。中国的市场营销环境处于快速变化的时期，如果没有适应新营销环境的营销思路，渠道成员所积累的客户、经销网络就没有价值。企业要了解渠道成员的营销思路，可以从市场认知度、经营状况和服务态度三方面着手。

① 市场认知度。主要考察渠道成员对当地市场的熟悉程度。潜在渠道成员是否了解当地市场包含多少市、县，总人口，城市人口，各县的经济差距，各县的交通情况以及大企业和批发市场情况等。如果潜在渠道成员对当地的市场规模、行政区划、基础资料、市场特点有较好的理性认识，表明他有比较清晰的营销理念。

② 经营状况。主要是了解渠道成员经营的手段是否落后，是否跟得上现代科学的经营方式。许多渠道成员仍然处于一种较原始的经营状况，如凭感觉进货、卖货，月末、年末盘账，无计划无组织等，这势必影响渠道成员的经营状况和该渠道的顺畅度。

③ 服务态度。主要是了解渠道成员对送货、铺货的态度，对下线客户的服务程度，对铺货的重视程度，对销售网络的重视程度，对销售点的周期性拜访和客户服务程度是一个渠道成员营销思路的直接反映。

如果一个渠道成员对自己经营的各产品的业绩、盈利状况都很清楚；对当地市场的基本特点熟悉，并且还能积极拜访销售点，提升客户服务水平，强化销售网络，那么基本上可以肯定其营销思路是清晰的。

（2）销售实力。

销售实力是选择渠道成员的重要标准。判断渠道成员的销售实力如何，可以从资金实力、市场优势、配送能力、库房面积等方面加以评估。

资金实力是选择渠道成员的首要条件。应优先选择那些资金雄厚、财务状况良好的渠道成员，因为这样的渠道成员能保证及时回款，还可以与生产企业分担一些销售费用，提供部分应付款，向下线客户提供赊销等，有助于扩大产品销路。

市场优势是选择渠道成员的关键因素，包括市场覆盖范围和市场占有率两个方面。市场覆盖范围是从地理区域上判断渠道成员销售网络的建设情况，要评价渠道成员的市场地理范围与本企业产品规划中的销售区域是否一致，只有销售区域一致，才能保证产品销售区域规划的实现。市场占有率是渠道成员的销售额占总市场销售额的百分比，一般来说，市场份额越高，渠道成员的竞争力越强。但也要考虑渠道成员的市场范围是否太大，是否与其他渠道成员重叠。概而言之，渠道成员的选择应坚持市场占有率"最大占有，最小重合"。

配送能力是渠道成员实力的重要体现，体现为配送车辆、配送人员、仓储运输设备等。考察渠道成员的配送能力，必须注意以下四点：①渠道成员必须具备配送意识，要认识到只有具备配送功能才能生存；②必须组建配送机构，配备配送人员和配送工具；③必须实现低成本配送，很多渠道成员不敢或不愿意开展配送的原因是无法承担高额的配送费；④在配送区域过大的情况下，要建立配送中心。

库房面积。仓库可以实现本地存储，将商品迅速地转移到消费者手中。渠道成员的库房面积往往是和其销售额成正比的。通过查看渠道成员的库房，既可以了解其库房面积大小，还可以了解其经营品种，以及竞争对手的产品库存情况，同时，还可以根据仓库产品的摆放以及清洁状况来判断渠道成员的仓库管理能力，并根据现有库存，推算其大概的库存资金和流动资金。

（3）经营信誉。

调查渠道成员的经营信誉是选择渠道成员的必需环节。考验渠道成员的信誉可通过同行口碑和同业口碑的途径获得。

同行口碑。目标市场的其他渠道成员对该渠道成员如何评价，是否有恶意窜货、砸价、经营假冒伪劣产品、赖账等劣迹。通过其他渠道成员了解其经营能力、经营状况，与代理企业的合作信誉状况，如何处理与客户之间的关系等。同行口碑是了解其经营信誉的主渠道。

同业口碑。其他制造商以及上游供应商、制造商以及下游服务商对该渠道成员的评价也可以作为重要的参考依据，如来自银行、工商管理部门、咨询策划公司等社会机构的口碑信息。如果该渠道商不遵守渠道的规则、不讲信用，那么其他同业人士是会知道的，同业口碑是了解渠道成员经营信誉的辅助渠道。

（4）管理能力。

管理能力是选择渠道成员的一个关键因素，一般不考虑选择管理过于落后的渠道成员作为合作对象，但是，管理水平因受到诸多因素的影响而很难下定论。渠道成员的管理能力可以从以下几个方面进行大致了解。

①物流管理水平。有无库房管理制度，有无出库入库手续，有无库存周报表、报损表、破损断货警示表等，断货、即期、破损、丢货现象是否严重。

②资金管理能力。有无财务制度，有无会计、出纳，有无现金账，有无销售报表，是否执行收支两条线，是否有"自己的直系亲戚，谁用钱谁自己从抽屉里拿"的现象。

③人员管理能力，即渠道成员的人员管理情况，如是否有业务人员，业务人员中亲属所占比例；有无人员管理制度，业务人员是否服从管理；有无清晰的岗位职责分配，业务人员工作状态，是自己找地方卖货，拿销量提成，还是按线路周期性地拜访客户；是否通过综合指标综合考评发薪金等。

2. 态度维度

（1）价值认同。

志同道合方可为谋，选择渠道成员就是选择对企业价值观、经营理念高度认同的志同道合的合作伙伴。价值认同可以在一定程度上反映渠道成员是否有激情和进取心。渠道成员的投入、毅力和对事业的投入程度，通常与所营销的商品企业的价值认同成正比。

（2）合作意愿。

合作意愿决定了渠道关系的长久性。营销渠道成员的选择是长期的"结亲"，因此企业应在产品（品牌）和愿望两方面评价渠道成员的合作意愿。

①产品（品牌）认同。对产品的功能及市场潜力的认同，是当好渠道成员的前提。一名渠道成员很难认真地去销售一个他认为没有市场潜力的产品。对产品的重视，是成为该区域渠道成员的必要条件。重视才能产生责任心，才能驱使渠道成员努力工作。

②愿望维度。渠道成员销售产品，不单对厂家、消费者有利，对渠道成员也有利。在营销渠道中，只有大家都有良好的合作愿望和发展意向，才能实现高效沟通并提高渠道管理效率。

3. 控制性维度

渠道成员的可控程度也是选择渠道成员时很重要的评价因素。从可控性角度评价渠道成员，就是看企业控制某一个候选渠道成员的可能性。渠道成员的经营能力固然重要，但控制性差不是好事。渠道成员可控性的评估，可以从控制内容、控制程度和控制方式几方面来考虑。

从控制内容评估渠道成员的可控性，要指出企业可以从哪些方面控制某一渠道成员。比如，企业是否可以控制或者影响渠道成员的哪些营销决策，企业可以控制或者影响渠道成员的哪些渠道功能，企业能否控制渠道成员可能的投机行为等。

从控制程度上评估渠道成员的可控性，就是要指出企业在某一方面控制某一渠道成员可以达到的程度。例如，企业可能实施绝对控制，即不仅控制渠道成员的数量、类型、产品，还要控制渠道成员的促销政策，以及价格政策。此时，渠道成员类似于企业的分支机构，要根据企业的指令从事销售活动。企业还可能对渠道成员实施较低程度的控制，常常只通过提供帮助来影响渠道成员的营销方式和营销行为。

从控制方式上评估渠道成员的可控性，就是要看企业可以用什么方法，在哪些方面控制渠道成员。比如，企业是否可以通过渠道治理结构的某种安排控制渠道成员的投机行为，企业是否能够使用自己所拥有的渠道权力影响渠道成员在产品价格方面的决策，企业是否可以通过良好的关系或彼此之间的高度信任而相互影响和相互控制。

4. 适应性维度

渠道成员选择的适应性标准，主要在于分析、评价渠道成员对企业的营销渠道的适应能力，以及对环境变化的应变能力。

评估方法以定性评价为主，比如，通过访谈了解成员的经营理念和发展思路，以便判断其融入企业原有营销渠道的难易程度；通过了解渠道成员的发展历史，判断其危机处理能力和应变能力；通过实地考察，了解渠道成员的基础设施和人员素质。通过这些方式，既可以看出渠道成员对企业的适应能力，也可以看出渠道成员在环境变化时可能作出的反应。

（二）营销渠道成员的评价方法

在掌握了渠道成员的评价维度后，就可以选择合适的方法对渠道成员进行精确的筛选。一般来说，一是定量分析方法，二是定性分析方法。

1. 定量分析方法

（1）加权评分法。

加权评分法对渠道成员能力的评定较为全面，在实践中应用非常广泛。它是根据每位渠道成员的经营能力和条件进行打分，然后按照分数的高低做出选择，其步骤如下。

① 选定标准，确定影响因素。生产商首先要根据自己的实际情况，确定选择中间商最重要的影响因素。也就是企业要根据前面选择渠道成员的原则和评价因素，确定自己企业的特定标准。

② 分配权数。根据不同评价因素对完成企业渠道目标和渠道策略的重要程度，对每个因素分配一定的权数。

③ 评定得分。对每个渠道成员在每一个因素上进行评估，得出相应的分数。将每个渠道成员在每一项因素上的得分与该因素的权数相乘，得出每个渠道成员在该因素上的加权分。将每个渠道成员在所有因素上的加权分相加，得出该渠道成员的总分。最后将总分进行排列，分数最高者最优。

例如，某公司经过考察，初步选出三家比较合适的渠道商，欲从中选择一家确定为企业合作的渠道成员。公司希望选取的渠道成员具有理想的市场覆盖范围，较强的销售能力和配送能力，并且愿意与企业积极协作，主动进行信息沟通，财务状况良好。各个"候选人"在这些方面中的某些方面都有一定优势，但是没有一个能在各方面均名列前茅。因此，公司采用加权评分法确定最终的渠道成员，三家渠道商的评分如表3-2所示。

表 3-2　采用加权评分法选择渠道成员

评价因素	权重	渠道商 A		渠道商 B		渠道商 C	
		打分	加权分	打分	加权分	打分	加权分
资金实力	20%	80	16	70	14	85	17
市场范围	30%	85	25.5	85	25.5	80	24
经营信誉	15%	80	12	70	10.5	75	11.25
合作意愿	15%	90	13.5	85	12.75	85	12.75
配送能力	20%	75	15	80	16	80	16
合计	100%	410	82	390	78.75	405	81

从结果来看，根据各因素的重要程度，经过加权汇总后，渠道商 A 的得分最高为 82 分，所以该公司应选择渠道商 A 作为该区域的渠道成员。

（2）销售量分析法。

渠道成员的任务主要是销售商品，因此，在其他条件相同的情况下，销售量自然成为生产企业选择渠道成员时考虑的主要因素。销售量分析法是通过实地考察渠道商的相关数据，如顾客流量、月销售额、销售额的近期变化趋势等，在此基础上，对被考察分销商的实际分销能力、可能承担的分销任务和可能达到的销售量水平进行评估，从而选出最佳的中间商。这也是选择渠道成员的常用方法。

（3）销售成本分析法。

通过渠道成员分销，生产企业需要花费大量的渠道管理成本和运作成本，主要包括谈判和履约监督费用、市场开拓费用、让利促销费用、货款支付的延迟或拒付带来的收益损失等。这些费用构成了销售成本，必然会减少生产企业的净收益。生产企业需要控制销售成本来提高收益，而不同的渠道商所带来的销售成本是不同的。因此，生产企业也将销售成本作为选择渠道成员的一个指标。评估销售成本，一般有以下三种方法。

① 总销售成本比较法。通过分析目标中间商的营销策略、市场声誉、顾客流量、合作态度、销售状况等，估算出各个目标中间商作为营销渠道成员，在执行分销功能过程中的总销售成本，据此选择成本最低的中间商成为渠道成员。

② 单位商品销售成本比较法。根据边际成本递减原则，当总销售成本一定时，销售量越多，则单位商品的销售成本越低，渠道成员的效率相对就越高。因此，可以将总销售成本与销售量两个因素进行综合评价。

单位销售成本的计算公式为：单位销售成本＝总销售成本／销售量。

③ 成本效率分析法。这种方法是以成本效率，即销售业绩和销售费用的比率作为评价中间商的依据。成本效率是单位商品销售费用的倒数。

成本效率的计算公式为：成本效率＝某渠道成员的总销售量或总销售额／该渠道成员的总销售成本。

2. 定性分析方法

如果能够掌握较为准确的数据，定量分析法得出的结果就较为客观，能够较准确地帮助企业选择合适的渠道成员。但是它也存在不足的地方：①许多主观因素（如渠道成员的适应性等）难以量化；②为了掌握所需数据需要进行深入的市场调研，会花费大量的成本；③市场调研的周期较长，企业面对的形势可能不允许其耗费如此长的时间进行调研。因此，除了定量分析法，企业也常常会通过定性分析法来评价渠道成员。

定性分析法没有定量分析法客观，很多评价标准是根据企业自身的实际情况来制定的。在渠道选择中，并没有完全的定性分析方法，往往是根据实际情况，将定性与定量分析方法相结合进行综合评估。

具体而言，定性分析法主要从以下几个方面入手。

（1）分析该渠道成员的经营战略，重点考察其对公司政策是否能执行到位；

（2）分析该渠道成员在所有的代理产品中把生产企业的产品放在什么样的位置，不重视者即支持能力低下；

（3）分析渠道成员与生产企业、其他层级渠道成员以及消费者之间的关系；

（4）分析渠道成员对市场信息的掌握情况；

（5）观察渠道成员员工在终端网点促销活动中的表现。

任务实践

结合本任务的学习，讨论分析案例中比亚迪销售成功背后的原因，并谈谈自己的体会。

比亚迪销售成功的背后

任务二　掌握营销渠道的招商管理

学习目标

（一）知识目标

1. 掌握营销渠道招商的方法。

2. 列举对营销渠道成员进行培训的方法和内容。

（二）能力目标

1. 能够解释营销渠道招商的组织与实施要点。

2. 能够完成营销渠道成员的培训方案设计。

（三）素质目标

1. 学会有效开展营销渠道招商。

2. 认识到营销渠道招商的重要性，树立科学的营销渠道管理理念，培养开拓创新、合作共赢的团队精神。

▶ **任务导入**

营销渠道招商是企业用来开发渠道成员的重要手段之一，也是一种宣传的手段。在这个环节选择正确的方法，建立规范合理的政策体系，提升组织管理效率尤为关键。渠道招商的方式是通过终端客户、经销商升级、线上招商、政府招商等组建起自己的营销渠道，并以此获取相应的利润。资金不足是大多数企业都会经历的问题，这种情况并不稀奇，但如何解决就是一个值得深究的问题了。企业的发展需要资金来维护运营，而现在国内的市场竞争相当激烈，企业必须要尽快找到一条合适的路径，来填补资金的短缺，这也是大型公司热衷于营销渠道招商的原因之一。此外，渠道招商对于销售公司来说，是决定销售额的关键因素之一。如果你想要组建一支营销队伍，那知晓渠道招商是什么，如何进行渠道招商就尤为重要。在这个任务中，我们将共同学习营销渠道的招商管理工作是如何有效开展的。

课前思考：

1. 你知道如何进行营销渠道的招商吗？
2. 经销商合同的设计与签订有哪些注意事项？
3. 如何对营销渠道成员进行培训？

▶ **任务分析**

由于我国幅员辽阔，市场特征和消费习惯地域差别极大，在这样一个庞大且复杂的市场中，企业的营销也面临着非常大的挑战。绝大多数企业都需要借助区域经销商的力量来完成市场的覆盖。因此，寻找经销商就成为企业开拓市场的重中之重。营销渠道的招商管理是企业整合资源的重要举措，是建立市场通道的重要手段，更是企业迅速建立开放式价值链、实现传统销售模式不断升级和市场突围的重要途径。本任务就是帮助大家认识营销渠道招商管理的重要性，学会如何开展营销渠道招商以及在完成营销渠道成员招募后如何对其进行有效的培训。

▶ **案例导入**

百草味的两次华丽转型

在互联网发达的今天，人们体验到了网购给生活带来的便利。人们在网上可以购买到多种多样的商品，而零食一直深受消费者的喜爱，吃零食甚至成为许多人消遣以及解压的方式，因此线上零食品牌变得越来越多，从天猫去年"双十一"的销量上看，目前线上零食的三巨头分别为三只松鼠、百草味和良品铺子。

百草味的第一次华丽转型要追溯到 2010 年，当时的百草味关闭了所有的线下食品店，全面进军网络市场。彼时杭州百草味食品有限公司刚刚成立不久，便成功在线下铺设了 100 多家实体店，由于受到电商环境的影响，百草味决定改变战略思路转战电商。

事实证明百草味的决定是正确的，在入驻淘宝商城后，百草味的销量一直不错，仅用了 4 个月便占据了食品类第一的位置，百草味也因此获得了 1 000 万元的投资。此后几年，百草味的成绩也一直处于前列，先是与申通合作，扩大了自己的仓储以及物流的规模，而后与好想你达成合作，成功上市。

百草味的第二次蜕变是在 2018 年，随着新零售模式兴起，新零售逐渐被应用于市场，零食市场也出现了一些变化，各大公司纷纷进行战略布局，百草味也不例外。百草味重新在线下铺设门店，建立更为全面的渠道以及营销模式，来满足广大消费者的需求。与此同时，百草味的SKU也在逐渐增加。

百草味通过自身的畅销商品与市场相结合，逐步完成线下实体店、线上电商、手机App等多渠道共同发展的战略目标。目前，百草味已经出口美国、新加坡、澳大利亚等多个国家和地区，为更多的人提供中国优质的健康食品。近期，百草味还建立了目前全国最大的互联网商品透明工厂，工厂透明化让消费者对百草味更加放心。

可以说，百草味在当初专营线下的时候，把握住了时代的趋势，大胆转型影响了公司此后的发展，如今百草味依旧敢于面对零售市场的状况，做出相应的调整和改变，华丽蜕变后努力朝着自己100亿元的目标发起冲击，我们有理由相信，这样的企业一定会实现它的目标。

（资料来源：线上零食三巨头之一，成立最久，华丽蜕变冲击100亿，https://baijiahao.baidu.com/s？id=1622267845366895385&wfr=spider&for=pc）

思考：

1. 百草味两次转型分别是什么？两次转型的动因分别是什么？
2. 你从百草味的渠道开发中能得到什么启示？

名人语录

在工作中，要突出"敢、细、巧、实"四个字。"敢"就是坚持原则，勇挑重担，迎难而上，大胆开拓。"细"就是认真细致、一丝不苟的工作态度。"巧"就是讲究工作方法，掌握领导艺术，统筹全局，抓主要矛盾。实就是扎实的工作作风。

——习近平

知识精讲

确定了选择中间商的标准和方法以后，就要付诸行动，开始招募和筛选经销商，这就需要对营销渠道进行招商。招商是企业基于资源整合的目的，利用经销商在当地市场的网络，加快产品渗透步伐，以取得超越自身能力的发展空间和时间而进行的市场拓展活动。招商不仅是初创企业的快速拓展之道，还是建立市场通道的重要手段，更是企业迅速建立开放式价值链、实现传统销售模式不断升级和市场突围的重要途径。

一、招商的组织与实施

由于我国地域辽阔，各地市场特征和消费习惯地域差别很大，所以在这样一个庞大且复杂的市场里，绝大多数企业都需要整合区域经销商的力量来完成市场的覆盖和持续经营，因此寻找经销商就成为开拓市场的重要一步。招商的根本任务就是完成经销商的招募。招商工作是一个复杂的工作，是一个牵一发而动全身的系统工程，时间跨度大，涉及部门多，牵扯环节多，要使这样一个庞大而复杂的系统工程有序运行，达到预期的目标，就需要对招商工作进行细致规划和全局统筹。

一般来说，要成功组织一次招商活动，需要围绕以下四个关键任务开展。

（一）确定招商产品

作为招商企业，首先应该明确产品是合作的根本，选择一个优秀的产品，是成功招商的第一步。在终端铺货产品趋向同质化的情况下，必须要选择诉求点明确且具有差异化的产品来开展招商活动。适合用来招商的产品应按照以下标准进行选择。

1. 选择具有持续发展空间的产品

一个好的产品一定是满足市场需求的产品，因此，无论是企业还是经销商，首先要选好市场，其次才是为这个市场寻找好的产品。具有持续发展空间的招商产品应具有以下特征。

（1）具有广阔的市场空间，能够有效满足市场需求；

（2）市场正处于导入期后期或快速成长期，市场风险较小；

（3）产品符合市场发展趋势。

2. 选择功能过硬的产品

产品同质化一直是困扰企业营销的一个问题，开发科技含量高、使用效果佳的产品始终是企业不懈的追求。从企业的实际运作来看，凡是功能过硬的产品都取得了不错的成绩。不论是经销商还是消费者，都不会对纯粹概念性产品产生持续的兴趣，因此，没有良好效果的产品，只能造成市场投入的浪费，最终被市场淘汰。所以在招商运作中，选择一个功能过硬的产品，市场就已经成功了一半。

3. 选择能满足市场需求的产品

企业要实现产品顺利招商，不仅要关注经销商的需求，还要关注消费者的市场需求，只有把两者的市场需求有效结合，才能确保招商目标的顺利启动。只关注经销商的需求，无视消费者，无法保证后期市场的启动；只关注消费者，忽略经销商的需求，产品也无法顺利进入市场流通。因此在某种程度上，经销商的需求就体现了消费者的需求，消费者的需求几乎可以算是消费需求的风向标，因此，经销商在选择产品时除了要考虑产品质量、价格等因素外，还要为产品消费者考虑，因为经销商要解决买进后再卖出的问题。

4. 选择具有广阔利润空间的产品

招商价与零售价之间的差价就是经销商的利润空间。经销商在项目选择时关注的重点之一就是项目的收益，即经销该产品具有多大的利润空间，利润空间就成了经销商是否经销的关键性指标。对于经销商的利润关注，企业应该想方设法满足经销商的利润要求，确保其收入有保障，有良好和持续的收益，只有这样，经销商才会有和企业合作的动力。企业和经销商的关系从根本上讲是一种利益关系，如果缺乏这种利益上的关系，两者的合作就失去了基础。

此外，在招商产品的选择上，还可以关注符合最新市场潮流趋势的产品，既可以是独树一帜的新产品，也可以瞄准差异化市场，或者是具有差异化的技术。

（二）组建招商团队

在招商这个系统工程中，人的因素是最关键的。组建专业的招商团队是企业实现产品快速进入市场、支持企业快速提升影响力的核心措施。然而，现实中除专业招商的企业之外，一般的招商企业在团队建设方面是弱项。组建一个专业的招商团队主要由三部分人员组成：第一部分是招商团队的领导者；第二部分是核心成员，这是全局问题的策划和支持者；第三部分是重要的功能负责人，这是参与团队决议的营销执行者。招商团队在重大问题的决策程序上应该是要求立项、调查、研讨、决策。主要程序应是"听多数人意见，和少数人商量，核心说了算"。打造高效的招商团队需要做好以下工作。

1. 构建团队组织体系

招商作为营销工作的一项重要内容，需要企业在组织架构的设置上予以体现。依据企业的规模，招商的组织体系大小也不尽相同，招商的组织体系一般包括招商总监、企划部、商务（招商）部，商务（招商）部一般又设有招商经理、区域招商经理、区域协销经理、商务助理等具体职位。

2. 加强团队管理

"思路决定出路，细节决定成败"，招商讲究市场功底，讲究细节的累积，再高的招商目标也是由一个又一个大大小小的招商业绩累积而成的。

招商企业必须强调全员招商的观念，除了招商核心人员，物流、财务等辅助人员也要了解公司产品的经销政策、产品知识。

因此，一个优秀的招商团队应该具备核心明确、员工优秀以及严格科学的管理三种素养。同时，在招商团队中既要建立业务管理制度以规范操作流程和个人行为，也要重视对员工的激励，制定合理的业绩考核政策以激发员工的积极性，确保招商目标的实现。

3. 建立完善的培训体系

高效、细致的招商培训是招商成功最重要的保障之一。招商团队必须接受完整、到位、细致的招商培训。通过招商培训，能够统一思想，统一全体成员的内在共识和言行标准，使全体成员步调一致，共同推进目标。因此招商培训是打造一支优秀的招商团队必不可少的"内功"，招商团队人员不仅要领悟公司的战略思想，而且要掌握公司招商的核心优势，对经销商输出的市场投入预算、广告进程、操作方案，口径必须一致，这些都依靠统一的培训。公司招商培训的核心内容通常有以下几点。

（1）企业及产品知识培训：企业发展情况、产品知识等。

（2）沟通技巧培训：接听电话、接待语言、洽谈技巧、仪表举止等。

（3）招商专业知识培训：招商流程、招商合同、谈判技巧、表格填写等。

（4）招商要领培训：招商的战略步骤、招商目标分解、经销商合同解读、市场操作方案、常见问题的解答与应对等。

在实际营销工作中发现，经过系统培训，团队的凝聚力和战斗力会得到快速提升，招商人员能够快速融入企业招商的氛围中，从而高效达成公司的营销目标。

（三）确定招商政策

企业根据自己的经营目标和意图，结合对经销商调查整理出的资料，就可以制定对经销商有吸引力的招商政策。招商政策反映的是企业的经营意图、企业的经营模式和盈利模式。在确定招商政策这一环节，需要把握好以下几个工作要点。

1. 确定经销方式

根据招商企业和经销商之间的关系，可以分为买断经销和厂家局部支持两种。

买断经销就是经销商买断厂家的产品，厂家只管生产和供货，经销商全权负责市场营销方案。在这种方式下，厂家规定一个市场零售价，并以很低的价格或折扣供货给总经销商，总经销商付款提货，在市场方面，厂家不提供任何支持。

另一种经销方式为厂家局部支持，主要有两种方式。一是单纯的广告支持，就是经销商在一个合适的价格拿货，厂家负责广告，给予"空中支持"，其他市场推广工作则由经销商自己完成。二是厂家的促销与广告支持，就是厂家不仅提供广告的"空中支持"，还有"地面部队"配合，帮助经销商进行产品促销，包括负责上市推广、策划、促销、客情关系、终端辅导、区域维护等，经销商只需要进货、铺货和回款。这种方式的折扣率相对较高，一般比买断经销的要高40%左右。采用这种方式有利于产品的深度分销，将单个市场做深做透，也有利于厂家对经销商的控制，防止商家窜货和低价甩货。

2. 确定市场准入政策

市场准入政策是指企业根据营销渠道战略所确定的入选通路成员条件。这个政策是在经销商遴选条件的基础上，在与经销商首次合作中对资金投入做出的规定，主要包括首批进货量和保证金两个方面。首批进货量的规定在于能有效锁定经销商的经营精力，积极开拓市场，因为只有前期有相当的投入才不会让经销商漫不经心甚至三心二意。而市场保证金的缴纳，也能够约束经销商不敢轻易违背经销合同做出不利于企业和市场的事情，比如窜货、损害品牌形象等。

3. 制定价格管控政策

价格策略是营销4P策略中最为灵活也最为敏感的策略。经销商在考虑与厂家的合作时，也会重点关注价格政策。作为企业来讲，如果在价格管理和控制策略上出现失误，可能会导致市场失控，招致经销商和消费者的抱怨甚至抵制。一个好的招商方案应该合理确定与经销商合作的价格策略，具体包括以下几个方面。

（1）设置规范的价格制定步骤。

（2）预留合理的利润空间。

（3）制定遏制竞品的定价策略。

（4）合理预留风险投入。

有时企业为了抢夺经销商，给经销商留足了利润空间，代价却是让出了自己的利润底线。市场竞争中充满未知性，一旦市场出现不利状况，企业会因很难有足够的利润周旋空间而导致亏损，这时企业往往会以牺牲产品质量或者减少市场投入来应对，而这些都是不利于企业和经销商持续稳定发展的。因此，企业要合理预留风险投入，以应对市场开发、品牌建设、市场推广等活动。

4. 制定市场支持政策

在企业招商活动中，一般会不同程度地给予经销商市场支持。为经销商提供物流配送、市场协销、活动支持、销售扶持、销售奖励等，这些都属于对经销商的市场支持政策。市场支持政策的力度往往影响着经销商选择产品的信心。一般来说，利润空间大的产品，市场支持力度较弱，而利润空间小的产品，企业往往会提供更大的市场支持力度。市场支持政策主要有以下七种。

（1）为经销商提供试用品。

（2）给予经销商一定的退货保证。

（3）允许经销商信用赊销。

（4）提供以旧换新服务。

（5）协助经销商举办展示、展览、演示等推广活动。

（6）为经销商提供相关培训。

（7）特殊情况下的价格折让。

5. 合理确定返利政策

返利是企业销售政策中不可或缺的内容，也是经销商十分关心的内容。返利就是供货方将自己的部分利润返还给销售方，这样不仅可以激励销售方提升销售业绩，而且是一种很有效的针对销售方的控制手段。通过返利来激励和控制经销商，是招商政策中经常会使用的一种方式。按照不同的划分标准可以将返利划分为以下几类。

（1）按返利兑现时间分类，可以将返利分为月返利、季返利、年返利和及时返利。

（2）按返利兑现方式分类，可以将返利分为明返利和暗返利。

（3）按返利奖励目的分类，可以将返利分为过程返利和销量返利。

（4）按返利内容分类，可以将返利分为产品返利、物流配送补助、终端销售补助、人员支持、地区差别补偿、经销商团队福利、专销或专营奖励。

6. 科学制定退出机制

企业与经销商的持续合作取决于双方的合理利益得到实现，一旦这个过程中出现预期目标难以实现的情况，不论企业还是经销商都可以选择退出合作。在一般的厂商合作中，处于强势地位的是厂家，因此，经销商在合作中肯定要考虑厂家制定的退出机制是否合理，这是经销商选择是否合作的重要影响因素。

在退出机制的制定中，厂家要充分考虑对经销商的保障体系，比如剩余货品的等值回收、使用道具（工具）的折价回收及合理的市场推广费用的弥补等。这些机制的建立可以有效消除经销商的后顾之忧，对整个招商工作有非常积极的影响。

（四）确定合适的招商方法

1. 走访招商

在招商过程中，走访招商是运用较多的一种方法，也是在企业缺乏相关渠道资源时无奈采用的一种方法。这个方法往往对企业销售人员的综合能力要求比较高，企业销售人员既要对品牌有充分的了解，又要具备很强的谈判技巧和沟通能力，要能够分析哪些是品牌的目标客户，并知道应该去哪里寻找这些目标客户。销售人员通过走访来获取经销商的资料信息并逐一拜访，通过拜访、洽谈来进行筛选，选择合适的经销商进行合作。销售人员走访招商的优点是针对性较强，确定的经销商的经销能力较强，可以节省不少广告费；缺点是较难找到有闲置资金的潜在经销商，花费的时间比较长。这种招商方式主要适用于新品上市初期和市场开发阶段，或在企业实力相对较弱时使用。企业的目标招商群主要为竞争对手的经销商和相关产品的经销商，因此，企业可安排业务人员有针对性地、快速地走访目标招商群。

2. 利用新闻、大众媒体及互联网进行招商

这是一种比较普遍的招商渠道，包括电视、广播、报纸、刊物、互联网、移动端等，主要是利用大量的资金以全面撒网的形式进行。这种方式一般大公司运用的比较多，这种方式既可以进行品牌宣传也可以进行渠道建设招商。利用媒体进行招商的优点是信息传播速度快、覆盖面广，还可以有效提高企业的知名度，对于一些处于发展中的企业有很好的推广宣传作用，能够让企业快速进入市场。

3. 利用招商活动进行招商

招商活动是企业在渠道招商时最常用的一种招商方法。企业可以策划不同类型的主题招商会或项目洽谈会等招商会议，并邀请经销商参加。招商会议通常是由招商单位经过精密的策划组织，邀约意向经销商集中到一个场所，有针对性地与商家进行洽谈，其特点是针对性

强，易于吸引有兴趣的经销商。此外，招商活动影响大，实效性好，主办者还可以派遣技术专家与经销商直接进行接洽，在现场很快可以签订经销意向。其特点是灵活，效率高。

除此之外，企业还可以通过展览会、采购会、分享会、行业会议的方式进行招商渠道建网。比如很多城市经常举行规模不等的产品博览会、展销会等，这些活动通常会有不少有实力的代理商参加，企业可以通过这些平台来了解经销商，然后从中找出合适的经销商。

4. 通过专业的招商中介机构进行招商

招商中介机构也称招商外包或招商代理，这种模式是与经济利益及效果直接挂钩的，现在越来越多的企业愿意用这样的方式进行招商。招商机构具备较强的专业化服务能力和资源整合能力，能够针对产业链上下游企业及相关资源进行有效整合，发挥最大的合作效应。把招商工作外包出去，借助中介机构的资源就能够在规定时间内招募到一定数量的经销商，高效完成招商渠道的搭建，企业只需要专注于公司内部的营销管理工作。此外，这种方式还能在一定程度上为企业降低招商成本及风险。

5. 通过政府渠道进行招商

企业可以借助产业项目与政府合作的优势，利用政府力量进行招商，比如与商务局、经信局、科技局、金融办、中小企业局、园区管委会等相关政府部门进行沟通，获取相应的渠道资源。

6. 通过地方商会进行招商

商会作为地方工商界精英荟萃的群团组织，对资本、商品、市场、人才、技术、产业转移等信息的敏感度极高、需求旺盛，对企业的渠道招商可以起到牵线搭桥的作用。

要注意的是，以上几种招商方法各有其局限性，在实战中企业可选择其中几种方式进行有机结合，发挥各种招商方法的优势，系统地寻找企业所需的经销商。

二、经销合同的设计与签订

在敲定经销商后，要将招商行为转化为招商成果，合同的签订是最核心的衡量指标。经销合同是厂商与经销商双方合作的纲领性文件，对双方的合作方式、合作内容进行了必要的约定，也是双方当时意思一致的表示。如果合同设计不合理，或者双方在签约前没有进行充分的信息沟通，就会导致一系列的合作问题。因此，在合同的签订中，双方都要高度谨慎。

（一）拟定招商合同中的关键条款

1. 经销区域

作为企业来讲，是希望经销商能够在指定的区域内经销产品，但基于对利益的追求，经销商经常会跨区域销售产品，如果降低价格恶意窜货，则会对市场造成严重危害，因此，企业需要在合同中明确经销区域。

2. 任务指标

经销合同中明确的任务指标是招商企业获利及持续经营的基础，也是保证产品市场份额扩大的硬性指标，合理的、科学的任务指标将促进经销商积极运作本产品。如在合同中规定："乙方自签订本协议之日起至××年××月××日止，以供货价从甲方购进某产品，总购货金额为××万元人民币，以乙方汇入甲方账户的货款为准。"在确定总任务额后，要将其分解到季度或月份中以便促进执行与考核。

3. 首批进货款

首批进货款是招商企业与经销商第一次实质性的交易，首批进货款到账意味着合作正式生效。招商企业应认真结合行业、产品等具体特点确定合适的首批进货额度，并督促经销商如期打款进货。如在合同中注明："本协议自签订 15 日内，乙方须将首批货款××万元汇入甲方指定账户内。逾期未交足上述款项，则视为乙方解除本协议；甲方有权对该地区更换经销商。"

4. 价格条款

价格是招商企业与经销商共同关注的焦点，是市场管理的重中之重。如果价格失控，就可能引起价格战或者价格混乱，影响经销商和招商企业的整体利益，最终会影响整个渠道的运行。合同中要规定的价格包括招商企业规定的批发价、一级批发价、二级批发价、零售价等。对指导价和价格调动幅度有明确的规定，才有被严格执行的可能。最为重要的对结算价的明确界定，要清楚地注明结算价格是否含税、是否包括运费（何种运输方式的运费）。这些都要通过合同明确规定，加以严格监督实施，实现招商企业对经销商在价格领域的掌控。

5. 让利约定

让利约定一般包括批量让利、成长让利和管理让利三部分。

批量让利的目的是鼓励经销商严格按照合同的规定，完成甚至超额完成年度销售额，完成得越好，得到的招商企业返利额越多。批量让利应按合同规定及时兑付，这样才能调动经销商的积极性，不按时支付甚至久拖、不付，会挫伤经销商的积极性。

市场的开拓是循序渐进的，开拓市场初期，销量不会很大，随着市场被打开，销量也逐渐增大，成长让利条款遵循了这一规律，并给予经销商返利奖励，有效地调动了经销商的积极性，也方便招商企业安排生产。

管理让利是招商企业对经销商关于价格执行情况、遵守不窜货情况等市场管理要求的执行效果所给予的奖励返利。

让利条款一定要注明相应的考核标准，并将兑付时间与兑付形式界定清楚，以免出现误解和争议。

6. 铺货要求

决胜在终端，企业越来越重视终端在产品销售中的作用。现在的终端形式越来越多，一个经销商的实力，很重要的一点就是他所拥有的终端资源。在合同中，对经销商铺货的速度和数量，应有明确的要求。此举一是为了督促经销商按时按量完成，二是为了及时筛除铺货能力差的经销商。

7. 违约条款

违约条款是经销商违反合同规定，但还没有达到应该解除合同的程度所执行的处罚条款，比如没有完成任务量、没有按合同规定的价格出货、铺货终端数量不够、少量窜货等行为。违约条款要根据事先洽谈与公司的规定，详细地注明到合同中，关于处罚的程度一定要数字化，明确相应的处罚额度，这样能够方便执行，避免争议。

8. 退换货条款

退换货条款首先要明确退换货的条件或起因，一般有质量问题、包装问题、有效期问题等；还要注明退换货的范围，以便执行。退换货直接涉及双方利益，双方对此条款都应该认真对待。

其次是严格规定退换货的附加条件和作业流程、责任承担等，退换货的条件有货物完好、无破损和时间限制；作业流程有结算、运输方式与费用承担；责任承担应根据不同情况，明确归责，以免产生矛盾。如可在合同中约定"首批进货6个月后及8个月内，乙方可要求甲方原价回购首批未销完产品，同时乙方自动放弃经销权。如乙方在此前曾经两次进货，或者违反本合同规定，则本条款的退换货规定自动失效"。

9. 解约条款

招商企业应帮助经销商开拓市场，遇到困难应共同研究解决，招商企业平时应加强对经销商的管理，将问题消灭在初始状态。如双方解约，应把握好时机，防止经销商压货，以避免损失。如在合同中规定："如乙方未能按照合同约定的年、季度进货额完成销售任务，甲方有权利自行进入市场；或发展新的经销商进入乙方经销区域内；或取消乙方经销权。如乙方有违反销售价格，未在规定的销售区域销售产品或其他违反合同规定的行为，甲方有权取消乙方的经销权。"

10. 权利义务的规定

权利义务条款是合同的核心部分，分甲方权利义务和乙方权利义务，主要内容有招商企业义务、经销商义务、招商企业权利以及经销商权利。

（二）签订招商合同的注意事项

1. 考察经销商是否合法存在，是否具有独立法人资格，如果对方是无独立法人资格的挂靠单位，或单位产权不清，或是根本不存在的虚假单位，不要与其合作，以免造成不必要的损失。

2. 在签订合同时，经销商的公司名称一定要和营业执照上的名称一致，并加盖公章；不能使用简写或法律上根本不承认的代号；不能以私人签章或签字代替公章或合同专用章。

3. 要严格限定授权期限、区域，并明确经销商的权利和义务；要严格规定产品的退换货流程及责任。

4. 要详细规定违约事项及规则问题；限定货款清算方式及日期。

5. 签订合同前要进行区域市场调研。招商企业要组织团队到签约经销商所在的区域市场进行现场调研并进行市场评估。

6. 制定区域市场策略。很多招商企业未根据不同的区域市场制定不同的市场策略，结果导致在某些区域市场上出现水土不服的情况。其实，采取"一地一策"是既现实又可行的，但是要注意维护整体市场秩序，在保护经销商利益的同时也要顾全企业大局。

7. 对区域经销商进行培训。对经销商进行培训是企业必须要输出的资源。生产商必须定期对经销商进行培训，对经销商的操盘手、市场管理人员、一线代表、促销员等不同群体要提供不同的培训。

8. 进行样板市场考察。目前，业内很多企业都注重样板市场建设，并积极组织经销商进行参观考察、经验交流研讨，这样既可以增强招商的可信度与说服力，树立经销商信心，又可以很好总结市场经验，供后续加盟者学习，在经销过程中少走弯路。

9. 确定首批进货量。招商企业有责任科学地帮助经销商确定进货量，而不是鼓励首批进货量越多越好。其实，企业有必要帮经销商对平均库存、安全库存、配送周期等指标进行把关。

10. 提供销售宣传物料。在签完合同后，厂商要把营销手册、宣传单（折页）、光盘、免费赠品、试用装产品等宣传物料及时提供给经销商。在销售物料方面，招商企业也可以定向为经销商策划、设计及制作，乃至投放，这是因为不同区域市场的实效宣传与传播工具可能并不相同。

招商中面临的未来市场充满变数，有很多方面需要详细论证、周密考虑，如果急于求成、仓促订约，必定后患无穷。因此一定要有规范、标准的协议，比如对窜货、违约金等问题必须明确无误地写入合同，出现问题时如何终止合作也要有具体约定。

制定缜密、完善的招商合同是保障双方利益的前提，也是有法可依、有法必依的有效凭证。招商合同要体现公平、公正、自愿互利的原则。合同中相关条款的设计应体现双方共赢的主旨，在违约责任、仲裁方式、利润分配、双方责权、促销策略、市场支持、销售体系等条款上应公平、合理，确保招商价值链的每一个个体都有增值、增幅的潜质，以达到企业提升业绩的目的。

案例阅读

"微软经销联盟"合作伙伴的招募

微软中国曾实施"春耕计划"，该计划是微软中国有史以来最大的渠道投资发展计划，旨在加强微软合作伙伴的支持力度和提升合作伙伴的能力。整个计划包括两个步骤：第一步是全面覆盖，微软在一年内在全国 31 个省区市全面招募渠道伙伴加盟"微软经销联盟"；第二步是根据合作伙伴的业务模式，对微软经销联盟的成员进行细分，分为 MAR（核心代理商）、LAR（大客户代理商）、ISV（独立软件开发商）、SP（解决方案提供商）、SB（装机商）、CTEC（微软认证高级培训中心）等不同类型，针对合作伙伴的不同业务类型配以不同的项目或奖励支持。"微软经销联盟"是以各类合作伙伴与微软合作并取得微软进一步配合和支持为前提的。该计划具体实施措施如下。

1. 入门要求："联盟基因"

所有销售微软产品的 IT 经销商，或愿意成为微软合作伙伴的 IT 经销商，均可申请加入"微软经销联盟"。凡申请加入"微软经销联盟"的经销商均需合法使用微软软件并缴纳会费：A. 新会员会费，4 500 元/年；B. 老会员续会费享受特别优惠。

2. 成员职责和义务

①公司自身使用正版微软软件；②保证销售正版软件（需要经销商总经理签署"销售微软正版软件自律公约"）；③每季度至少从微软总代理处提货一次，金额不少于 3 000 元；④积极参加"微软经销联盟"的培训和活动。

此项授权有效期为一年，到期后需重新申请和审核。如不能达到以上要求，微软有权随时撤销其"微软经销联盟"成员的资格。

3. 加入"微软经销联盟"的利益

成为联盟成员后，将具有三大优势：①企业竞争力优势：微软公司将帮助经销联盟成员培养专业的软件销售人员，打造一支具有专业水平的销售团队；②企业形象优势：微软公司将帮助加盟经销商宣传公司知名度，优先参加微软的各种市场活动；③销售利润优势：联盟成员有资格获得优惠价格，联盟成员有资格加入微软各种渠道促销和奖励活动，联盟成员有资格被推荐为核心代理商、金牌解决方案代理商，帮助联盟成员降低技术投资成本。

三、经销商培训

通过渠道招商确定渠道成员后，企业还需要对渠道成员进行培训，确保渠道成员真正落实企业的渠道营销方案，并按照企业设计的规划去完成任务。中间商也常常将接受厂家的培训看成其成长的一个过程，或是其承担销售任务的一个收益，因此对渠道成员的培训也成为培养渠道成员忠诚度的一项重要内容。

（一）经销商培训的重要性

现今的市场，产品同质化严重，竞争激烈。在这一背景下，经销商培训已然成为当前企业最有回报价值且成本较低的一种营销方式。市场竞争越是激烈，企业与其渠道商之间就越需形成更加紧密协作的互动关系，以增强整体对用户的吸引力。企业需要在渠道商的帮助下为客户提供全方位的产品和服务，企业希望渠道商能够贯彻自己的经营理念，统一管理方式、工作方法和业务模式，从而大大提高沟通效率。企业也希望渠道商提高售前、售中、售后服务质量，从而有效助力产品品牌的推广。企业还希望渠道商及时反馈用户对产品的需求，以把握产品及市场走向。企业对渠道商的这些要求在充分沟通的基础上，须使渠道商获得相应的能力，这就要需要为渠道商提供相关的培训。总的来说，对渠道成员进行培训的重要性体现在以下几个方面。

1. 经销商培训是企业低投入、高回报的营销手段

随着市场竞争愈发激烈，各种类型的营销手段越发难以达到预期的效果。而且由于市场的竞争，企业利润水平逐步下降，营销的投入却逐年上升。所以，低成本、实效性的营销对策是企业的首选。经销商把控着终端，直接面对消费者，终端又是利益的最终来源，因此，企业维护经销商队伍，增强自身在终端的营销力，就成为目前企业营销工作的关键所在。而这一切工作，都离不开对经销商的培训。相对巨额的营销投入，对经销商进行培训是企业相对较小的费用开支。但是，利用经销商培训的投入，却可以为企业带来高额回报，可谓是低投入、高回报的营销手段。

2. 经销商培训有助于提升经销商的忠诚度和信任度

面对当下供大于求的市场环境，在经营压力面前，经销商往往有更多的考虑，他们可能会经常变动经营产品，对原有的合作伙伴失去兴趣。因此，培养经销商的忠诚度对企业来说是非常重要的。而培训可以让经销商提升自身的业务水平，让其获取分销产品之外的收益，还可以体现出企业对经销商的信任和重视，起到极大的正反馈作用。在企业大力实施经销商培训的同时，经销商本身也会感受到来自企业的关注和投入，进而提高对企业的忠诚度和信任度，使企业最大限度地降低因经销商离开而带来的业务经营风险。

3. 经销商培训将提升经销商的营销能力

无论是分销模式还是直销模式，渠道的顺畅、高效已经成为企业高度关注的问题。提高渠道的综合竞争力成为企业在竞争中生存与发展的决定性问题。而培训是提高渠道综合竞争力、为渠道增值的最有效途径之一。通过对经销商的培训，可以统一经销商的认知，贯彻厂商意志；可以提高经销商经营管理理论及实务水平；可以帮助经销商训练相关技能；可以拉近企业与渠道的关系，在一定程度上也能够加强对渠道商的影响和控制；能够激发经销商的合作热情，增强渠道满意度，使厂商与经销商形成强大的协作战略联盟。

4. 经销商培训有助于企业构建系统的竞争能力

当下的市场竞争已经不再局限于一家企业的单打独斗，而是逐步转向以企业自身为核心，包括供应商、经销商、零售商以及其他中间商等的企业群组的竞争，也就是供应链竞争。现代市场竞争非常注重集团军作战，而不是单兵作战。市场竞争既需要强强联合的强大实力，又要求科学的分工从事专业的工作，还需要高效率低成本的沟通与配合。因此，从某种程度上讲，企业竞争也是资源（供应链）整合的竞争。而企业对经销商的培训，则可以从供应链整体上实现下游环节的提升，通过提升渠道的综合竞争力，从而全面提升企业的市场竞争能力。

由此可见，企业的培训是提高经销商团队营销水平、提升士气的重要手段。经销商培训一方面是向经销商传授自身的理念价值和营销技巧；另一方面也是厂商之间加强信息交换与情感沟通的方式。企业与经销商的通力合作，对于企业的发展具有重要意义。大多数时间，经销商与企业仅限于业务层面的商务沟通，培训则为厂商搭建起进一步深入沟通和坦诚交流的平台，可以在价值观、文化观、归属感、使命感等诸多方面形成新的理解和共鸣，因而对经销商进行培训是十分必要的。实际上，渠道培训已经成为提高渠道整体核心竞争力的重要手段之一。

（二）经销商培训的误区

虽然当下很多企业已经开展了对经销商的培训工作，但是在培训方法、培训内容、培训质量等诸多方面依旧存在一些误区，导致培训没有起到应有的作用，进而导致一些培训流于形式，培训投入无法产生相应的效果。在培训经销商的过程中，主要有两个误区需要企业高度重视。

1. 培训缺乏针对性和层次性

对于经销商的培训，不能只是零散的培训，必须在前期有系统规划。随着企业掌控渠道难度的加大，企业对经销商的培训，一定要以战略的高度来审视，要更多地把它看作一种长远的战略投资，进行全盘系统的规划，并坚定不移地认真实施。此外，很多企业在组织经销商培训时，缺乏对经销商实际需求的调研，缺乏对市场的调查和研究。因此，在培训过程中要高度注重培训的针对性和层次性。培训不是一厢情愿的给予，而是必须认真地调研和洞悉经销商的内在需求，分析需求的重要性和急迫性，从而有针对性地制订覆盖近期、中期和长期的培训计划。另外，培训对象和时间安排，也需要慎重规划，针对经销商不同层级的员工制订不同的培训计划，针对培训时间设置多次系统培训。

2. 培训缺乏反馈和后续跟踪

不少企业虽然投入了资源和资金用于培训，但是对培训的效果却缺乏反馈和后续跟踪，不仅不能保证培训的最终效果，也无法进行有效的改善。企业要想让经销商培训达到真正的效果、落到实处，培训跟踪与评估必不可少。例如，在培训后向经销商了解培训内容是否为其所需、培训内容是否便于理解；培训的形式是否需要改善；经销商有哪些收获和提升；未来有哪些需要改进和完善之处；等等。企业只有对培训进行跟踪和评估，才能更好地挖掘经销商的实际需求，才能在培训组织当中因地制宜，有的放矢，从而让培训真正实现传道、授业、解惑的目的。

（三）经销商培训的要点

1. 培训需求的调研

企业在培训前应该充分掌握经销商对培训的需求，真正提供经销商需要的培训，使培训达到事半功倍的效果。企业对经销商培训需求的调研有以下三种方式可供选择。

（1）问卷调查。

通过提前发放培训调查问卷的方式来了解经销商的培训需求，是较为普遍、效果较好的一种方式。结合企业实际和培训目的设计培训需求调查问卷，在招商部的支持下进行客观的培训需求调查，记录分析调查成果，同步进行有针对性的电话访问（在条件允许情况下可进行现场访谈），搜集有关绩效评估考核和反映经销商经营发展状况的资料进行分析，再将经销商的需求进行汇总、整理，最终综合确定培训需求。针对多数经销商都提出的迫切需要解决的问题要优先列入培训计划。

（2）现场走访。

一是现场走访经销商，通过访谈的方式了解他们的真实需求，将他们的建议和看法记录下来，整理汇总后形成培训内容的依据。二是走访市场，根据市场上出现的各种问题，结合营销人员的一些建议，形成培训内容大纲。两者相结合，可以深刻地洞察经销商的现状，从而让培训更符合经销商的具体需求。

（3）日常合作中的理解判断。

企业在与经销商的日常经营合作中，也会发现经销商的一些不足和需要提升的地方。因此，平日里建立相应的问题记录机制，从工作中主动发现、提炼经销商的培训需求，不仅可以使培训内容更有针对性，而且可以使培训效果更加明显。

2. 培训内容的选择

经销商培训的内容，既要符合经销商自身的实际需求，也要符合市场营销的方向。经销商培训的内容主要包括以下几个方面。

（1）产品技术培训。

产品技术培训主要是要提高经销商的专业化水平，对经销商而言就是要实现企业与经销商之间在产品技术、服务体系、业务模型、管理模式等方面的同步。专业化的经销商可以提供高质量服务，提高用户对企业的信任度。经销商是企业产品在市场销售过程中的执行者，所以经销商是生产企业形象的代表，其服务质量所产生的影响对企业至关重要，经销商提供的专业化服务也会使用户会更信赖企业的服务质量。

（2）销售培训。

对于任何一个用户来说，经销商的销售人员对产品的理解、对产品能够给用户带来的好处的理解，以及对产品本身的应用环境的理解，都将对销售的成功起决定性作用。销售培训的重点在于产品功能、产品竞争优势、竞争对手分析、成功案例分析、产品报价方法及其销售技巧等。为提升销售能力，企业可以从以下几方面着手进行培训：一是营销理论培训，让经销商学习和掌握现代的营销技能。现代营销理论的学习有助于改变经销商的经营方式，有效提高销售效率。二是产品品牌培训，包括品牌基本知识、品牌理念、品牌 VI。从品牌的基本知识着手，将公司品牌理念、品牌 VI 等知识传授给经销商，使其在日常的经营管理中坚持、渗入和传播。三是渠道管理培训，包括分销管理、终端管理、特殊客户管理。以本企业成功案例为蓝本，用理论工具进行剖析，并且应更多地结合当时的行业背景以及消费者行为习惯。四是市场企划培训，包括广告投放、促销管理、POP 管理、营销公关等。

（3）管理培训。

管理培训主要集中在企业文化、营销战略、营销战术及经营理念方面的培训，使渠道成员对企业的经营理念、发展目标等有深刻的认识和认同。把企业的思维方式、经营理念及科学的销售与服务理论和技能传递给经销商。企业文化培训包括企业历史、现状、未来发展战略以及企业文化。让经销商熟悉生产企业历史和现状，可以在增强经销商的归属感和历史使命感的同时让经销商向客户讲好企业故事。

3. 培训的组织与实施

企业进行经销商培训，主要从以下的几个步骤进行组织和运作，具体包括与经销商沟通确认培训内容、企业内部资源的申请与预算审批、企业内部的协调沟通、培训师的筛选、培训形式的选择、课程的确认、培训现场组织（场地布置、接待组织、培训实施等）以及培训后的沟通反馈。总而言之，组织经销商培训有以下几个关键任务需要企业去落实。

（1）培训的目的。

企业在组织经销商培训前，必须要明确本次培训的目的，这也是组织培训的根本目的。通过对培训进行系统的规划，可以将培训的战略目标确定为：培养具有组织力、领导决策能力和具有战略眼光的营销管理型经销商队伍，为建设高质量的终端运行市场营销团体储备力量；培养具有立志从生意人向企业家发展的心态、具有系统专业理论知识和实战技能的经营学习型经销商，为了迅速提高市场占有率和持续稳定提高产品及服务质量再造人才等。一般来说，更为具体的培训目的有：①与经销商进行双向沟通，提升经销商忠诚度，紧跟企业步伐迅速发展；②帮助经销商掌握公司化运作的思路与方法；③帮助经销商积极调整心态，改变经营思想；④帮助经销商做好市场定位，明晰发展方向；⑤帮助经销商树立品牌意识，掌握宣传技巧；⑥帮助经销商打造高效团队，实现业绩倍增；⑦帮助经销商加强产品和资金管理，提升管理效率；⑧帮助经销商明确自身职责，实现合作共赢。

（2）培训讲师的选择。

为保证培训效果，要高度重视培训讲师的遴选。除了企业内部的培训资源，还要积极拓展外部培训讲师资源，建立实战型营销专家培训资源库。在选择培训讲师时，一定要选择适合企业实际情况的讲师。盲目地控制讲师成本并不可取，选择不适当的讲师可能会让全部的培训投入都付之东流。只有选择合适的培训师，才能真正实现企业培训战略的落地，才能让培训内容与培训对象相匹配，才能让培训实现预期效果。

（3）培训方式的选择。

培训是一个互动的过程，如果仅仅以单纯的讲授形式去培训，显然是不适合的。培训内容的理论内容过多，将导致培训实效性不强。有时由于受训人员接受程度有限，术语连篇、单方面灌输的培训方式会让学员觉得乏味怠倦，从而使培训效果大打折扣。实际上，有时并不是培训内容不好，而是培训的形式出了问题。因此，实施经销商培训的企业，一定要结合培训内容和培训目的，还要结合学员实际需要，开展互动式、研讨式培训，并合理运用案例教学，激发学员参与的积极性，使学员通过听、看、感来加强培训效果。在培训的形式上做创新或改良，加强现场效果，让经销商能够更好地接受培训内容，让培训真正地发挥应有的作用。对经销商进行培训可采用的培训方式主要有以下几种。

① 建立专门的培训学院。

许多有实力的大公司会专门建立培训学院，以承担对渠道成员及自己公司员工的培训职能。例如，惠普公司为了提升其经销商的业务、管理能力，创建了"经销商大学"，该机构的设立是惠普公司一直关注其渠道合作伙伴的成长与建设、一切以渠道为中心的管理理念的直接结果。惠普经销商大学设有技术学院、销售学院、管理学院、师范学院及远程教育学院，全面提升其经销商的业务管理能力，使经销商和惠普公司共同成长、进步。

② 公开课培训。

公开课培训是最为常见的培训方式。企业常常针对新产品的市场开拓情况、经销商团队建设、销售能力提升等进行定期、不定期的培训。公开课培训由培训讲师介绍实践经验，面对面授课，互动性强，培训效果好。

③ 项目现场培训。

对于一些技术性强、实操性强的培训，企业采取到项目现场进行实地培训的方式，培训效果更好。

④ 组织经销商到高校参加培训。

一些企业会将经销商送到高校参加相关的项目培训。如早期的伊利集团旗下的液态奶事业部曾经选送30多名优秀经销商人员到清华大学培训，让经销商接受现代营销理念。伊利集团负责人表示：经销商是维系企业与消费者最直接的桥梁，其眼界与素质的提高不仅有利于企业产品战略的调整和创新，也有利于厂商及消费者的三方共赢。

⑤ 网络培训。

网络培训具有突破时间和空间限制、节约培训成本、培训双方互动性强、实施方式灵活便捷等优点，因而成为一些大型的供应商乐于采用的培训方式。但网上培训缺乏人与人之间面对面的交流，尤其是缺乏渠道成员之间的相互交流和沟通，培训效果会受到一定的影响。

⑥ 读书活动。

这是一种成本极小，但效果较好的培训方式。一方面，它可以使渠道成员从读书活动中学习到知识和技能；另一方面，它可以培养渠道成员自我学习的能力。如格力电器将公司董事长董明珠编写的《棋行天下》一书送给其渠道成员学习，要求相关人员利用业余时间阅读，并在规定的学习周期结束时将渠道成员集中起来，让每一位渠道成员分享印象深刻的概念、观点和方法，结合公司实际工作分享心得与体会。为了有效地激励渠道成员真正看书学习和积极分享心得，企业可以采取一些有意义的奖励和处罚手段。

（4）培训效果的评估。

企业既然将培训当作一种投资，而不是一种纯成本投入，就应该对培训的成本收益进行分析，计算投资回报率。因此，企业应当在培训结束后及时进行培训效果评估，对培训效果做出全面的整体评估。通过培训效果评估可以找出培训存在的不足，归纳经验与教训，以便后期改进，还可以发现新的培训需求，并将其作为下一轮培训的重要内容，使企业培训活动形成良性循环。

培训效果评估是一种多维度的评估。在培训结束后，可以通过向受训人员发放"受训意见调查表"，了解受训人员对培训的反馈意见及从培训中得到的收获。"受训意见调查表"应包含以下评估维度：对培训本身的评估，即对培训课程设置、培训内容、培训方式、培训讲师、培训组织等进行评估；对参训学员的评估，即对培训知识的掌握程度、对实际工作的帮助等进行评估；对工作绩效的评估，即培训对工作绩效提高的贡献，甚至为整个企业带来的经济收益等进行评估。

培训结束后还要进行培训跟踪及支持，并根据经销商的反馈完善与提升培训资源，为新一轮培训做好规划。

综上所述，随着企业层面对经销商培训的越发重视，经销商培训必将成为越来越多企业的选择。相信，只要企业能够充分认识到经销商培训的现实意义，并摆脱经销商培训中的诸多误区，能够以系统科学的方式去规划和实施培训，那么经销商培训就能显著增强企业的业务竞争能力，助力企业全面发展。

▶ **案例阅读**

耐克"深度营销"模式下的渠道管理

▶ **任务实践**

学习本任务之后，了解了渠道经理的招商管理工作，可以实地走访一两家经销商。谈谈与经销商交流的体会，介绍在与经销商访谈的过程中需要注意的问题。

任务三　选择营销渠道终端

▶ **学习目标**

（一）知识目标

1. 了解终端的各种类型及其特征。
2. 掌握店铺选址的主要知识和方法。
3. 掌握终端商的类型。
4. 掌握铺货的基本技巧。

（二）能力目标

1. 能区分软终端和硬终端，并管理好终端。
2. 能熟练开展店铺选址工作。
3. 能够熟练进行终端商的管理。
4. 能灵活运用铺货技巧开展铺货工作。

（三）素质目标

1. 提升分析问题和解决问题的能力。
2. 具有终端选择以及终端铺货的工匠精神，具备开拓创新的精神。

▶ **任务导入**

在商品流通过程中，终端位于通路的最末端，也是整个链条最重要的一环。终端管理效果直接关系到企业产品的市场表现。企业要实施有效的终端策略，就必须对终端有全面的了解，本任务将带领大家熟悉终端的基本内容。

课前思考：

1. 企业为什么那么重视终端管理，终端是不是越多越好？

2. 终端有哪些类型？

3. 开店选址考虑的关键因素是什么？

4. 终端商有哪些？

5. 打造旺铺可以采用哪些铺货技巧？

任务分析

终端管理的好坏将直接影响客户的体验以及产品的销量。本任务让大家先了解终端的类型和终端商类型，有了对终端的基本认识，才能有的放矢的根据企业的具体情况进行开店设铺。再进一步学习店铺选址要考虑的关键因素，了解铺货的相关技巧打造旺铺，为终端管理实施行之有效的策略。

案例导入

终端少了，销量增了
——SKILTO 燃气灶上海终端整合实战案例

SKILTO 公司在上海的百货商场拥有 36 个专柜；在建材市场拥有 32 个店面；在大型建材商超有 16 个展区，还有专卖店 12 家。其中百货商场和建材市场的终端是由经销商放货，专卖店和建材商超展区由企业直接设置。

从 SKILTO 公司在上海的终端结构来看，整个终端的覆盖面很广，很好地解决了市场覆盖的问题。同时，SKILTO 公司的终端直接进入专业市场，结构组成也十分合理。专卖店和展区起到了样板作用，很好地提升了企业形象。由于终端所处商圈和特性的不同，SKILTO 公司各终端的效益存在着很大的区别，终端的作用也因为终端的类型不同而不同，让我们看看 SKILTO 公司的终端类型和定位。

百货商场由于地处黄金商圈，专柜形象好，销售量很高，但是由于由经销商直接控制，增加了企业的管理难度。

建材市场的店面也是经销商的，经销商将 SKILTO 燃气灶和其他品牌的燃气灶放在一起，竞品冲击很大，特别是导购人员难以控制。

专卖店和建材商超销量不错，形象也好，但是相对来说成本十分高。

从终端分布来看，由于要求市场覆盖率，整个终端网络相对零散，这给管理带来很大难度，比如送货和配货。同时，过多终端难免有"垃圾终端"的存在，比如一些城乡结合处的建材市场，经销商的店面甚至是自己的专卖店走货都很慢，因为 SKILTO 燃气灶比别的品牌价格高。

针对上海市场销售网络的特点，SKILTO 公司该如何提高销售业绩？

1. 单店提升的相关要素

显然，平行发展可以直接快速地提高销售额，适用于那些初入市场的产品。相反，垂直发展则相对见效慢，适用于那些已经完成了市场铺货，并有一定市场份额的产品。和平行发展相比，垂直发展相对来说要复杂得多。软终端提升主要是指加强企业对终端的服务能力和对消费者的导购服务能力，如快速补货、专业的导购技巧、统一的导购人员形象、亲情的导购流程……硬终端提升主要是指改善终端购物环境，增强对消费者吸引力，例如，优化产品品类组合、优化货架空间、合理陈列、恰当的 POP、强有力的终端促销……终端促销则指在终端设计一些新颖的对消费者构成吸引力的促销活动，加速消费者现场的购买决策。软硬终端的提升，起到的作用有：吸引消费者进入终端，延长消费者在终端逗留的时间，提高终端的成交率，由此提高企业的盈利能力，加上终端促销的临门一脚，将会为提高成交做出贡献。

2. 终端提升策略

在进行终端整合之前，SKILTO 公司砍掉了 10 个"垃圾终端"，其中包括经销商的销售点和处于"垃圾建材卖场"的专卖店。有些经销商经销多个品牌，SKILTO 公司并不是每一个经销商主推的品牌，在这些销售点，SKILTO 公司的销售量低下。SKILTO 还把被经销商设在那些"垃圾建材卖场"的销售点做了彻底的清理。如设在淮海东路建材市场的终端，由于整个市场实力的原因，建材市场始终没有火起来，消费者寥寥无几，分公司果断地砍掉了这个店。

一些原本不错的建材市场，由于新的大型建材商超的进入，人流被大大分流。处于这些建材市场的专卖店已经丧失了原有的作用，SKILTO 公司决定砍掉这些终端，如长寿路一代的老建材市场。

SKILTO 公司砍掉了"垃圾终端"，加强了公司的终端结构优化，减轻了终端管理的难度，节约了不必要的终端开支。

3. 对业务员重新分配终端

SKILTO 公司的业务员是按照终端类型来管理终端的，例如古刚负责的终端是建材商超的展区，而李明力负责的是百货商场的专柜。

按照终端类型划分业务员的管辖范围，好处是专一性强。不同类型终端的特点很不一样，管理方式和责任要求有很大差别。比如百货商场的终端是经销商的，对和经销商沟通的能力要求较高。而建材商超的展区属于厂家，对展区导购人员的引导和管理就更重要了。

由于不同的业务员特长不一样，按终端类型分配终端，应结合业务人员的特长。但是，这种方式最大的弊病在于：由于同一类型的终端分布零散，工作时间内业务员的大多数时间都耗在路上了，效率大大降低。

为此，SKILTO 公司重新分配终端，由原来的按类型划分改变为按照区域划分，解决业务员工作效率低下的弊端。

4. 变目标考核为过程考核

对于业务人员，SKILTO 公司采取的是目标考核方式。SKILTO 公司一直是以业务员完成的销售额作为衡量业务员工作能力的最重要标准，所有的业务员考核标准都是以销售额为目标进行制定。目标考核的优点是简单明确，执行便捷。但是缺点也十分明显，即容易导致管理方式过于粗放。具体表现在 SKILTO 公司的业务员身上为：业务员往往只注重开拓市场、放货、催收货款，对终端的监督服务，对终端导购人员引导的力度不够，因为那不是业务员的硬性任务，这直接导致终端的成交率下降。

但是 SKILTO 公司终端对业务员更多的要求是更加科学的监督和管理，为此，SKILTO 公司对业务员的目标考核转变为过程考核。过程考核弱化了销售额作为业务员考核指标的权重，同时将终端陈列、摆货、补货、POP 摆放更新、终端整洁程度、终端货物盘点、导购人员终端表现等都作为业务员的重要考核指标。

如此转变，不仅仅是加大了业务员的工作量，更重要的是实现了业务员的职能转变，业务员不只是市场销售人员，同时也是终端的维护人员。

5. 加强终端导购员的导购能力

SKILTO 公司的一项消费者调查显示，将消费者购买燃气灶的购买因素进行排序，排在前几位的分别是：安全性、节能效果、售后服务、寿命长短、价格高低、购物环境、导购人员态度、促销手段，等等。

从上面排序可以看出，消费者购买燃气灶时是理性购买，绝不是冲动性购买。而且购买因素排在前几位的都和产品的专业性相关，所以导购人员能否专业地进行导购，是促成消费者购买的重点。即使目前 SKILTO 公司的导购员有统一的着装，有微笑的服务，目前能做到这些的企业并不少。

SKILTO 公司导购人员目前的素质和产品的导购要求相去甚远，主要体现在导购人员对专业知识的缺乏，难以应对消费者的各种询问。导购人员的演示技巧不足，很难通过合理的演示，表现产品的优越性。专业性是导购人员一切导购技巧的基础，一个对产品性能和性能优势都不了解的导购人员，要做到导购自如是很难的。所以，SKILTO 公司将提升终端导购力的重点放在提高导购人员的专业性上。

6. 与竞品相区隔的促销策略

SKILTO 公司的促销方式和行业内其他品牌的促销方式没有任何区别。燃气灶的促销方式非常单调，几乎都是采取打折的促销方式。不可否认，打折是一种简单有效的促销方式，但是重复运用，很容易让消费者产生降价的错觉。SKILTO 公司在整合终端工作有了一定进展后，联合相同领域的某著名浴霸品牌搞了一次强强联合的促销活动，结果双方的销量都取得了较好的提升。随后，"买 SKILTO，送出租车票"活动实在、实惠，不降价但让消费者获得了一定的好处，效果也不错。

经过几个促销活动的组合，SKILTO 的销量明显上升了。

7. 实施中的几个难题和解决方法

SKILTO 公司的终端整合策略的执行并不是一蹴而就的。令 SKILTO 公司没有料到的是，原本以为新的策略会导致经销商的不满，如砍掉经销商的"垃圾终端"，结果真正的抵触却来源于自己的业务员和分公司。

首先是业务员的抵触情绪很大，业务员已经习惯了自己管辖的单一终端类型，按照区域进行重新划分，业务员要管理多种终端类型，有的业务员甚至要管理所有的终端类型。这无疑增加了业务员的工作量和工作难度，特别是不同类型终端的管理和维护有着很大的差别，SKILTO 公司必须解决业务员思想和技能上的问题。其次是分公司职能的转变。分公司原有的重销量轻管理的职能显然不符合上海燃气灶终端的竞争需求，全面提升终端的盈利能力，要求分公司由原来的销售型公司向服务型公司转变。分公司的职能更应侧重对终端的服务和维护。

8. "三位一体"的监督保证

由于 SKILTO 公司在上海的终端整合遇到以上矛盾，其整合策略的执行很难一步到位。为此，SKILTO 公司在各个类型的终端里按照区域各选择了一个终端作为试点，进行样板实验。新策略全面介入试点，由于经过培训，业务员和导购人员在新政策的指导下，两个月之后，这些销售点无论是在终端表现还是在业绩的提升上，都明显优于其他终端。SKILTO 公司没有立刻全面执行新的策略，而是给了一个过渡期建立样板终端，很好地解决了员工的抵触情绪，又为后期全面推行做了充分的准备。由于终端优化所牵涉的细节十分烦琐，比如《业务员巡视终端前 20 分钟要做的 15 件事》《导购人员关于燃气灶性能的百问百答》……SKILTO 公司对终端的优化和维护完全落实到了各工作人员的每一个工作细节中。因此，SKILTO 公司上海终端整合成败的关键是：所有工作人员能不能长时间的、彻底地执行这些细节。为此，SKILTO 公司推行了由片区主管、分公司和总公司共同形成的"三位一体"的监督机构。片区主管带领业务人员共同执行新的策略，片区主管随时检查督促业务员；分公司定期监督片区主管；总公司随时进行市场抽查。监督结果作为对业务员和分公司考核的重要依据，以确保新策略的执行得到保障。

结果：终端整合实施了 10 个月，提前 3 个月完成了当年销售额，年底的销售额统计，比上一年增长 27.6%。显然，这一结果令大家都很满意。

（资料来源：喻祥、蒋云飞，《终端少了，销量增了——SKILTO 燃气灶上海终端整合实战案例》）

▶ 名人语录

不积跬步，无以至千里；不积小流，无以成江海。

——荀子

▶ 知识精讲

一、终端的类型

企业要加强终端管理，就必须了解终端的类型，以便针对不同类型的终端进行有针对性的管理。从企业对终端管理的角度，可将终端管理内容根据其性质的区别分为硬终端和软终端两种类型。前者是有形的，看得见、摸得着，可以用量化指标进行考核管理；而软终端是无形的，看不见、摸不着，却具有丰富内涵、极为重要的内容。下面我们具体介绍硬终端和软终端。

（一）认识硬终端

硬终端具有有形、看得见、摸得着的特征，旨在提升产品品牌形象和品牌附加值的同时，形成良好的购买氛围，提高顾客的购买欲望。

1. 硬终端的内容

商品及包装、商品的形式、商品的附件、VI（视觉识别）表现等；售卖形式（隔柜售卖、开架自选、体验销售、人员直销）；宣传品（说明书、DM、POP、店招、广告牌、夹报、小报）、促销物、辅助展示物（展柜、冰柜、专用货架等）；陈列位置与陈列方式；整洁度、美观度；与同类竞品的区别等。

2. 硬终端的管理

虽然对硬终端管理的内容很多，但在实际工作中，硬终端的管理主要包括对 POP 的管理，对售点的宣传与展示，做到终端生动化。

（1）对 POP 的管理。

POP（Point of Purchase）意为售点广告或卖点广告，它作为视觉传达和商业推广的艺术形式之一，在商业推广中被形象地称为"第二销售员"。通过 POP，可以在有限的空间内刺激引导消费和活跃卖场气氛。为了使 POP 投放能发挥它的最大作用，需要掌握 POP 的投放方法：第一要确认在视线高度最显眼的位置；第二要寻找售点广告最可能保留较长时间的位置；第三要避开广告过于集中的地方；第四是争取客户许可，将旧的售点广告清除，定时对本产品 POP 进行清洁和更新；第五是确保每个终端都有本产品的 POP；第六是坚持自己张贴。

（2）对售点的宣传与展示。

开展售点宣传和展示是实现销售关键的"临门一脚"，终端广告宣传品主要有六大类。

① 帮助消费者做好明智选择的海报、说明书；

② 相关产品销售的纸箱上的标识牌、立牌；

③ 吸引消费者对高品质、高价位等商品投入注意力的说明书；

④ 加强全产品系列印象的吊旗；

⑤ 便利存货控制与清点工作的货架库存表示牌；

⑥ 改善店面外观的海报、红布条、旗帜等。

好的店面广告宣传品可以节省店员的时间，让消费者更容易接受商品，更加了解商品，进而产生购买行为，增加销售利润。店面广告宣传是商品展售中影响销售和提醒消费者购买的最后绝招，因此宣传品的成功与否，自然会直接影响商品销售整体的成败。在利用店面广告宣传品时，终端业务员应做到以下几方面内容。

① 设计、选择宣传品要有创意，要适合特定的商品。一个好的宣传品不仅要在店里抢眼醒目，而且要强过其竞争品牌。

② 一个好的宣传品，一定要用得恰到好处，这可以帮产品争取到更多的陈列空间，增加销售量。

③ 注意在同类产品的陈列位置上，不要放置两种以上的宣传品。

④ 注意店面广告宣传品的时效性。

通常，厂商可以通过下列途径，为店面提供最有力的支持，以协助产品的展售工作。具体途径有：新产品津贴、陈列奖励、广告支持、试销、免费品尝活动、管理咨询服务、提供促销宣传品、货架陈列计划、商品展售计划、市场研究计划、提供说明书等。

（3）终端生动化。

所谓终端生动化，就是使企业终端与其他产品（尤其是竞品）有明显的展示差异，使消费者能明显地看到产品，了解并信任企业，最终产生购买行为。终端生动化的主要内容包括商品（包括配件、附件）的陈列位置、陈列方式、整洁度、鲜明性及存货管理（安全库存）；售店广告物（DM、POP、小报等）张贴（或悬挂、摆放）位置、发放方式。终端生动化得以有效执行的关键是终端人员，因此，终端生动化对售点人员有以下要求：

① 商品生动化陈列的要求。窗明几净，物清货明；标价清晰，明码实价；错落有致，抢眼抓目；抓头拦尾，主次分明；旧前新后，前实后空；物以类聚，牌以群分。

② 避免宣传品多余。灯箱、展示架、POP、海报摆放张贴要得体、到位，不高不低，不偏不倚，正好迎接顾客的眼睛。宣传品一旦损坏必须马上更换，或宁可先拉下来，杜绝竞品"以偏概全"。

③ DM、小报、免费派发物必需摆放整齐、专业、合理，数量适中，派发态度不卑不

元，明晰派发对象等。

3. 硬终端维护的方法

做好硬终端维护，必须做好以下几个方面的工作。

（1）硬终端管理的基本要求。

① 要对终端建设有一个正确的心态，应当充分认识到终端建设的艰巨性、复杂性；

② 要制定科学、规范的管理制度，培养一批水平高、能力强、经验丰富、能吃苦的执行人员；

③ 选择合理的终端方式，加强控制，注意维护，方有可能最大限度地发挥终端的作用。

④ 硬终端工作从产品陈列到 POP 布置，再到陈列柜的管理都要有一个明确的评估标准，只有尽可能通过量化的终端管理，才能达到细化的规范；

⑤ 加强终端的细化管理和过程管理。终端管理的细化包括按照终端网点的规模分类，明确地理位置分布和确认营业员数量，制定执行人员的工作路线、程序，甚至对执行人员的语言都有细致的规定；产品陈列位置、陈列面积、POP 用品布置均有章可循，有法可依。具体管理的方法并不复杂，关键在于人员管理和培训到位，终端维护是非常辛苦的，必须坚持不懈，勤恳踏实。

（2）硬终端管理的办法。

① 货架、陈列柜投放时要注意四点：第一，搞好客情关系；第二，给终端提供的货架一定要摆放在显眼处，但前提是货架是终端所需要的；第三，货架及陈列道具等不能作为促销品赠送，否则就成了终端的财产，可能被用来随意摆放其他产品甚至竞品；第四，要有书面或口头协议，明确其使用范围和维护要求，便于之后的监督维护。

② 在日常的陈列摆放中要注意监督维护和查验落实。如果经常发现硬终端维护不好而业务员又不敢直接要求店主改进，这时的解决方法有以下几种。

第一，见到不符合要求的要明确并及时指出，态度应和蔼友善，但要给对方施加压力，只要坚持三到五次，店主就会逐渐接受。

第二，通过积极的方式加强对零售商的约束。如摆放位置正确并维护 20 分；按要求满陈列，不摆放竞品 40 分；整洁维护 20 分；生动化陈列并主动推荐 20 分。根据分值每月可兑换一次奖品。

第三，对各级终端业务员有明确标准，检查不合格的予以扣罚处理。好的终端陈列和宣传可以提升产品的形象和销量，通过销量提升来促进终端商进行生动化陈列。

③ 业务员终端硬管理的工作程序如下所示。

观察点情—陈列商品—及时补货，订货—调换不合格产品—维护终端硬件管理，布置现场广告及其他售后服务—了解同类产品的竞争状况。

（二）认识软终端

软终端与硬终端之间有着先后和互动的关系。只有做好了软终端，硬终端的管理和维护才是有效的，当然出色的硬终端管理也能促进软终端的建设。

1. 软终端的内容

软终端包括终端人员素质、客情关系、经营意识认同度、广告支持力度、产品畅销度、产品美誉度、公司形象、服务内容及质量、销售政策、合作融洽度，等等。

2. 软终端管理的工作目标

软终端管理的工作目标有以下几个方面。

① 销售保证目标。市场营销终端管理工作的第一目标就是要保证终端能够并超额完成企业制定的销售目标；

② 渠道规划目标。渠道建设是终端管理的保证；终端管理是渠道建设的基础。如果终端能在企业的指导和服务下，服从企业的管理，只从指定的经销商处拿货，就说明渠道管理的初级目标实现了；

③ 理念认同目标。通过终端业务员的努力，终端认同公司、经销商、终端业务员的市场操作理念，这是非常关键的一个目标。只有这样，企业和终端的合作才能亲密无间，问题才能迎刃而解；

④ 第一推荐目标。经过对终端业务员成功的销售管理和培训，使店员对企业的形象、理念，对产品的信心及对终端业务员个人的好感转化为对企业产品的热爱，将企业产品作为第一推荐产品，这就是软终端管理的最高目标。

3. 软终端管理的内容

软终端的核心内涵是管理和营销人员的素质，指一切涉及与终端人员、终端零售商合作关系等无形的难以量化考核管理的终端资源。主要包括两个方面，一是终端导购人员的管理（包括店员和促销员的着装、素质、销售服务能力，素质与能力的提高与培训，与竞品导购人员的区别等）；二是终端商客情关系的维护（包括终端经营意识认同度、服务内容及质量、销售政策、合作融洽度，等等）。未来终端竞争的重心将会由硬终端向软终端转移。

（1）终端人员的管理。

人是决胜终端的决定因素。终端的业务员可分为三个主要的等级，即销售经理（业务主管）、业务代表（客户经理）、跑单员（理货员）。这里最关键的是销售经理，"一个优秀的主管，就是一所好学校"。要重视终端人员队伍的组织和训练，加强培训，严明纪律、奖罚分明、提高士气，在实战中不断地学习提高。只有拥有一支训练有素的终端队伍，才能更好地进行终端建设。实际上，许多品牌的硬终端做得非常到位但就是不卖货，主要问题就出在软终端上。终端的导购人员缺乏系统培训，技巧不足，导购成功率较低，厂家与中间商及零售商之间沟通不足也是软终端经常出现的问题。

（2）客情关系管理。

建立健全各级经销商档案，定期回访铺货客户，并且通过意见征询，解决客户存在的问题。不仅仅要铺货还要做到铺心，在关键时机（如铺货客户结婚、生子时）"该出手就出手"，借助重要时机拉进与渠道成员的距离，达到"经商但不言商"的目的。在理念上也要转变，不应该局限于以往的交易关系型模式，应该与厂商建立起命运共同体的生态型模式。比如，实施战略联销体或者合作伙伴战略，不仅指导经销商如何更好、更有效地铺货，使其产品进一步分流；还协助终端商通过举办买赠促销、免费品尝等活动来实现产品的价值。

（3）软终端特殊问题的管理。

面对瞬息万变的市场，如何针对非常规问题进行管理呢？我们要以目标为导向，销售的最终目标是服务消费者，所以首先要转变观念，建立以消费者为导向的新型营销理念，真正做到铺货即铺心，真正去分析和挖掘消费者各方面的需求，去驱动铺货从外在形式到内在驱动的静态销售力；其次要借助信息化手段收集和掌握市场一手资料，实时关注市场的动态变化；最后根据具体的情况，进行分析研究，从中发现问题、解决问题。

①信息是关键。

终端最终的战争是信息战，终端业务员最贴近市场，如果能及时掌握第一手信息，比如对手公司的库存情况，公司的促销计划，零售商的销售奖励等，并加以利用做出相应营销对策，可以提高零售店的经营效率和公司的销量，在对手尚未反应过来的时候达到成功阻断竞品的目的。这往往是第一品牌出现断货供应不上时，第二品牌快速反应乘机抢占市场，从此占据第一品牌地位的原因。

②创新是法宝。

终端创新包括终端场所的创新、手段的创新、工具的创新、经营理念的创新等。企业想成功地维护终端，不仅要扎实地做好终端的细化工作，还要勇于开拓创新，给客户更多的新鲜感和更好的体验。终端场所不仅仅局限在零售店里，还可以延伸到每一个目标消费者可能感受到的地方，这个位置即是终端。比如在小区门口设置按摩产品体验区，在婚纱摄影楼铺婚庆商品等，通过在终端布局上重构，突破传统的思维模式，开辟出新的天地。

③深入研究分析是根本方法。

对终端出现的具体问题要具体分析，不能一概而论，扎实做好调查研究工作。在产品市场推广早期，找到合适的经销商尤为重要。××企业对××县城的零售店进行开发，好不容易将产品铺进去，但终端维护依旧很困难，于是，该企业派人对该问题进行深入调研并了解到在其附近有一家批发商与终端的客情关系很好，服务能力很强，如果说服他做代理，那么借助他的力量就很容易维护××企业在这个县城的终端。该企业果断说服该批发商成为县城的总代理，终端维护困难的难题迎刃而解。

（三）认识终端商类型

说到购物，我们经常会去购物中心、大型商超、便利店、专卖店、网络购物平台等地，这些都属于终端商的类型。根据终端商的结构和类型可将终端商划分为大型综合超市、便利店、仓储式商场、专卖店、购物中心、综合商店、小卖部、网上商店等。在本任务中，我们主要认识大卖场、便利店、网上商店这三种类型的终端商。

1. 大卖场

大卖场（General Merchandise Store），即大型综合超市。大卖场从传统食品超市起步直至发展成大型超市时，才真正成为一次性购足的商店。正是由于大型超市在满足消费者一次性购足的经营策略和经营模式上的差异，及选择目标顾客的差异，才形成了大型超市的各种业态模式。如法国的家乐福，美国的沃尔玛，法资的欧尚，泰资的易初莲花，台资的好又多、乐购，国内的大润发、华联等。大卖场的主要特征是采取自选销售的方式，以销售大众化实用品为主，品类齐全，可以满足顾客一次性购齐的需求。

2. 便利店

便利店（Convenience Store）是指位于居民区附近的实体店，从名称可以看出，它是购物的好去处。便利店不同于超市，也不同于精品店，在社区的一隅、街角，巴掌大小的便利店是最贴近生活的场所。如果说超市带来了第一波消费观念革命，那么无处不在的便利店则带来了第二波消费观念革命。"Get What You Forget"（买到你在超市忘记买的东西）成为美国便利店营销核心。便利店业态从20世纪90年代引入国内市场，从此我们就能看到它无处不在的身影。便利店的显著特征有：距离的便利性、购物的便利性、时间上的便利性以及服务的便利性。

首先，距离的便利性。随处可见的便利店，它们所在的位置往往是距离住宅最近的地方，最常见的就是在小区门口，步行 5~10 分钟就可以到达。家里停电了，到便利店买手电筒；家里没盐了，去便利店买包盐等。便利店由于距离近，可以很好地解决一些消费者的应急购买需求。

其次，购物的便利性。便利店商品突出的是即时性消费，具有小容量、急需性等特点。超市的商品品种通常在 2 000~3 000 种，与超市相比，便利店的卖场面积小（50~200 平方米），商品种类少，而且商品陈列简单明了，货架比超市的要低，使顾客能在最短的时间内找到所需的商品。实行进出口同一的服务台收款方式，避免了超市结账排队的现象。

再次，时间上的便利性。便利店又被称为"Any Time"式购物，大部分便利店营业时间为 16~24 小时，且全年无休。由于它在营业时间上的优势，在顾客有紧急购买需求时，第一时间想到的就是便利店。

最后，服务的便利性。现在的便利店提供的已经不仅仅是商品，随着居民需求层次变得多样化，便利店也在不断地丰富它的内涵。如今很多便利店逐渐变成社区服务的中心，比如收取快递、文印、托管物品等，衍生出的服务价值，让便利店具有了更强大的生命力。

3. 网上商店

网上商店又称"虚拟商店""网上商场""电子空间商店"或"电子商场"，是电子零售商业的典型组织形式，是建立在互联网上的商场。有关数据指出，截至 2021 年 12 月，我国网络购物用户达 8.42 亿人，占整体网民的 81.6%。可见，网上商店已经成为一种主流的终端商存在模式。

正因为它的虚拟属性，在商店经营维护方面可以大大降低成本。而且由于不受空间限制，可以售卖更多的品种；应用网上的搜索引擎还可以更便捷地找到需要的物品；另外，对追求效率的人而言，便捷的支付手段和送货上门服务为其大大提供了便利。

▶ 案例阅读

智慧门店

周末逛街，李然走进一家服装店。门口橱窗里的大屏显示屏里可以换装的游戏吸引了她。顾客只要拿起货架上的衣物一扫，便有尺码、颜色、面料材质的信息显示。李然试穿一件衣服后，该衣服尺码略小，而店里又没有库存，这时墙上的大屏显示店铺官网的库存充足，并且还能够实时看到网店上消费者对这件衬衣的评价，而后李然扫码获得优惠券下单，衣服第二天便送货上门。此后，李然会时常收到这家店的微信推送，如上新、通知优惠券即将到期等。李然知道，从此她就被这家服装店"绑架了"，并且整个过程发生得那么自然、愉悦。这就是智慧门店勾画出的消费场景。2016 年 10 月的阿里云栖大会上，马云在演讲中第一次提出了新零售，"未来的十年、二十年，没有电子商务这一说，只有新零售"。口号一喊，江湖四处响应，新零售顿时成为"主旋律"。但究竟如何实践新零售战略、口号要怎样落地，却是一个仁者见仁、智者见智的问题。2018 年，阿里再次推出新概念——"智慧门店"，阿里认为，新零售的主战场就在门店。今天的门店和以往的门店会有很大的不同，新零售环境下的门店含义包括两层：第一，有全渠道的基层服务，包括与门店物流、金融有关的服务；第二，智慧门店是用数据的能力重构门店和消费者的连接，比如通过互动硬件等把门店中，包括进店前和离店后的各个数据，沉淀到品牌私有的数据银行，再利用这些数据反向触达营销。近日，根据埃森哲对全球包括中国在内的13个国家的消费者的调研显示，消费者对零售商提供服务能力的期望呈明显上升趋势。3年前，只有17%的中国消费者希望能在前往实体店前通过线上查询了解产品在实体店内的库存情况，1年后，这个比例增长了一倍。同样，希望能在门店购买到其他渠道内缺货产品的消费者比例也增长了一倍多。用"智慧"加码实体店已然成为趋势，同样渗透到了服装领域。

思考：同学们熟悉什么是智慧门店吗？去过哪些智慧门店呢？你认为它们的"智慧"体现在哪些方面？谈谈你的感受和受到的启发。

二、如何进行终端选址

终端的选址关系到终端经营的命运，而终端铺货的成败又会极大影响企业市场开拓的成败。因此，如何依据店铺的定位，运用科学的调查和分析方法，找到好的终端地址？如何采取有效的策略将产品成功铺入终端？这些都是本部分内容需要解决的难题。

在店铺运营过程中，终端店铺的选址无疑是头等大事。选址在终端建设的过程中非常关键，好的位置可以弥补终端很多缺陷，目标人流、交通、竞争、配套产品的便利性、水电、通信、费用等都要考虑进去，而且选址尽可能在行业聚群地市场、商城等同类产品聚集所附近，结合行业巨头的终端地址来选址，以便于将来的终端拦截。那到底怎样选址呢？

▶ **案例阅读**

喜茶的门店"选址术"有何过人之处？

终端选址与商圈是点与面的关系，选择一个好的商圈，对终端选址和日后的经营起着决定性的作用。终端选址的首要环节是进行商圈分析。

（一）商圈分析

1. 商圈的构成

商圈是指商店吸引其顾客的地理区域，也就是来店购买商品的顾客所居住的地理范围。

根据顾客地理分布和对店铺业绩的贡献程度，理论上可以将商圈进一步划分为核心商圈、次级商圈和边缘商圈。

核心商圈：又称主要商圈，是顾客习惯性采购和消费活动的区域。通常核心商圈内的顾客在地理分布上最接近店铺、密度最高，能为店铺创造60%~70%的销售额。

次级商圈：又叫次要商圈，是位于核心商圈附近的地理范围内，该范围的顾客通常需要耗费一定的时间才能到达店铺，因此光顾的频率低于核心商圈内的居民。通常次级商圈内的顾客会为店铺创造15%~25%的销售额。

边缘商圈：又叫边际商圈，是位于次级商圈外的地理范围，该商圈的顾客距离店铺路程最远，通常只是偶尔光顾。位于边缘商圈内的顾客为店铺创造的销售额仅占5%左右。

2. 商圈类型

商圈类型主要包括商业区、住宅区、金融区、文教区、办公区、工业区、娱乐区及混合区等。在选择商圈时，应充分考虑店铺的定位、所吸引的客户层次、商品的价位、商圈范围大小，结合业态产品特征及店铺租金成本等因素，选择适合开店的商圈类型。

（1）商业区。

商业区是指零售商业聚集、交易频繁的地区。商业区一般在大城市中心、交通路口、繁华街道两侧、大型公共设施周围。其特色是商圈大，流动人口多，各种商品林立，繁华热闹。商业区通常具有购物、娱乐、休闲的功能，市场影响力很大，具有极高的商业价值。但是该区域的流动人口所占比例大，客户忠诚度低，竞争激烈，租金高，运营成本高。其消费习性具有快速、流行、娱乐、冲动购买及消费金额高等特点。一般适合开各类专卖店、大型百货商场、购物中心等。

（2）住宅区。

住宅区的消费习性为消费群稳定，讲究便利性、亲切感，家庭用品购买率高。适合开便利店、副食品店等。

（3）文教区。

文教区是指以文化教育、科研为主的城市功能区。该区消费主体以学生居多，经营快餐店、休闲食品店、文教用品店等较为理想。

（4）办公区。

办公区是指写字楼、办公楼林立的地区。单栋写字楼的员工人数可能超过 1 000 人。其消费习性为便利性、外食多、消费水平较高等。一般适合经营各类咖啡店、外送快餐店、便利店、健身房。

（5）工业区。

工业区的消费群体多为工厂管理者和打工一族，消费水平低，但消费总量较大。一般适合经营各类中低档日用品超市、各地风味餐馆、中低端娱乐场所等。

（6）混合区。

混合区分为商住混合区、工商混合区等。具备单一商圈形态的消费特色，一个商圈内往往含有多种商圈类型，属多元化的消费习性。

3. 有效商圈的分析要素

（1）商圈道路交通条件。

好店铺的一个必备条件是有进出畅通的通路，既要方便顾客光顾店铺也要方便商品运输，最好还配有停车场。因此，企业必须调查清楚城市内的交通条件及区域内的交通条件，对商圈的交通网络进行分析，还需要注意考虑城市规划对交通设施的影响。比如地铁、高速路的修建，区域开发规划等，这些都会影响到店铺的经营发展，企业要及时把握动态，做出恰当的选择。

（2）商圈购买量的分析。

是否有一批稳定的目标客户，决定了店铺的经营成败，因此也成为店铺选址考虑的一个重要因素。为了保证持续旺盛的购买力，就要求这个商圈拥有足够多的户数和人口数。在确定选址前，企业必须了解清楚商圈范围内的中心圈、次级圈和边缘圈内各居民或特定目标人群的数量和收入情况、职业分布、购买特点与偏好，通过对这些情况的了解，可以对顾客的数量和质量有较为准确的认识，并在此基础上估算店铺的购买量。但目标顾客群是动态变化的，因此还需要考虑外部环境变化对购买群体的影响。

（3）商圈竞争状况的分析

对商圈进行分析时，还有关键的一环就是对同业态商家进行统计分析，比如该商圈一共有多少家同种业态的店铺，规模分布情况，新店开张率，还有各店铺的优势和劣势等。

（二）终端选址

1. 终端选址的原则

对商圈进行分析，找到合适的商圈后，还要进一步结合终端的类型最终选择合适的地址。虽然不同类型的终端选址标准有所差异，但无论如何，以下的这些原则应该作为通用标准考量。

（1）明确自己的经营范围和经营定位。要选择能够接近较多目标消费群体的地方，包括人流量、消费潜力和现实的购买力等。

（2）具有方便的交通条件。要尽量避免在受交通管制的街道选址，如果经营的是高档美容院、高档服务场所、高档商品店，还要考虑客户停车的问题。

（3）方便本店的商品配送。尤其对于大件商品多、商品配送频繁、商品数量大的单店，必须要充分考虑配送问题。

（4）要事先了解店铺近期是否有被拆迁的可能。城市快速发展，旧城改造是经营中可能遇到的，开设店铺首先要调查和了解当地的城市规划情况，避免在容易拆迁的"危险"地区开店。还应调查了解清楚房屋是否存在产权纠纷或其他问题。

（5）与该地址毗邻的商店的风格、内容、客流量等和本地址即将经营的商店不会发生矛盾和不和谐的现象。

（6）有足够的发展空间。选择现在被商家看好的店址，不如选择不久的将来会由冷转热且尚未被看好的店址。这样的门店费用低，潜在的商业价值大。因此应特别留心城市建设发展带来的变化。

（7）允许按自己的终端 VI 进行装修，争取更多的户外广告位置。

（8）适度竞争。虽然竞争不全是坏事，但过度激烈的竞争会造成经营困难，商店工作人员也会产生疲劳感。

2. 终端选择的标准

在具体选址时，可以参考以下标准。

（1）车站附近。

火车站、地铁口、长途汽车附近，都是过往旅客集中的地区，人流量非常大，非常适合商店开业。但由于该地段的特征是目标顾客群为过往的乘客，因此大多数是以购买不费时间、容易携带的商品为主，尤其适合经营小吃店、副食品店、特产商品店、旅馆、物品寄存处等。

（2）商业区。

商业区是居民购物、聊天逛街、休闲的理想场所，也是商店开业的最佳地点。该地段的特征是商业效益较好，但投资费用相对较大。因此适合开设大型综合商店或一些具有鲜明个性的专营商店。

（3）影剧院、公园名胜附近。

该地段主要属于娱乐旅游地区，顾客消费以吃喝玩乐为主，因此更适合开设餐饮食品、娱乐生活用品等商店。

（4）工厂、机关集中之地。

该地段属于上班族集中区域，特征是午饭和晚饭时间是营业高峰，周末与节假日生意会相对冷淡。适合开设餐饮、日用品、办公用品及商务交流的店铺。

（5）学生聚集地附近。

该地段处于学校附近，以学生为主体，主要适合销售学习用品、书籍以及设立适合聚会谈天的场所。由于其寒暑假期间生意较为冷淡，因此要变通经营，适合经营书店、文具用品店、鲜花礼品店、洗衣店、照相馆等。

（6）住宅区地段。

该地段顾客群体为住宅内或附近的居民，以家庭主妇为主，节假日和下班时间则包括其他家庭成员。这一地段的特点是有关家庭生活的商品消费力强，因此适合经营为家庭提供生活便利的商店，如米店、杂货店、理发店、报刊亭、裁缝店、托儿所、送水站、水果铺、便利店等。

（7）市郊地段。

该地段被认为是不太理想的开店之地，但随着城市的不断扩张，市郊地段的商业价值也在不断上升，这一地段的特征主要是有大量的车辆路过，因此适合向有车一族提供生活休息娱乐和维修车辆的服务。

（8）临街铺面。

由于该地段人口稠密，服务对象都是以使用为目的的个人集团。开设临街铺面，拥有的门面越多，陈列商品越丰富，越容易引起路人驻足消费，从而提高营业额。

▶ 案例阅读

终端店铺选址的黄金法则

在店铺运营过程中，终端店铺的选址无疑是头等大事。到底怎样选择旺铺呢？既要有宏观的打算，又要有细节的追求。战略上得具备长远的眼光、广阔的胸怀和过人的魄力——"大选址"，战术上要因地制宜、灵活运用。"旺"，并非单一元素能够决定，下面就跟大家分享一下选址的"战略"和"战术"。

1. 取闹避静选商圈

所谓"取闹避静"，就是在确定店址时，根据店铺的定位，选择人流密集、商业活动频繁的商圈，避免偏僻的环境。"商圈"即以店铺坐落点为圆心，向外延伸某一距离，以此距离为半径构成的一个圆形消费圈。交通条件、地形和地域风光、顾客各层的活动特点和顾客的收入状况都是决定商圈好坏的因素。

商圈一般分为三类：成熟的中央商务圈、成型的商圈和社区型商圈。第一类是城市的核心商业区域，无论是本市人还是外地人都会去；成型的商圈一般是区域性的商务办公楼或开发区，来购物的一般是生活节奏较快、追逐时尚潮流的年轻人；社区型商圈的主要消费人群则是社区周边居住的消费者。

商圈受各种影响的制约，其形态往往呈不规则形状，但从理论上说，商圈结构的三个层次可以用三个大小不等的同心圆来表示。其关键在于确定各层次的半径距离。以位于居民小区的店铺为例，一般以半径500米为主商圈，半径1 000米为次商圈，半径1 500米为第三商圈，步行所需时间分别为8、15、20分钟左右。此外也有来自商圈之外的购买力，如流动购买力、特殊关系购买力等，但所占比重很小。

当然，上述数字是经验数字，具体落实到每一间店铺，则需要第一手的居民调查数据作为修正依据。因为店铺经营业态业种不同，店铺规模大小不一，其商圈半径也会有很大的差别，并不是一成不变的。

2. 成行成市

相关店铺的聚集有助于提高相同目标消费群的关注，人们一想到购买某商品就会自然而然想起这条街，比如北京的西单、王府井等。因此，选择同类商品中知名度较高的品牌比较集中的商业区，消费者的购买目标很明确，既能够提升店铺的形象，又有助于提高店铺人气。

根据城市中环境、商圈、街道要素的不同，客层定位不同，在店铺选址时，要根据客层的定位和品牌的定位确定店铺地址。选址地点要和品牌定位相协调，应该不怕跟着对手一起走，甚至要和对手联合起来。共同合作，创造市场，这在当前"租金太贵"的条件下，不失为一剂变通的良方。

3. 小城市开大店，抢占第一原则

人们往往容易记住世界上最高的山，很少有人会对第二高的山记忆深刻。"第一原则"在营销中无处不在，如购买去屑洗发水会立刻想到"海飞丝"，这是因为海飞丝在进入中国市场时，第一个推出去屑的概念。又如谈到"九牧王"，就会想到"专业西裤"，这都是"第一原则"与品牌定位紧密结合的成功案例。

中国加入WTO后，引起了国内市场竞争的变化，国外的二、三线品牌纷纷进入中国内地，进入中国后首占大城市；而相对于大城市品牌的日渐饱和，小城市会成为未来重要的争夺位置。根据第一原则，在国外品牌进入小城市之前，如果能够把握机会，把店铺开在小城市，就等于稳健迈出决胜终端的第一步。同时，小城市具有租金优势，在投入额不变的情况下，小城市开店，店铺面积更大，一能直观有效地集中顾客的注意力，吸引顾客光临；二是入口也相对宽敞，顾客容易进入店内，并且能够较多滞留顾客，成交的机会也越大。当然，小城市开大店还应该考虑与城市的规格相协调。

4. 大城市开旗舰店或多开店

小城市开大店，抢占第一原则为店铺运营提出了新的思路，而在大城市中的选址和开店应该运用怎样的战术呢？那就是大城市开旗舰店或多开店。同一品牌在同一条步行街一口气开五六家店是现在比较流行的做法，这样的案例不胜枚举："耐克"在长春最旺的一条街有四家店，贵阳的一条街150米之内有两家"肯德基"……

大城市多开店针对了大城市的特点和消费者的购物心理：大城市店多，信息丰富，消费者喜欢比较同类商品后再进行购买。同一品牌在一条街上连开几家店，就形成了品牌的"大造势"，强化了品牌在消费者心目中的印象，增加了成交的概率。常见的多开店的方式，以位置错落、互相呼应为宜。

总之，终端店铺选址是一项系统而缜密的工程，宏观上区域经济、收入水平、居住区规划、导入人口质量等发展趋势都应是考虑的因素。此外店铺所在道路的性格、店铺的构型都是"旺"铺的构成条件，应综合考量，切不可盲目投资。

（资料来源：受用终生的店铺选址十大黄金法则，https://wenku.baidu.com/view/5e0cf1f811661ed9ad51f01dc281e53a580251a1.html? _wkts_=1699598790245）

思考： 你认为开店选址需要注意哪些问题？

三、如何将产品铺入终端

（一）铺货环境分析

终端的环境分析主要涉及消费者、竞争对手和零售商。

1. 了解消费者偏好

消费者偏好是指消费者对特定商品、商店或者商标产生特殊的信任，重复、习惯地前往某一商店，或反复、习惯性地购买同一商标或品牌的商品。了解消费者偏好有助于商店有的放矢地采取针对性的铺货策略。

2. 分析竞争品的市场状况

竞争品的市场状况主要包括价格、促销和铺货率。摸清竞争品的价格，采取与竞争者相比较而言最合适的价格；采取有力的促销手段，使消费者更好地了解产品，激发其消费欲望，进而产生购买行为；了解有多少零售商在销售本公司产品，多少零售商销售竞争产品，已经铺入的产品占目标零售商总数的比例是多少；等等。

3. 调查该区域市场的零售商数目

调查该区域市场零售商数目的目的在于确定终端铺货的时间和铺货人员数量，要特别注意零售商总数和目标铺点。

（二）制定铺货策略

铺货策略可以分为推销铺货策略和拉销铺货策略。

1. 推销铺货策略

推销铺货策略主要是利用厂家的优惠条件、促销赠品或是人员上门推销等方法推动经销商、终端铺货，可以分为以下几种。

（1）地毯式铺货法。

地毯式铺货法是将区域内所有终端商都纳入铺货对象，利用业务员和经销商的力量，见店就铺，见铺必铺，迅速提升终端市场占有率，目的在于通过市场覆盖率的提高，快速提升品牌影响力。这种铺货常见于以大众型消费为主的产品。

（2）目标对象法。

目标对象法即先确定好目标对象，比如针对服装店还是日用品零售店，针对高档酒店还是宾馆，这种方法的目标性比较强且比较明确。

（3）借力铺货法。

借力铺货法是指借助其他渠道进行铺货。

2. 拉销铺货策略

拉销铺货策略则是先制造影响力，然后借用影响力铺货，具体可以分为以下两种。

（1）广告铺货法。

一种是广告在前，铺货在后。先通过广告宣传让消费者了解清楚产品，熟悉产品功能，激发消费者对产品的需求，达到进一步拉动消费的目的，促使经销商和终端商主动要求铺货。另一种是铺货在前，广告在后。这种方式采用最多，因为实物本身就属于最真实的广告，可以直接通过实物了解产品功能和作用。这种策略要注意铺货到位后，广告要立即跟上。

（2）公关铺货法。

公关铺货是通过举办大型的公关活动，使产品被众人熟知，并引起消费欲望，类似于广告铺货。

思政小故事

农夫山泉增长的背后

思考：农夫山泉为什么能够成功？

这得益于农夫山泉的经营理念和一批忠实的业务骨干以及如何利用数字化经济进行赋能。从案例中可以看出，农夫山泉的产品是靠一批优秀的业务员一瓶一瓶卖出去的，企业发展要有创新精神，创新才能把握时代，才能更好地发展。只有坚持创新、坚持不懈，才能永恒发展。

（三）执行终端铺货

不同终端类型有不同的铺货方法，目前比较常见的终端铺货分为小型终端、县乡市场终端、大卖场终端。

1. 小型终端铺货要点

（1）店铺生动化陈列。

小型终端由于面积小，所以要想提高产品的销量，就必须保证该产品在较好的货架位置陈列，并尽可能将公司产品集中陈列于一处，与店内各种宣传品相呼应，营造出生动的氛围。

（2）包装店铺。

对店面进行包装可以为小型零售终端的销量提升起到重要的作用，厂家应该利用好吊旗、柜台展示卡、海报、货架卡、宣传画、玻璃窗上的海报和窗贴等来对店面进行精心包装，也可对小型零售店进行广告画喷绘，还可设置店头横幅和在部分允许张贴的墙体上进行宣传。

（3）适销品种。

小型零售店的面积局限使得它不能铺齐所有的品种，应有选择地铺设当下适销的几个主力品种，避免造成滞销。

（4）防止断货。

为了避免断货，给竞争对手进入市场带来可乘之机，可以对小型零售店进行少量铺货，试验出具体的销量和变动情况，根据数据分析结果，调整送货量和送货时间，避免缺货才补货的现象。

课堂思考：怎样防止断货？

（5）建立跑店系统。

跑店系统又称为"定点定人定时巡回销售"系统，即为每个业务员划分一定数量的零售店，规定不同类型终端的拜访频率，制定每天的拜访路线，不折不扣、不断循环地按照规定的拜访路线进行终端拜访。通过培养训练有素的业务员队伍来负责小型零售终端的业务联系、铺货、店面维护和终端促销等事宜，可以使厂家在小型零售店的销量得到明显提升。

（6）提升小型零售终端的配送效率。

谁最快把产品送到客户手里，谁就可以在渠道和终端的争夺战中取得胜利。良好的配送能力使产品出厂后可以迅速到达零售终端，把商品销到市场的每一个角落，实现消费者"随时随地购买"。

2. 县乡市场终端铺货要点

（1）限制批发商的影响。

县级市场的批发商虽然有很强的配送能力，但是他们的势力范围难以划清，尤其乡镇二批，时常会越界送货，从而导致出现恶性压低价格的现象，很难管控。因此要限制批发商，避免县级经销商受制于批发商，最终影响终端铺货。比如可以掌控更多零售店，去批发商化，直接让利终端。

（2）新品上市不妨高价高促。

新品刚上市，在消费者心中的价格定位非常重要，如果厂商只是简单地给经销商一个最低出货价和建议零售价，很难有效指导经销商科学定价，最好的策略是高价高促，具有合适的、独特的卖点，以及有吸引力的利润空间，相对高价的产品在渠道上更受欢迎。

（3）规范终端。

我国大部分县城都比较小，超市数量也不多，终端既混乱又难做，县级商也没有终端规范管理的意识。在这种情况下，规范化终端，有利于形成畅销的印象，提高品牌知名度。如统一价格牌，奖励给予重点陈列的零售店。

3. 大卖场终端铺货要点

（1）铺货前深度沟通。

铺货前要与大卖场客户进行深度沟通，把铺货目标完成的可行性，完成目标给客户带来的利益图景化，提升客户对厂家的信任度，对品牌前景的信心。

（2）陈列布货有技巧。

产品陈列是展现产品风采的固定广告窗口，好的陈列展示可以充分显示品牌的形象和实力，吸引更多顾客驻足，增加销售机会。可以采用进场单品组合的方式，如根据进场时的季节和气候，先进应季产品，其他产品再陆续入场。还要选择好的陈列位置，好的陈列位置更容易引起消费者关注，从而增加顾客的拦截率，比如顾客集中出入的地方，卖场中心地段货架或柜组的转角处，靠近一线知名品牌的地方，顾客采购移动线（卖场主通道）两旁等。在陈列上注意组合使用海报（促销快讯）、架头 KT 牌、货架卡、促销提示贴、货架眉贴、产品托盘、产品价格标签指示牌等 POP 宣传品，加强陈列生动化效果。

（3）善用其他宣传品。

终端氛围能有效影响销售活动，帮助品牌迅速建设终端卖场竞争优势，因此充分利用卖场资源，如卖场门楼招牌、户外或室内挂墙灯箱及大幅喷绘、各型布标（横幅、垂幅）、室外悬挂气球等。

▶ **思政小故事**

有一位老锁匠，一生修锁无数，技艺高超，收费合理，深受人们敬重。渐渐的，老锁匠年纪大了，为了不让自己的技艺失传，他决定为自己物色一个接班人。最后，老锁匠挑中了两个年轻人，准备将一生技艺传给他们。一段时间以后，两个年轻人都学会了不少本领，但两个人中只有一个人可以得到真传，老锁匠决定对他们进行一次考试。老锁匠准备了两个保险柜，分别放在两个房间里，让两个徒弟去打开，谁花的时间短，谁就是胜者。大徒弟只用了不到十分钟就打开了保险柜，而二徒弟却用了半个小时，众人都以为大徒弟必胜无疑。

老锁匠问大徒弟："保险柜里有什么？"大徒弟眼中放出了光亮："师傅，里面有很多钱，全是百元大钞。"问二徒弟同样的问题，二徒弟迟疑了半天说："师傅，我没看见里面有什么，您只要我打开锁，我就打开了锁。"

老锁匠十分高兴，郑重宣布二徒弟为他的正式接班人。大徒弟不服，众人不解，老锁匠微微一笑说："不管干什么行业，都要讲一个'信'字，尤其是我们这一行，要有更高的职业道德。我收徒弟要把他培养成一个高超的锁匠，他必须做到心中只有锁而无其他，对钱财视而不见。心有私念，悄悄有贪心，登门入室或打开保险取钱易如反掌，最终只能害人害己。我们修锁的人，每个人心上都要有一把不能打开的锁。"

（资料来源：宋洁，《人生三修：道家做人、儒家做事、佛家修心》）

思考：这个故事说明了什么道理，给了我们什么启示？

老锁匠把道德作为选接班人的一个重要标准，说明了道德重要性。德比能力更重要，很多企业在选人的过程中也很看重道德。孔子在论语中写道："如有周公之才之美，使骄且吝，其余不足观也。"说的是一个人即使有周公的才能和容貌，只要骄傲吝啬，其余的一切都不值得一提了。这也说明了品德的重要性。

决定一个人的成就以及能为社会创造多大价值的不是能力，而是品德。纵使一个人很有能力，如果品德不好，也可能会给单位和社会带来危害。很多企业的人力资源部管理人员都认为一个人的能力是可以通过工作培养的，但良好的品德则很难形成，所以品德就是力量。

▶ 任务实践

分组调查学校附近的终端商，看看学校附近有哪些类型的终端商，这种终端商在经营管理方面有什么不同之处，分享自己的调查心得。

任务四　帮助终端进行商品的陈列

▶ 学习目标

（一）知识目标

1. 了解商品陈列的基本知识。

2. 掌握终端陈列的基本类型和技巧。

3. 熟知终端陈列的效果评估。

（二）能力目标

1. 熟悉各种不同形式的陈列器材及辅助道具。

2. 能针对不同的店铺类型进行陈列。

3. 能对陈列进行检验和评估。

（三）素质目标

1. 提升对美的理解能力，可根据不同情境需要去表达美。
2. 具有创新精神，提高审美能力，培养良好的工匠精神。

▶ 任务导入

逛商场时，我们经常会被某些商品的形象打动，原本没有打算购买的商品也可能因其好看好玩或者抓人眼球而激起购买欲望。可见，有效的商品陈列会影响顾客的购买决策，进而影响企业的销售额。因此，商家们为了使产品更"好卖"，在展现商品形象上也是费尽心思。那如何做好商品陈列呢？这就是我们本任务需要学习的内容。

课前思考：

1. 怎样才是好的成列？
2. 商品陈列要考虑哪些要素？
3. 常见的终端陈列的形式有哪些？
4. 终端常采用的陈列方法有哪些？

▶ 任务分析

基于人类对美好事物的向往，我们总会被美轮美奂的商品形象所打动，好陈列是一个无言的促销师，那如何做好陈列？本任务首先厘清商品陈列要考虑哪些要素，再进一步分析终端陈列的常见形式及熟知的陈列方法，最后在此基础上灵活运用陈列技巧去实现好陈列达到旺销的目的。

▶ 案例导入

名创优品万象城店商品陈列

1. 名创优品无锡万象城店介绍

名创优品无锡万象城店所在的商场是由华润新鸿基房地产有限公司投资建设，该商场是集酒店、办公、商业街、住宅为一体的城市综合体项目，位于江苏省无锡市滨湖区金石路88号，地处中心城区、蠡湖新城和太湖新城三城交界，是无锡"后运河时代"首个高端滨湖城市综合体项目，所属太湖新城商圈，总建筑面积达24公顷。商场西部是综合商业区，包括购物中心和沿湖所建的滨湖商业街，面向地铁和金石路，人流量很大；商场东北区域沿湖是酒店、办公区，面向蠡湖，风光旖旎；商场东南侧区域是居民区，靠近湿地公园，居住人口较多。商场打造了集购物、餐饮、娱乐、旅游、办公等于一体的现代化"购物公园"。名创优品万象城店位于万象城商场的负一层，于2016年11月开业，门店面积达180平方米，门店定编有6人，主要经营季节性产品、美妆工具、生活百货、创意家居、数码电器等多个品类。门店位置较好，在屈臣氏的旁边、JINS眼镜店的对面；离卫生间很近，可以带来很多客流。主要消费群体女性偏多，有附近居民、游客、学生等。

2. 名创优品万象城店商品陈列分析

名创优品除了优质的商品和低廉的价格外，店内独特的陈列方式也是吸引顾客进店选购的一大因素。下面将从四个方面来分析名创优品万象城店独特的商品陈列方式。

名创优品万象城店应用了很多陈列方法。应用比较多的有主题陈列法、端头陈列法、悬挂式陈列法、定位陈列法等。

（1）主题陈列法与端头陈列法。

万象城店铺的主题陈列主要应用在边墙货架上，从上至下，用同色调的商品来营造特定的氛围，突出这个主题陈列的特色商品，引起顾客的购买欲望。但万象城店内的主题陈列颜色太过单一而且更新频率较慢，长期不改变容易造成审美疲劳。端头陈列是商品陈列极其重要的陈列方法，万象城店铺内的中岛货架较多，所以端头也比较多，店铺内每个端头货架陈列的商品不仅与货架上陈列的商品有所关联，而且在货架与货架之间，端头的商品之间有着过渡的作用，吸引顾客向店铺深处走去。但万象城店铺的端头陈列商品太单一，很多端头都只陈列了同款商品，不能很好地吸引顾客的注意力。

（2）悬挂式陈列法和定位陈列法。

悬挂式陈列法是万象城店铺应用比较多的陈列方法，主要是在食品、美妆工具、饰品、生活百货方面，因为这类商品种类太多，长度参差不齐，使用悬挂式陈列法看起来既整齐美观，又容易拿取，还能增加销售的机会。定位陈列法是指在门店中一些商品的陈列位置已经确定，相当长一段时间不会发生改变的一种陈列方法。这也是万象城店铺应用最多的陈列方法，几乎所有商品一旦确定陈列位置后，都不会轻易改变陈列位置，这个方法比较方便店铺的熟客很快找到所需商品，节省时间。但是长时间不改变商品陈列位置，顾客也会丧失新鲜感，没有逛下去的欲望，减少在店铺的停留时间。

3. 商品陈列中的问题与改进建议

（1）改进陈列方法，给顾客新鲜感。

名创优品万象城店应用了很多陈列方法，如主题陈列法、端头陈列法、悬挂式陈列法、定位陈列法等。但万象城店铺的陈列方法常年没有改变，每次来商品都是按照之前的陈列方法来陈列，没有任何改变，久而久之顾客会失去新鲜感，进店频率会降低。而且店铺的端头商品陈列种类太单一，很多地方都是将同一款商品陈列一整个端头。所以，店铺需要经常改变陈列方法，给顾客新鲜感，比如可以根据每次商品来货量以及销售情况来改变商品的陈列方法。国外的一项调查结果显示：将单一的商品陈列改为组合式的商品陈列，销售业绩会提高很多。所以在端头陈列方面，可以以陈列组合式关联性强的商品为主，特价商品、重点推荐商品为辅，改变陈列方法，给顾客新鲜感。

（2）注重黄金区域陈列，提高店铺销售业绩。

从商品陈列分析中可以看到，万象城店铺以在中岛货架的黄金销售区域陈列主推产品，边墙货架上方黄金区域陈列新品或颜色鲜艳的商品来吸引顾客，往下一些的黄金区域同样陈列主推产品。名创优品万象城店整个店铺的黄金销售区域都主要陈列主推产品，黄金销售区域很少陈列利润高的产品和购买率高的产品，顾客在黄金区域没有看到自己想要的产品，很多会放弃寻找，造成销售业绩下滑。而利润高的产品陈列位置靠下，购买率降低，店铺的销售业绩同样会减少。为了提高业绩，店铺需要改善黄金销售区域的商品陈列，减少主推商品陈列面积，增大高利润产品和高购买率产品的陈列面积。对库存量较少的产品，减少陈列排面，或陈列到端头位置。只要提高黄金销售区域商品陈列水准，随着高利润产品、高购买率产品销售增多，就可以逐步提升店铺销售业绩。

总结

在零售企业竞争日趋激烈的环境下，名创优品运用自己独特的门店布局和商品陈列方法，成为时尚休闲百货行业的领跑者。但要在竞争中获得持续的竞争优势，不仅要运用好自己独特的门店布局和商品陈列方法，还要及时发现并解决店铺存在的问题，吸取其他店铺在经营上的好经验及创新举措，及时做出改变与调整，才能在激烈的竞争环境中创造更大的效益。

（资料来源：尹航升、徐付保、陈海云等，《名创优品万象城店店铺布局与商品陈列研究》）

▶ 名人语录

创新是发展的第一动力。我们要推进科技和制度创新，加快技术转移和知识分享，推动现代产业发展，弥合数字鸿沟，加快低碳转型，推动实现更加强劲、绿色、健康的全球发展。

——2022 年 6 月 24 日，习近平在全球发展高层对话会上的讲话

▶ 知识精讲

一、商品陈列的基本知识

陈列是一种视觉营销，俗话说"人靠衣装马靠鞍"，再好的产品也需要在亮相的时候结合店铺情况，通过恰当的布局和陈列，展现出商品的特性、质感与理念。好的陈列不仅能充分展现产品的形象，还可以给顾客更好的视觉感受，引起顾客的注意，使顾客在商品前驻足停留，产生进一步了解的兴趣，从而激发顾客的购买欲望。

课堂思考：即使是水果蔬菜，也要像一幅静物写生画那样艺术地排列，因为商品的美感能撩起顾客的购买欲望。这句话说明了什么问题？你觉得合适的商品陈列能够促使消费者产生购买欲望吗？

相关研究表明：合理地陈列商品可以起到展示商品、刺激销售、方便购买、节约空间、美化购物环境等重要作用。据统计，店铺如能正确运用商品的配置和陈列技术，销售额可以在原有的基础上提高 10%。下面我们一起来学习有关商品陈列的基本知识。

商品陈列所起的直接销售作用将会超越任何一种形式的广告，它就像一个无声的推销员，建立商品给消费者的第一印象，从而最大限度引发顾客的购买欲望。如何才能吸引消费者的注意力，刺激其购买欲望从而实现消费目的呢？

首先需要了解商品陈列的基本要素。

（一）商品陈列基本要素

1. 产品

由于陈列的空间有限，为了充分利用好货架空间，需要从产品的陈列位置、陈列规模、陈列空间面积、陈列方式和陈列环境等儿方面着手。

2. 附属品

附属品包括价格标签、赠品展示、现场演示、折扣标签、现场试用、POP 广告牌、招贴画、宣传画和卡片、产品说明书、电子光盘、荣誉证书等与产品有关的各种文字或音像资料，不同的附属品以各种不同的方式向消费者传递企业、品牌、价格、服务、销售策略等方面的信息。

3. 产品陈列环境和氛围

产品陈列环境与氛围是指综合运用灯光、颜色及相关物品的衬托和对终端内外环境进行协调布置，给产品陈列制造良好的环境氛围，起到衬托产品和吸引消费者的作用。比如播放强劲的音乐调动消费者的冲动性购买行为，或者在现场布置产品展示柜或者醒目的 POP 等，通过环境氛围的打造，更好地促进销售。

4. 辅助陈列装备

陈列设备主要是为了满足产品的特殊性要求和对产品使用新的陈列方法而采用的一系列硬件装备。通过技术手段提高陈列档次和产品品味，改善陈列环境，突出自己的产品或增加终端货架摆放能力。陈列设备可分为两大类，一类是可以现场制作销售产品的设备，比如冰柜、自动售货机、饮料机等；另一类是通过标有企业或品牌标识的特定陈列器具，如常见的马车造型的葡萄酒陈列架，人体模型服装陈列展示架及其他一些小食品的专用陈列器具等，根据产品特色设置独特的陈列方案，使产品陈列生动且富有个性，达到增强吸引力、注意力，并刺激消费者购买欲望的效果。

▶ **案例阅读**

商品陈列的两个小故事

一位女大学生在 7-Eleven 便利店打工，由于粗心大意，她在订购酸奶时多敲了一个零，使原本每天清晨只需订购 3 瓶酸奶变成了 30 瓶。按规矩应由那位女高中生自己承担损失——这意味着她一周的打工收入将付之东流。这就逼着她只能想方设法地将这些酸奶赶快卖出去。她冥思苦想，把装酸奶的冷饮柜移到盒饭销售柜旁边，并制作了一个 POP，写上"酸奶有助于健康"。令她喜出望外的是，第二天早晨，30 瓶酸奶销售一空。谁也没有想到这个小女孩戏剧性的实践带来了 7-Eleven 新的销售增长点。从此，在 7-Eleven 店铺中，酸奶的冷藏柜就同盒饭销售柜摆在了一起。

沃尔玛超市的营销分析家在统计数据时发现店内的啤酒和尿布的销售量总是差不了多少。经分析，原来是做了父亲的年轻人在给小孩买尿布的同时，会捎带上一瓶啤酒，于是这家超市的老板就把啤酒和尿布这两样看起来风马牛不相及的商品摆在了一起。

思考： 这两个小故事说明了什么问题？你认为商品陈列需要注意哪些问题？

（二）生动化陈列的基本原则

除熟悉商品陈列的一些基本要素外，还必须懂得如何进行生动化陈列。有效的商品陈列可以引起消费者的购买欲，并促使其采取购买行动。做好商品陈列必须遵循一些基本的原则，包括显而易见原则、伸手可取原则、货架丰满整齐原则、容易辨别原则、先进先出原则、相关联陈列原则、同类商品垂直陈列原则、上隔板和下隔板相距 3 ~ 5 厘米原则。

1. 显而易见原则

顾客至多只会在店内逗留 20 ~ 30 分钟，所以一进入商店，顾客会先考虑此家店有没有自己想要的东西，因此商店应达到品类齐全的基本要求才能留住顾客。此外还要掌握"容易看"的原则，因为店内即使有顾客想要的商品，如果寻找困难，也可能丧失商机。这里所谓的"容易看"指的是"标签朝正面，且不被其他商品挡住"，另外商品不应摆在棚架里，应向前整齐陈列，并且中段以上的商品采用直摆方式，下段商品则采用横摆、标签向上的方式。

2. 伸手可取原则

顾客购物时都会先确认商品后再予购买，因此容易拿和容易买一样重要。所以必须特别留意提醒身高较高的员工不要将商品陈列过高，导致顾客拿不到商品。再者必须注意容易拿也容易放回去的原则，避免只拿一件商品就破坏了整个陈列。

3. 货架丰满原则

满陈列就是将卖场的商品在货架上陈列丰满有序，要有量感。俗话说"货卖堆山"，美国一项调查资料标明，满陈列的超市与做不到满陈列的超市相比，其销售量平均可提高24%，满陈列可减少卖场缺货造成的销售额下滑。它既是卖场存储商品的特点，又是防止商品缺货的手段之一。

4. 容易辨识原则

入口处的商品分布图醒目张贴，让顾客一进超市就对陈列方位一目了然。例如在店内张贴各部门配置图，在日配部门张贴分类陈列看板。设置标识牌，分类合理并根据商品的变化及时修改。

5. 先进先出原则

当货架陈列的前层商品被买走，会使商品凹到货架的里层，这时商场理货员就必须把凹到里层的商品往外移，从后面开始补充陈列商品，这就是先进先出。

因此新到的商品也就是生产日期靠后的商品应放到货架后面，把保质期变短的商品放到货架的前面。如康师傅红烧牛肉面保质期只有6个月，来货时，应把在货架上的牛肉面拿下来，把刚来的陈列在里面，然后再把拿下来的牛肉面陈列在货架的外面。

6. 相关联陈列原则

相关联陈列原则即把相关性商品陈列在一处。相关商品陈列在一起，既能方便顾客购买，又能刺激顾客的购买欲望。要注意相关性商品应陈列在同一通道、同一方向、同一侧的不同货架上，而不应陈列在同一组双面货架的两侧。

7. 同类商品垂直陈列原则

垂直陈列与横式陈列相对，是指将同一品牌的商品沿上下垂直方向陈列在货架的不同高度的层位上，优点如下：由于人在挑选商品时视线上下移动往往较横向移动方便，所以垂直陈列可方便顾客挑选，又能满足商品的促销效果。货架的不同层次对商品的销售影响很大，垂直陈列可使各商品平等享受到货架不同的层次，避免出现某商品因占据好的层次而销量很好，而其他商品在比较差的层次销量很差的情况。

8. 科学间距原则

货架的间距不宜过宽也不宜过窄，太宽会造成空间浪费，太窄会导致拿取物品时容易破坏原来的陈列布局。因此商品陈列与货架上隔板应有3~5厘米的距离（两个手指高度），方便顾客取放商品。

▶ 知识链接

黄金分割商品陈列线

商品放满陈列要做到以下几点：货架每一格至少陈列3个品种（畅销商品的陈列可少于

3 个品种），保证品种数量。就单位面积而言，平均每平方米要达到 11 ~ 12 个品种的陈列量。

当商品暂时缺货时，要采用销售频率高的商品来临时填补空缺商品位置，但应注意商品的品种和结构之间的关联性。

放满陈列只是一个平面的设计，实际上，商品是立体排放的，更细致的研究在于，商品在整个货架上如何立体分布。

系列产品应该呈纵向陈列。如果它们横向陈列，顾客在挑选某个商品时，就会感到非常不便。因为人的视觉规律是上下垂直移动，其视线是上下夹角成 25°。顾客在离货架 30 ~ 50 厘米挑选商品时，就能清楚地看到 1 ~ 5 层货架上陈列的商品。而人视觉横向移动时，就要比前者差得多，人的视线左右夹角是 50°，当顾客距货架 30 ~ 50 厘米挑选商品时，只能看到横向 1 米左右距离内陈列的商品，这样就会非常不便。实践证明，两种陈列所带来的效果确实是不一样的。纵向陈列能使系列商品体现出直线式的系列化，使顾客一目了然。系列商品纵向陈列会使 20% ~ 80% 的商品销售量提高。另外纵向陈列还有助于给每个品牌的商品一个公平合理的竞争机会。

提高门店日常销售最关键的是货架上黄金段位的销售能力。一项调查显示，商品陈列进行上、中、下三个位置的调换，商品的销售额会发生以下变化：从下往上挪的商品销量一律上涨，从上往下挪的一律下跌。这份调查不是以同一种商品来进行试验的，所以不能将该结论作为普遍真理来运用，但"上段"陈列位置的优越性已经显而易见。

实际上目前普遍使用的陈列货架一般高为 165 ~ 180 厘米，长为 90 ~ 120 厘米，在这种货架上最佳的陈列段位不是上段，而是处于上段和中段之间的段位，这种段位称为陈列的黄金线。以高度为 165 厘米的货架为例，将商品的陈列段位进行划分：黄金陈列线的高度一般在 85 ~ 120 厘米，它是货架的第二、三层，是眼睛最容易看到、手最容易拿到商品的陈列位置，所以是最佳陈列位置。此位置一般用来陈列高利润商品、自有品牌商品、独家代理或经销的商品。该位置最忌讳陈列无毛利或低毛利的商品，那样会对零售店的利润造成巨大的损失。

其他两段位的陈列中，最上层通常陈列需要推荐的商品；下层通常是陈列销售周期进入衰退期的商品。

有效的商品陈列可以引起消费者的购买欲，并促使其采取购买行动。做好商品陈列必须遵循一些基本原则，包括可获利性、好的陈列点、吸引力、方便性、价格、稳固性等六个方面。

（资料来源：门店销售：黄金分割商品陈列线，https://wenku.baidu.com/view/cffcf5aafe4ffe4733687 e21af45b307e971f91c.html?_wkts_=1699599448562）

二、如何进行商品的陈列

根据不同的产品采用相应的陈列方式及陈列技巧是提高销售量的关键手段，好的陈列可以让顾客驻足停留更长的时间，提高转换购买行为的概率。终端陈列是营销人员开展终端管理工作必须掌握的专业知识。

（一）终端陈列的形式

商品陈列一般有以下几种形式：分类陈列、敞开陈列、专题陈列、季节陈列。

1. 分类陈列

分类陈列是指先按商品的大类划分，然后在每一大类中，再按商品的价格、档次、产地、品质等不同分类方法进行二次划分。如纺织品类、服装类、化妆品类等都可作为大类。在纺织品大类中，可再细分为化纤、棉布、丝绸、毛呢等。这种分类便于顾客集中挑选、比较，也有利于反映门市的经营特色，这种方法适应大多数顾客，特别是理性的顾客。

2. 敞开陈列

敞开陈列是指门市采用自选售货形式。顾客可以直接从敞开展示的商品中选择所需购买的商品。这是一种现代通行的售货形式，把陈列与销售合二为一。这种方式把商品全部悬挂或摆放在货架或柜台上，顾客不需要反复询问，便可自由挑选。这种方式既方便顾客，使其感到自然随意，又容易激发顾客的购买兴趣。敞开陈列主要适用于服装、化妆品、大件耐用消费品、家具和袋装罐装食品等，不适用于贵重商品、小商品，如金银首饰等。

3. 专题陈列

专题陈列是结合某一特定事物、时期或节日，集中陈列展示应时适销的连带性商品，或根据商品的用途在特定时期陈列，又称作主题陈列。如中秋节前后，超市中的月饼专柜；或时逢每学期初，商店开设的学生用具专柜等。这种陈列方式适应了普通顾客即时购买心理，大多数会形成某种商品的购买热潮。这种陈列形式必须突出"专题"或"主题"，而且不宜搞得过多、过宽，否则容易引起顾客的心理反感，认为门市是在搞"借机甩卖"，造成顾客的逆反心理。

4. 季节陈列

季节陈列可视为"专题陈列"的特例，是根据气候、季节变化，把应季商品集中起来陈列。这是经营季节性商品的商店最常用的方式。四季服装、夏季纳凉商品、冬季御寒商品等季节性特征突出的商品一般采用这种陈列方法。它主要是适应顾客应季购买的习惯心理。所以每逢换季，门市的季节陈列展销大都能收到较好的效果。

▶ **案例阅读**

顾客买了一瓶啤酒，看见旁边有开瓶器，就顺带买了一个开瓶器，然后记起来过几天要请客，所以再走几步，看到了精致的玻璃杯，于是又挑选了一组玻璃杯。本来顾客只是为了买一瓶啤酒，结果因为买啤酒，而买了开瓶器，买了玻璃杯，甚至连杯垫也一起买了。

思考：顾客本来只想买一瓶啤酒，结果却买了开瓶器和玻璃杯，这说明了什么问题？对你有什么启示？

（二）商品陈列的基本方法

同商品陈列的基本形式相似，商品在陈列中也要讲具体的陈列方法，一般来说，它主要包括分层陈列法、悬挂陈列法、组合陈列法、堆叠陈列法、几何图形法、叠钉折法、道具陈列法等几种。

1. 分层陈列法

分层陈列法主要用于柜台或柜橱陈列，是指陈列时按柜台或柜橱已有的分层，依一定顺序摆放展示商品。分层摆放时一般是根据商品本身特点、售货操作的方便程度、顾客的视觉习惯及销售管理的具体要求而定，可分为柜台陈列和柜橱陈列。

（1）柜台陈列。

从顾客购买的角度来讲，柜台陈列属于低视角陈列，也就是说顾客一般要向下看才能看到柜台的陈列商品。柜台陈列必须以适合近距离观看为主。柜台一般分为二至三层，只适宜陈列摆放小型商品。上层和中下层外部陈列的商品是顾客注视的重点部位。

（2）橱柜陈列。

橱柜陈列，在这里主要是指非敞开售货时，在柜台和售货员后面用于陈列和储存商品的柜厨。厨柜一般较为高大，中上部一般以展示陈列为主，兼作储存使用，下部宜作储存使用。在商品摆放时主要是考虑售货员拿取方便，多无陈列展示的要求。对于环岛式且全玻璃的橱柜，应注意下部储存的商品要摆放整齐、干净，过时、积压的商品不要堆放其中，以免使顾客产生门店经营管理不善、商品积压严重的不良感觉。橱柜陈列的重点在中上层，顾客一般平视可见。因此，要特别注意陈列的视觉效果，扁平的商品应使用支架立式陈列，要使顾客看到商品的主导部位，如要让顾客看到商品正面，而不是侧面或非主体部位。橱柜陈列可借用橱窗陈列的某些艺术手段，如陈列可有背景衬托或使用有装饰的陪衬陈列，也可使用动态陈列等。

对于中小型门店，在分层陈列中，不论是柜台还是橱柜陈列都应注意在同一柜台或橱柜内陈列的商品类别不能过多、过杂。

另外，在自选商场中，由于是顾客自己选购和拿取商品，因此，陈列的柜台或橱柜内的商品应特别强调挑选和拿取的方便。

▶ **案例阅读**

零售药店的布局

零售药店布局除了遵守行政主管部门的要求外，应该以增强顾客逗留时间和便于员工联合销售为目的，对药店分类布局进行整体规划，其原则如下。

（一）易进入，多逗留。即在进门后商品陈列道具不拥挤、动线设计上尽可能使顾客逗留时间更长。

（二）指定购买最里面。即常用类别和指定购买类别的药品（如清热、感冒、止咳、三高类）陈列在最不醒目或顾客最少去的位置，目的也是增加顾客逗留时间，提高卖场利用率。

（三）重点推广最醒目。即将需要重点推广的商品（如保健食品、养生中药）陈列在最醒目的位置，如进门货架、端头、花车上等。

（四）联合销售最关键。即分类布局要考虑到便于员工联合销售，如保健食品、维生素、矿物质、滋补、养生中药、三高用药要考虑相邻陈列；维生素、儿科、妇科、抗生素要考虑相邻陈列；感冒、止咳、清热、抗生素要考虑相邻陈列；外用类、医疗器械、贴膏、消毒用品要考虑相邻陈列。

布局具体方法：①处方柜最里面；②阴凉区与处方柜相邻；③非处方柜与处方柜垂直；④保健食品放进门最醒目位置；⑤养生中药在进门最醒目位置或中药柜前；⑥中药饮片在进门左边或右边最醒目位置；⑦大型医疗器械小店靠玻璃橱窗陈列，大店陈列在医疗器械区；⑧收银台在进门左边或右边；⑨服务区大店设在处方柜附近，小店设在进门以后。××药房原布局如图3-2所示。

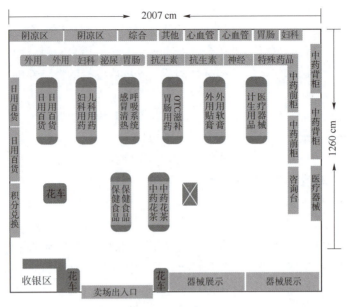

图 3-2　××药房原布局

请同学们按照以上原则检查该药房的布局存在哪些问题，并对该店进行重新调整，画出布局图。

便利店商品陈列的六个诀窍

对于便利店而言，如果只是简单地把商品随意一放，那只能说是一个"食杂店"。要让便利店火起来，除了要在商品质量、服务和性价比上下功夫外，在商品的陈列上也需多费心。便利店商品陈列如图 3-3 所示。

图 3-3　便利店商品陈列

好的便利店在满足消费者购物需求的同时，还要唤起顾客的潜在需求和购物欲望。在各个细节上都要留心，商品陈列就是其中的细节之一，留住顾客的陈列是有诀窍的。

1. 通透照明重基础

由于便利店面积有限，而商品的种类和数量会越来越多。所以，陈列商品时，一定要考虑到便利店的通透感和照明情况，让顾客赏心悦目，方便购物。

一般来说，大件物品不能陈列在窗户和出入口处，照明灯下的货架不堆放大件物品。

2. 易看易选是原则

很多顾客在便利店购物时都很赶时间，所以一定要让顾客易看易选。醒目明确的导购指示标志是很有必要的。如便利店热销的水、饮料、纸巾等物品应该放在出入口处，方便顾客进店即可购买，这也将大大减少便利店内的空间压力。新品、畅销品、促销活动商品要多排面陈列，有 POP 标识。

3. 主题鲜明有特色

便利店商品陈列要突出地区和季节特色。在季节上，要随时令体现出特色。例如夏季就要为饮料、水果、冰激凌等消暑商品留出较多陈列空间。冬季则应该将冷冻食品、汤圆、速冻水饺（云吞）等冬季热销商品放在便利店焦点区域。

4. 摆放位置重细节

商品陈列架上中下三端物品陈列要有层次。

上端摆放轻、小商品、精美商品和商品模具，可以更好地吸引顾客；中端摆放热销商品和高价位商品等，以方便顾客购买和及时补货；下端摆放大重件商品、折扣商品，可以有意想不到的销售效果。另外，物品应该摆放在货架的外缘，并保持货架货品的充足，让顾客获得一种视觉冲击和充实感。有价位梯度的商品要按价格顺序依次摆放，方便顾客从性价比上做出购买判断。

5. 经常整理勤更新

商品要及时整理补货，过期商品要及时清除。临近过期的商品应放在货架外缘或及时处理。便利店的 SKU 数在 2 500~3 000 个。并且每家店的货架台数也是有限的，可以说是寸土寸金。只有将滞销品及时清除，才有位置陈列新品、畅销品，提高销售额。随时保持货架一尘不染，让顾客在轻松整洁的环境里愉快消费。

6. 抓住心理是关键

对于有关联的商品，如牙刷和牙膏、洗发水和沐浴露，应该尽量放在一起，以便顾客在购买一种商品时想起购买关联的商品。

女性用品货架一定要关联陈列，如化妆品、卫生用品、生理用品、轻小服饰、牙膏牙刷等杂货类商品。并且女性购买这些商品时容易冲动性消费，日本便利店都是陈列在一进门的位置，让顾客一进店就能够看到这些与其他便利店的差异化商品。另外，在保持商品独立美感的前提下，可以摆放艺术造型，使各种商品巧妙布局，达到整体美的艺术效果，从而对消费者产生强大的吸引力。

（资料来源：便利店商品陈列的六个诀窍，https://www.sohu.com/a/670360945_121481460）

思考：你觉得便利店和超市的商品布局有什么不同？便利店布局体现了哪些原则？

2. 悬挂陈列法

悬挂陈列法是指主要用于纺织服装或小型商品陈列的方法，是将商品展示悬挂、安放在一定或特制的支撑物上，使顾客能直接看到商品全貌或能接触到商品。

悬挂陈列的使用一般可分为两种：一是高处悬挂，即在柜橱上方安放各种支架或展示悬挂商品，大多属于固定陈列的一种，较少用于直接销售；目的是使顾客进店后从较远的位置就能清晰地看到商品，起到吸引顾客、烘托购物环境的作用。二是销售悬挂，主要是用于敞开售货。悬挂的高度一般以 1.5 米为中心上下波动，这是中国顾客选购、平视浏览和触摸商品的正常高度。固定悬挂起装饰作用的陈列商品时应注意商品悬挂的艺术性，要加入一定的陪衬物。比如鱼具店中，用蓝色线带模拟的水纹，一条咬住鱼钩的大鱼，周围配以不同的鱼具悬挂在装饰网上，一般能使顾客产生向往的心情。由于悬挂陈列的商品占用空间相对较大，对于销售悬挂的商品来说，应注意悬挂空间的合理使用，货架之间的走道不能太窄，过窄则妨碍行走，从销售的角度讲，更妨碍顾客的视觉效果与购物心情。

3. 组合陈列法

组合陈列法是按顾客日常生活的某些习惯，组合成套陈列品往往能给顾客以真实、熟悉和贴切的心理感觉。顾客在决定购买时既可成套购买，也可单件选购。这类商品有些是在使用和消费上相互关联和相互补充，或共同满足类似需要的。这种组合法对顾客其实也是一种提醒和心理暗示，让顾客在一目了然之余，回想自己是否还缺点什么，以增加其购买与消费的欲望。

4. 堆叠陈列法

堆叠陈列法是将商品由下而上罗列的陈列方法。一般用于商品本身装饰效果较低且大众化的普通商品。堆叠的作用是用数量突出商品的陈列效果，比如一些书城就常用堆叠法来摆放畅销、热销图书。

5. 几何图形法

几何图形法是指将商品排列成几何图形进行陈列的方法。一般适用于小商品。具体分为两大类：一是用于柜台内平摆的陈列装饰。这种方法将精致的小商品摆放成不同的图形，形成近距离观赏的优美小环境。但对购买频率高的通用小商品来说，此法不可采用，体形稍大的小商品也不使用此法，因为近距离视觉效果较差，商品较大一般使人感觉散乱不整。二是用于柜厨、墙壁、橱窗上的立式陈列装饰，实质上是悬挂陈列的发展和变形。这种方法是把小商品或顾客熟悉的小商品的内包装固定在展示壁上，组成集合图形或文字。这种方法主要考虑装饰的中远距离效果，这种装饰多是单一的。

6. 叠钉折法

叠钉折法是指主要用于纺织品等"软型"商品的一种陈列展示方法，是利用某些商品本身形体性不强的特点，将其折叠或摆放成各种形状，再用大头钉和钉子固定在立式板面上。如将手帕、餐巾折叠成盛开的花朵或飞翔的蝴蝶，再配以适当的背景画，一般能产生较好的艺术效果。

7. 道具陈列法

道具陈列法是指借用各种材料制作的支架、托板、模型和台架等来陈列展示商品，是一种应用广泛的辅助方法。

在上述陈列方法中，大多都需要借助一定的陈列道具或工具以充分展示商品。道具陈列的最大作用在于能使顾客全面完整地了解商品、喜欢商品。在现代经营中，用于展示商品的道具，其多样性、实用性、灵活性等都达到了相当高的水平，能充分全面地展示商品的面貌和特点，刺激消费。

▶ 案例阅读

某商店以"小雨中的回忆"为主题进行雨伞展销。精美的雨伞、漫步的行人、夸张的雨点、朦胧的景色、柔和的灯光……橱窗中的情节和场景设计为商品创造了一个最能展示其自身价值和特色的环境，也带给消费者一个"身在其中"的美好意境，取得了良好效果。该雨伞的展销活动十分成功。

思考：该商店在进行橱窗展示时采用了什么样的构思手法？为什么能获得成功？

（三）终端陈列的技巧

1. 巧借特殊时机陈列

货架陈列的依据不是一成不变的，应根据时机的不同进行恰当的调整，如此会收到意想不到的功效。往往节假日和某些事件可以调动大部分购买者的兴趣，也就成为更好的销售契机。比如在情人节，将巧克力和鲜花陈列在一起，将本来打不了照面的商品一起陈列，不仅方便顾客购买，也可以互相借势，原来只想买巧克力的顺便买了鲜花，原来只想买鲜花的又顺手带走了巧克力，提高了两者的销量。

2. 巧借相关商品陈列

商品陈列时，借助相关产品陈列，可以使产品陈列效果更好，比如一些小巧精致的勺子类产品可以和杯子组合，泡面和泡面碗组合等。当然，不是所有超市都可以借势陈列，特别是一些小超市，如果这种方法应用过多，会让超市显得凌乱，陈列没规律反而让人找不到东西，影响消费体验。

3. 巧借竞品价格陈列

购买商品的时候，我们总会习惯性地比一比价。比如我们买啤酒，在啤酒陈列区，本来已经想好要购买的啤酒，但是发现紧挨着它陈列的有另一个品牌，价格还比原来想购买的少0.5元，这个时候想想两种口味差别不大，容量也一样，那就索性购买便宜的吧。由此可以看出，价格借势可以改变消费者的最终决定，在商业竞争中也起到打压竞争对手同类产品的作用，是最直接最致命的竞争手段。

4. 巧借旺销商品陈列

旺销产品往往位于人流量最大的位置，消费者在货架面前停留的时间越长，就越容易被关注，因此被购买的机会也就越多。因此，紧挨旺销产品陈列的商品，受到消费者关注的可能性会远远高于其他商品，虽然这些位置的陈列费高一些，但是对打开产品知名度很有帮助。尤其是新品上市，借助在旺销产品旁边的位置陈列，可以起到事半功倍的作用。

5. 巧借购买习惯陈列

在大数据时代，可以通过数据统计，找到每一位消费者的消费习惯和规律，企业通过观察消费者的购买行为，发现被忽略的某些规律，从中找到借势的机会。比如剃须刀、收音机等商品，消费者往往都有明确的购买目的，可以放到比较冷清的角落；对于饮料、面包等消费频率高的商品，应该放到人流密集的地方，方便消费者路过时顺手放进购物车。

案例阅读

细节着眼，再现商品陈列之美

思考： 同学们都有逛超市的体验，那你们在逛超市的过程中发现了什么美呢？请写下你们的发现并和同学们分享交流。

思政小故事

近几年，美甲行业悄然兴起，大街小巷的美甲店也如雨后春笋般涌现出来，很多爱美的女士都会经常美甲。从小就喜爱画画的李萍也通过美甲技术学习开起了一家美甲店。要知道，美甲店的成本虽然不高，但是对美甲的手艺要求相当高，尤其是在美甲的"装饰"环节。很多顾客都希望美甲上的图案图形是独具匠心的，因此，优秀的美甲师也要具备艺术家的创作灵感，能够根据客人的手型甲型进行创作，才能够招揽回头客。经营一段时间后，李萍就体验到竞争的激烈，仅自己这条街上就有四五家美甲店，竞争的激烈程度可想而知。而且这条街上的顾客都是回头客，要想站住脚，就要千方百计地满足顾客需求。于是，李萍下定决心，一定要创作出好的美甲作品。她经常阅读各种杂志，平时留意每位顾客的喜好。时间长了，顾客惊喜地发现，李萍每次都能够根据她们的甲型创作出风格迥异，而又与自己气质吻合的图案，她的美甲店生意越来越兴隆。

（资料来源：宋洁，《人生三修：道家做人、儒家做事、佛家修心》）

思考：这个故事说明了什么道理？

在顾客需求多样化、竞争激烈的环境下如何才能留住顾客，是企业经营者需要考虑的问题。商品的陈列也是一样，需要门店的运营人员具有创新思维，不断塑造差异，这样才能给消费者一种新鲜的感觉。我们要学会捕捉生活中的细节，抓住灵感进行创新，充分发挥想象力，把我们的灵感变成创新，平时要多观察生活中的细节，多积累，让创新注入我们的日常生活中。

任务实践

分组调查学校周边的零售店铺，看看他们的商品陈列有什么独特的地方，以及存在的问题，将调查结果做成 PPT，并分组展示。

✓ 项目小结

本项目主要介绍营销渠道管理的基本内容，渠道成员的选择原则、步骤、途径，渠道成员的评价维度和方法。通过本部分的学习，可以帮助渠道建设人员或产品销售人员采取合适的方法来选择渠道成员，为渠道建设奠定良好的基础。接下来介绍终端及终端商类型，让市场营销人员对终端有初步的认知；然后结合终端经营的定位，进一步进行商圈分析，规划好商圈范围，最终确定终端地址；最后通过对终端的环境分析制定与环境相适应的铺货策略，结合终端类型实现有效的终端铺货。通过对这部分内容的学习，营销从业人员对终端有了基本的认识并能识别终端的各种类型和特征，掌握了终端选址的方法和终端铺货的基础操作，并能运用到实践工作中。

在终端的管理中，商品的陈列起着非常重要的作用，作为终端管理人员，要做好商品的陈列就需要了解陈列的基本知识，包括陈列的基本要素和基本原则，在此基础上再阐述关于陈列的方法与技巧。通过本部分的学习，终端销售人员应充分意识到终端陈列的重要性，掌握终端陈列的基本方法和技巧，能够有效地进行终端商品的陈列管理工作，提高终端的销售力，为企业创造更好的经济效益。

☑ 知识巩固

一、选择题

（一）单项选择

1. 企业要了解渠道成员的营销能力，可以从（　　）方面着手。

A. 销售实力 　　　　　　　　　　B. 价值认同

C. 合作意愿 　　　　　　　　　　D. 对企业控制的接受程度

2. 通过分析有关目标中间商的营销策略、市场信誉、顾客流量、合作态度、销售状况等，估算出各个目标中间商作为营销渠道成员最低销售总成本，并以此选择渠道成员的方法是（　　）。

A. 销售量分析法 　　　　　　　　B. 总销售成本比较法

C. 单位商品销售成本比较法 　　　D. 成本效率分析法

3. 企业派出推销人员直接与顾客接触洽谈、宣传商品，以达到促进销售目的的活动过程被称为（　　）。

A. 人员促销 　　　　　　　　　　B. 店内促销

C. 合作广告 　　　　　　　　　　D. 促销补贴

4. 某企业欲从四个待选经销商中选择一位作为渠道合作伙伴，待选经销商信息如表 3-3 所示，请问最佳的合作伙伴是（　　）。

表 3-3　待选经销商信息

评价因素	权重	经销商 A	经销商 B	经销商 C	经销商 D
		分数（不含权重）	分数（不含权重）	分数（不含权重）	分数（不含权重）
资金实力	20%	80	85	70	80
市场范围	30%	85	80	85	80
经营信誉	15%	80	80	85	80
合作意愿	15%	90	85	85	85
配送能力	20%	75	80	80	80
合计	100%				

A. 经销商 A 　　　　　　　　　　B. 经销商 B

C. 经销商 C 　　　　　　　　　　D. 经销商 D

5. 招商的根本任务是（　　）。

A. 促进阶段性目标的达成 　　　　B. 完成经销商的招募

C. 加速回款 　　　　　　　　　　D. 确定经销产品

6. 在选择渠道成员时，（　　）是最关键的因素。

A. 市场覆盖范围 　　　　　　　　B. 分销商声誉

C. 分销商财务状况 　　　　　　　D. 分销商促销能力

7. 在评估分销渠道的指标中，最重要的是（　　　）。

A. 控制性标准　　　　　　　　　　　B. 经济性标准

C. 适应性标准　　　　　　　　　　　D. 灵活性标准

8. 沃尔玛属于终端商类型中的（　　　）。

A. 百货商店　　　　　　　　　　　　B. 专卖店

C. 便利店　　　　　　　　　　　　　D. 大卖场

9. 以纯服装店属于终端商类型中的（　　　）。

A. 百货商店　　　　　　　　　　　　B. 专卖店

C. 便利店　　　　　　　　　　　　　D. 大卖场

10. 适合作为终端地址的地段有（　　　）。

A. 上坡路上　　　　　　　　　　　　B. 快速车道

C. 行政中心附近　　　　　　　　　　D. 同业竞争市场趋于饱和的地方

（二）多项选择

1. 企业寻找到合适的渠道成员的途径有（　　　）。

A. 专业性批发市场　　　　　　　　　B. 媒体广告

C. 工具书　　　　　　　　　　　　　D. 广告公司咨询

2. 营销渠道管理中的商品包装策略包括（　　　）。

A. 类似包装　　　　　　　　　　　　B. 组合包装

C. 再使用包装　　　　　　　　　　　D. 分组包装

3. 公司招商培训的核心内容有（　　　）。

A. 企业及产品知识培训　　　　　　　B. 沟通技巧培训

C. 招商专业知识培训　　　　　　　　D. 招商要领培训

4. 厂家对经销商提供的市场支持政策一般有（　　　）。

A. 物流配送　　　　　　　　　　　　B. 活动支持

C. 市场协调　　　　　　　　　　　　D. 销售扶持

E. 销售奖励

5. 硬终端包括（　　　）。

A. 商品及包装　　　　　　　　　　　B. 说明书

C. 展柜　　　　　　　　　　　　　　D. 公司形象

6. 终端商的类型有（　　　）。

A. 百货商店　　　　　　　　　　　　B. 食杂店

C. 便利店　　　　　　　　　　　　　D. 大卖场

7. 便利店与超市相区别的便利业态特征有（　　　）。

A. 服务的便利性　　　　　　　　　　B. 购物的便利性

C. 时间上的便利性　　　　　　　　　D. 距离的便利性

8. 渠道管理中主要的渠道促销策略有（　　　）。

A. 促销补贴　　　　　　　　　　　　B. 合作广告

C. 展销协助　　　　　　　　　　　　D. 销售竞赛和激励

9. 营销渠道成员的选择原则有（　　　）。

A. 目标原则　　　　　　　　　　　B. 认同原则

C. 经济原则　　　　　　　　　　　D. 前瞻原则

10. 营销渠道成员的评价维度包括（　　）。

A. 能力维度　　　　　　　　　　　B. 态度维度

C. 控制性维度　　　　　　　　　　D. 适应性维度

二、判断题

1. 营销渠道，是产品或服务从生产者流向消费者过程中所经过的通路，因此渠道营销只涉及商品本身的流转。　　　　　　　　　　　　　　　　　　　　　　　（　　）

2. 企业为了抢夺经销商可以让出自己的利润底线。　　　　　　　　　　　（　　）

3. 招商的根本任务就是完成经销商的招募。　　　　　　　　　　　　　　（　　）

4. 在确定招商产品时应选择诉求点明确且同质化的产品来开展招商活动。（　　）

5. 渠道成员的选择要遵循经济原则，即营销渠道运行的投入产出比要具备经济性。

（　　）

6. 培训内容的理论内容过多，将导致培训缺乏实效性。　　　　　　　　　（　　）

7. 培训效果评估是一种单一维度的评估。　　　　　　　　　　　　　　　（　　）

8. 渠道成员的经营能力非常重要，为了最大限度地进行产品的渠道营销，可以不考虑其他方面的因素，只要销售实力突出即可。　　　　　　　　　　　　　　　　（　　）

9. 渠道成员选择的适应性标准，主要在于分析、评价渠道成员对企业营销渠道的适应能力，以及对环境变化的应变能力。　　　　　　　　　　　　　　　　　　（　　）

10. 渠道成员选择过程中，很多因素是没有办法用指标来衡量的，所以要根据企业自身的实际情况以定性分析法为主、定量分析方法为辅来进行渠道成员的选择。　（　　）

三、案例分析

【案例一】

某建材品牌推向市场已经一年多了，目前经销商有100多家，但忠诚的、优质的经销商却不多。由于是新品牌，销售人员为了快速出业绩，会去找一些市场上比较成功的大经销商洽谈，经过努力，也说服了一些代理大品牌的"大客"。但一年下来，大经销商对新品牌不够重视，因此，该建材品牌企业并未收到预期的业绩。"经销商都是人家的好""好经销商太稀缺了"，很多厂家都发出这样的感叹。

而该企业开发的一些规模稍小的经销商，3个月才发一批货，业绩极不理想，于是销售人员砍掉了第一批发货少的经销商，又开发了一批。一年下来，大部分地区的经销商都换了一次，企业陷入"开发新经销商—发货—销量低—配合差—淘汰经销商—再找新经销商"的恶性循环，并且问题重重。

（1）七成的经销商都是新的，经销商开发、维护成本增大；

（2）经销商与厂家的磨合不够，理念与行动难以同步；

（3）品牌口碑不佳，经销商对厂家的信心严重不足。

（资料来源：李为，《渠道管理》）

问答题

1. 假设你是该企业的营销人员，你该如何进行渠道招商呢？

2. 选取建材行业内较有代表性的一家企业，结合实际谈一谈该企业应如何进行渠道招商与渠道成员培训。

【案例二】

欧珀莱的渠道发展

问答题：

从珀莱雅不同发展阶段的渠道开发中，你能得到哪些启示？

【案例三】

陈女士原来是一家 IT 公司高管，在成功赚到了人生第一桶金后，开始把视线投向传统餐饮行业。虽说陈女士对餐饮业有着极大的热情，但由于没有行业经验，陈女士在征询了朋友的建议后决定加盟一家成熟的品牌，借助别人的成熟品牌和管理可以让她这个外行也变成内行。

经过一番选择和比较，陈女士最终选择了一家在行业内有极强影响力的火锅品牌，同时，陈女士的选址计划也正在进行。很快，一个位于十字路口黄金门面进入了陈女士的视线，陈女士有个观点：经营餐饮店，地段很重要！贵一点不要紧，关键要看人气！这个位置周边就是几家大的手机卖场，没有同类火锅店来竞争，陈女士似乎看到了市场的蓝海，按照总部对物业的要求，几轮谈判，场地很快就敲定了。开业、促销都按照计划如期进行着，但是生意却不尽如人意。即使是开业促销，也是勉强坐满，陈女士开始有点不明白了，如此黄金位置，人流也不缺，为什么偏偏生意上不来呢？然而在距离她店面不到一公里远的另外一条街上，七八家火锅店每日顾客盈门，排队候餐的场景每天都在上演。前期的大手笔投入和不温不火的现状让陈女士陷入了困惑之中。

问答题

1. 请仔细阅读案例，并帮助陈女士解决困惑：火锅店位于不缺乏人流量的黄金位置，为什么生意不温不火呢？

2. 如果是你来开这家火锅店，你会怎样选址？

【案例四】

20 世纪 90 年代，定价在四五千元的"观奇洋服"是乌鲁木齐消费者心目中最高档的西服品牌，在当地最繁华的街道中山路上有一个铺位。曾经有一段时间店铺被围挡围住进行装修，而当装修完毕拉开围挡后，消费者看到熟悉的高档男装"观奇洋服"变为陌生的"报喜鸟"，不为人熟知的"报喜鸟"的店面甚至比"观奇洋服"还要大，且来势汹汹、装修到位、场面宏大。"报喜鸟"占领了在消费者心目最好位置品牌的店铺，这只鸟也以高档品牌的形象飞进了人们心里。"报喜鸟"以小城市开大店、抢占第一原则赢得了乌鲁木齐高档男装市场。

问答题："报喜鸟"开店为什么能够吸引人们的注意力，谈谈你对开店选址的看法。

项目四

维护营销渠道

项目学习指南

营销渠道需要进行维护，以提高渠道成员的工作积极性。任何渠道成员都需要激励，为了激发渠道成员的积极性，必须根据渠道成员的工作绩效有针对性地进行渠道成员激励。渠道激励可以采用物质激励和精神激励相结合的方法，同时也要对渠道成员进行培训。培训的内容主要有：企业文化、产品知识、营销知识、服务礼仪等。培训的方法主要有：讲授法、现场培训、成立培训学院、送中间商到高校参加培训、线上视频学习、分享读书活动等。渠道成员非常多，关系复杂，并且都是独立的利益主体，有着各自的利益诉求，所以渠道成员之间会不可避免地产生冲突，这就需要渠道管理人员了解渠道冲突，并提出渠道冲突的具体解决方法。建立了营销渠道，还需要与营销渠道成员搞好客情关系，良好的营销渠道关系是产品营销渠道的基础，建立和维护良好的营销渠道是营销渠道管理工作的重要内容。做好终端拜访和客户关系维护是一项非常重要的工作。本项目总共分为三个任务，任务一是激发渠道成员的积极性；任务二是解决营销渠道的冲突；任务三是做好终端客户的拜访工作。

如何进行终端顾客的拜访

任务一　激发渠道成员的积极性

▶ 学习目标

（一）知识目标

1. 了解渠道成员的绩效评估。

2. 掌握如何对渠道成员进行评估。

（二）能力目标

1. 能够进行渠道成员的激励。

2. 能够运用激励措施制定激励方案。

(三) 素质目标

具有良好的心态，具备积极乐观向上的工作热情。

任务导入

完成了营销渠道的设计之后，还需要了解渠道成员在产品的营销过程中是否努力销售产品。渠道成员之间由于在所追求的目标、利益、价值观等方面存在很大的差异，因此需要了解渠道成员的主要诉求点，保证各渠道成员之间能够相互合作，共同完成渠道推广的任务。接下来，需要对渠道成员的业绩进行评估，从而根据渠道成员的任务完成情况进行调整，激发他们的工作积极性，同时也要对他们进行业务方面、产品推广方面的培训，从而保证渠道目标的实现。

课前思考：

1. 如何激发营销渠道成员的积极性？
2. 怎样对营销渠道成员进行绩效评估？
3. 你了解如何对营销渠道成员开展培训工作吗？

任务分析

营销渠道是由不同的经济实体组织构成，这些成员都有各自的诉求，企业要想能够发挥渠道成员的工作积极性，就必须对他们进行有效的激励。如何进行渠道成员的激励，就需要企业对渠道成员进行绩效评估，根据不同的绩效建立一种良好的激励机制，同时还要对企业成员进行业务培训，提高他们的经营业绩。

案例导入

LG 电子公司的渠道策略

LG 电子公司从 1994 年开始进军中国家电业，目前产品包括彩电、空调、洗衣机、微波炉、显示器等种类。LG 把营销渠道作为一种重要资产来经营，通过把握渠道机会、设计和管理营销渠道拥有了一个高效率、低成本的销售系统，提高了其产品的知名度、市场占有率和竞争力。

1. 准确进行产品市场定位和选择恰当的营销渠道

LG 家电产品系列、种类较齐全，其产品规格、质量主要集中在中高端。与其他国内外品牌相比，最大的优势在于其产品性价比很高，消费者能以略高于国内产品的价格购买到不逊色于国际著名品牌的产品。因此，LG 将市场定位于那些既对产品性能和质量要求较高，又对价格比较敏感的客户。LG 选择大型商场和家电连锁超市作为主要营销渠道。因为大型商场是我国家电产品销售的主渠道，具有客流量大、信誉度高的特点，便于扩大 LG 品牌的知名度。在一些市场发育程度不是很高的地区，LG 则投资建立一定数量的专卖店，为其在当地市场的竞争打下良好的基础。

2. 正确理解营销渠道与自身的相互要求

LG 对渠道商的要求包括：渠道商要保持很高的忠诚度，不能因渠道反水导致客户流失；渠道商要贯彻其经营理念、管理方式、工作方法和业务模式，以便彼此的沟通与互动；渠道商应该提供优质的售前、售中、售后服务，使 LG 品牌获得客户的认同；渠道商还应及时反馈客户对 LG 产品及潜在产品的需求反应，以便把握产品及市场走向。渠道商则希望 LG 制定合理的渠道政策，造就高质量、统一的渠道队伍，使自己从中获益；LG 还应提供持续、有针对性的培训，以便渠道商及时了解产品性能和技术的最新发展；另外，渠道商还希望得到 LG 更多方面的支持，并能够依据市场需求变化，及时对其经营行为进行有效调整。

3. 为渠道商提供全方位的支持和进行有效的管理

LG 认为企业与渠道商之间是互相依存、互利互惠的合作伙伴关系，而不仅仅是商业伙伴。在相互的位置关系方面，厂商居于优势地位。无论从企业实力、经营管理水平，还是对产品和整个市场的了解上，厂商都强于其渠道经销商。所以在渠道政策和具体的措施方面，LG 都给予经销商大力支持。这些支持表现在两个方面：利润分配和经营管理。在利润分配方面，LG 给予经销商非常大的收益空间，为其制定了非常合理、详细的利润反馈机制。在经营管理方面，LG 为经销商提供全面的支持，包括：信息支持、培训支持、服务支持、广告支持等。尤其具有特色的是 LG 充分利用网络对经销商提供支持。在其网站中专门设立了经销商 GLUB 频道，该频道不仅包括 LG 全部产品的技术指示、性能特点、功能应用等方面的详尽资料，还传授一般性的企业经营管理知识和非常具体的操作方法。采用这种方式，既降低了成本又提高了效率。

然而经销商的目标是自身利润最大化，与 LG 的目标并不完全一致。因此，要对渠道商进行有效的管理，提高其经济性、可控制性和适应性。渠道管理的关键在于价格政策的切实执行。为了防止不同销售区域间发生窜货，LG 实行统一的市场价格，对渠道商进行评估时既考察销售数量更重视销售质量。同时与渠道商签订合同来明确双方的权利与义务，用制度来规范渠道商的行为。防止某些经销商为了扩大销售量、获取更多返利而低价销售，从而使经销商之间保持良性竞争和互相制衡。

4. 细化营销渠道，提高其效率

LG 依据产品的种类和特点对营销渠道进行细化，将其分为 IT 产品、空调与制冷产品、影音设备等营销渠道。这样，每个经销商所需要掌握的产品信息、市场信息范围缩小了，可以有更多的精力向深度方向发展，更好地认识产品、把握市场、了解客户，最终提高销售质量和业绩。

5. 改变营销模式，实行逆向营销

为了避免传统营销模式的弊端，真正做到以消费者为中心，LG 将营销模式由传统的"LG→总代理→二级代理商→……→用户"改变为"用户→零售商→LG+分销商"的逆向模式。采用这种营销模式，LG 加强了对经销商特别是零售商的服务与管理，使渠道更通畅。同时中间环节大大减少，物流速度明显加快，销售成本随之降低，产品的价格也更具竞争力。

（资料来源：LG 电子公司的渠道策略，http://www.51lieke.com/Blog/ArticleDetailed.aspx? tID = zhangdewei&aid = 2237）

思考：LG 公司采用了什么策略来吸引渠道成员？

▶ **名人语录**

能够把每一件简单的事情做好就不简单，把每件平凡的事情做好就不平凡。

——张瑞敏

▶ *知识精讲*

一、渠道成员的绩效评估

对于制造商来说，为了更好地生产产品，在产品推广、渠道开发等方面的工作不一定能够做得面面俱到。为了增强企业的核心竞争力，业务外包是一种发展战略，因此采用经销商、代理商销售产品也是一种不错的选择。但随之而来的问题是，经销商、代理商、批发商等渠道成员多了，为渠道的管理带来了一定难度。渠道开发与管理是任何一家企业都不能绕开的话题，也是企业必须时刻关注的重要问题。渠道开发与管理关系到企业的营销网络是否能够健康发展，也关系到产品是否能够顺利到达消费者手中，为了激发渠道成员的工作积极性，我们需要对渠道成员的工作进行绩效评估。

（一）渠道成员绩效评估指标

确定了渠道结构类型之后，首要的工作就是选择适当的渠道成员，在选择渠道成员的时候，有些渠道商为了获得产品的经营权，可能存在机会主义，但这种机会主义势必影响营销渠道整体的绩效，因此对制造商来说，选择合适的渠道成员进行产品推广是至关重要的工作。

课堂思考：制造商为什么需要选择渠道成员？

渠道成员的绩效评估可以从以下几个方面来开展。

1. 渠道成员的可获得性

制造商可能正面临着渠道成员流失或企业规模扩大等问题，这时需要开发一些新的渠道成员。营销渠道的选择不是一次性的买卖，而是长期的合作，所以营销渠道选择也不是一件容易的事情，并不是每个成员都符合自己的要求，这就需要制造商寻找合格的中间商。现在越来越多的公司注重营销渠道成员之间的战略合作伙伴关系，这就需要公司在选择中间商时慎重考虑。在渠道成员的选择中，考虑的因素比较多，首先最重要的是考察中间商的诚信情况，有些经销商有足够的资金和实力，但如果缺乏诚信，背信弃义，对企业的长远发展是不利的；有的经销商暗地里销售竞争者的产品，这种经销商即使有再强的能力，也是不可靠的。其次是考察中间商的资金、实力和销售情况。另外也要考察中间商的合作意愿以及经营的其他产品的情况。当然，在选择中间商时也会存在"店大欺客"的现象，这就需要制造商"打铁需要自身硬"，提高品牌知名度，当产品知名度高时，就会受到众多经销商的青睐，否则，会在谈判过程中处于不利地位。

渠道成员的评估主要包括渠道覆盖面，具体包括渠道成员数量、渠道成员的分布、渠道终端的商圈范围、渠道成员的渗透程度、渠道的畅通性评估、渠道功能主题的到位情况、渠道功能配置情况、渠道的衔接情况以及渠道的合作情况。

2. 渠道成员选择的经济性标准

经济性标准是渠道成员选择的重要性标准。企业在选择渠道成员的过程中需要支付一定的货币成本、时间成本、精神成本以及体力成本，因此要考虑其收益。可以从经销商的销售量、渠道成本和利润这三个方面来衡量不同渠道的价值。销售量是考核渠道成员最关键的指标，看选择哪个渠道销量最少，哪个渠道销量最多，是什么原因导致销量少；其次是衡量每个渠道的销售成本；接下来是分析渠道的利润情况，企业衡量每个渠道的利润、成本和销量情况，找出原因，根据不同的原因进行诊断。比如××百货大楼从2017年开始成立了新零售事业部，新零售事业部的主要功能是帮助企业实现引流服务，近年来，新零售事业部每周都不定期地开展直播带货，并且对上一周直播带货的情况进行分析。

经销商的经营状况直接影响商品的分销效果，决定企业分销策略的成效。经销商的经营状况可以从一些数据来评估：销售绩效、财务绩效、竞争能力、服从程度、适应能力、增长作用、顾客满意度等。

> **知识链接**

中间商选择的原则

一般来说，选择中间商应该遵循的原则主要有以下几个方面。

1. 进入目标市场原则

企业选择中间商，其根本目的就是要进入目标市场，实现产品销售。企业应该根据目标市场的需求、购买习惯和消费习惯等，兼顾中间商的影响范围、顾客类型与目标市场的吻合程度来选择中间商。

2. 分工合作原则

制造商和中间商在营销渠道中承担的功能是不同的。选择中间商应严格掌握中间商的经营特点、所能承担的渠道功能、所具有的专门的知识和经验等。

3. 形象匹配原则

选择中间商不仅是为了销售产品，同时也是为了树立企业形象和商品形象。在选择中间商时，一定要注意中间商的品牌要与企业的品牌保持相近或一致，千万不要落差太大。

4. 效率效益原则

企业选择中间商的根本目的就是要有效地实现营销渠道目标。选择中间商，既要考虑中间商分销的效率，又要考虑投入的成本费用和效益的关系。

5. 同舟共济原则

营销渠道作为一个整体，只有所有的渠道成员具有合作愿望才能建立起一个有效的营销渠道。在选择中间商时，要分析中间商参与有关商品分销的意愿，以及与其他渠道成员的合作态度等。

（资料来源：王水清，《营销渠道管理》）

思考： 选择实力雄厚的中间商有哪些优点和缺点？

3. 渠道成员的可控性

营销渠道涉及的类型很多，有直接营销渠道和间接营销渠道，有线上营销渠道和线下营销渠道，渠道成员之间的关系非常复杂。根据前面的知识，企业对营销渠道的控制有绝对控制和低度控制，有的渠道成员是松散型的关系，有的是企业直接管理的渠道。随着营销渠道成员规模的扩大和经济实力的增长，有些营销渠道成员可能很难控制。企业在选择营销渠道成员时，虽然也制定了相关的约束条件，但也无法避免某些渠道成员为了各自的利益存在机会主义行为，因此对制造商来说，要建立合理的渠道治理机制来控制渠道成员投机行为的发生。企业越需要渠道成员推广产品时，越需要对企业渠道成员进行控制。

对营销渠道成员的控制可以从控制的内容、控制的程度和控制的方式等方面来制定相应的措施。控制的内容是指企业从哪些方面对渠道成员进行控制。具体包括企业可以控制渠道成员的营销决策，比如对营销渠道成员商品的价格制定、渠道选择方式、媒体推广方式等方面的决策，另外还包括企业能否控制渠道成员的投机取巧行为。渠道成员的控制程度是指企业在某方面控制渠道成员可以达到的程度，比如能否对渠道成员的价格制定情况进行控制，渠道成员在多大程度上会接受企业在产品销售方面的建议，对于渠道成员的投机行为，企业能否制定相关的惩罚措施。渠道成员的控制方式是指企业可以采用什么样的方式来控制渠道成员。一般渠道成员控制方式有通过权力的控制和非权力的控制，权力的控制方式是通过是否拥有经销的权力来控制渠道成员，非权力的控制是通过与中间商建立良好的合作关系或彼此之间相互信任来影响或控制渠道成员。

4. 渠道成员的适应性

企业选择什么样的经销商来销售产品，一般与具体产品有关，比如家电类的产品选择一些大型的卖场或家用电器专卖店比较好。企业在选择渠道成员时也要考虑产品的适应性。对渠道成员适应性评估主要是从渠道成员适应环境的能力以及应对环境变化的能力等方面进行评估。

（1）渠道成员适应环境的能力。

渠道成员适应环境的能力主要是考察经销商对原有营销渠道的适应能力，了解渠道经销商的经营理念和发展情况，了解渠道经销商的基础设施以及员工的素质，了解其与原有经销商融入的难易程度。

（2）渠道成员应对环境变化的适应能力。

环境是不断变化的，这就要求渠道成员能够具有应对环境变化的能力，根据环境的变化调整渠道策略，了解其应对环境变化的处理能力和应变能力。比如面对突如其来的新冠冠状病毒感染，企业如何调整自己的经营策略来应对这一危机，以及取得的效果如何。

案例阅读

"80后"夫妻掘金"即时零售"

思考：杨佳龙夫妇的"即时零售"给了你什么启示？

（二）评价营销渠道成员的方法

1. 综合因素评分法

综合因素评分法是考虑多个因素，对每个因素根据其重要性设定不同的权重，对不同的中间商进行分数的评定。其主要步骤如下。

（1）选定评价因素。

确定中间商的评价因素。对于生产商来说，要根据自己的实际情况确定中间商的评价因素，比如有的考虑中间商的地理位置、经营的历史和发展理念、经营的规模、经营的实力、售后服务情况，不同的企业会考虑不同的因素。

（2）确定权数。

根据不同因素的重要程度赋予一定的权数，每个因素的权数是不一样的，需要注意的是权数总和要为1。

（3）对经销商进行分数的评定。

对潜在的经销商逐项进行打分，综合评定后，得分最高的为选定的经销商。

2. 销售量评估法

销售量评估法就是通过经销商的相关销售数据来进行评估的一种方法。这些数据有销售量的变动情况、顾客的客流量、月销售额等变化情况。通过这些数据来考查经销商的销售能力，进而选择最好的经销商。

3. 财务分析法

财务分析法主要是分析在渠道成员选择中的投资与收益情况进行决策的一种方法。通过产品分销资本投入的最终收益与使其投资于渠道成员选择所需要的成本相比较。利用经销商进行产品销售需要付出一定的成本，这些成本包括寻找经销商所花费的搜寻成本、谈判成本和监督成本、市场开拓成本、让利促销成本、货物损失成本、货款支付的延迟所带来的损失等成本。如果收益大于成本则可以考虑所选的渠道成员，否则就放弃。财务分析法的优点在于强调财务变量对渠道成员选择的重要影响。

4. 交易成本分析法

交易成本分析法自20世纪70年代就已经引起渠道研究者的关注，现在已被广泛采用。交易成本分析法最早是由威廉姆森（Williamson）提出的。这一方法在考虑渠道选择时，将传统的经济分析与科学概念以及由组织行为产生的结果有效地结合起来，主要研究生产商是通过垂直一体化系统来独立完成产品分销过程中的所有任务，还是自己完成一部分分销任务而其余部分交给独立的中间商来完成的问题。

交易成本分析法研究的重点在于企业要完成分销任务，达到分销目的而消耗的必需的交易成本，这里的交易成本主要是指分销过程中的活动成本，例如为达成交易而进行信息搜集、商务谈判、经营监督等相关活动所需的费用。如果交易成本高，那么公司可能选择垂直一体化的渠道结构。一个独立的分销渠道成员如果处于比较有利的地位，占有更多的销售资源或客户时，会要求得到更高的佣金和更多的折扣或一些优惠政策，这对生产商来说是不利的。

知识链接

选择渠道成员的模式

在营销渠道开发过程中，收集一些定量数据比较耗时又耗力，这时就可以采用一些比较适合的定性分析模式来选择渠道成员。

1. 弱式模式

暂时选择实力较弱、有通畅的营销渠道、有良好的口碑及信誉的渠道成员，给予其适当的支持，如帮助其制订完整的市场开拓计划，保证其合理的利润空间。

2. 潜力模式

有的渠道成员在短期内无法与实力强的渠道成员相比，但他们潜力较大。考虑到与渠道成员合作的长期性，可选择具有一定潜力的渠道成员。如该成员对企业的产品很感兴趣，可将公司产品作为主推产品。

3. 空白点模式

通过研究渠道成员的任务结构，找出渠道成员经营时段的空白点。这种模式主要有三个前提：一是经营结构与公司产品相近，且不陌生；二是渠道成员较容易介入并能较快上路运转；三是空白点为淡、旺季时段，而不是品种。

（资料来源：王水清，《营销渠道管理》）

▶ **案例阅读**

沃尔玛供应链选择方法

1. 战略规划供应商选择标准

国内外关于供应商选择标准的研究很多，提出了很多标准，然而在实践中，让企业为难的往往不是标准的提出，而是标准体系选定的问题。对于沃尔玛而言，供应商的质量、价格、交货、服务、技术等都很重要，但其分量在企业不同部门眼中却大相径庭。生产部门看重质量和按时交货率，设计部门重视的是技术，而供应管理部门的目标则往往是价格。这就出现了部门之间在供应商选择和战略上的分歧，而此类分歧注定了各部门在选择供应商时意见不一致。这种情况下，可以考虑组建一个代表各个部门的"跨职能小组"来制定供应商选择标准。该小组围绕对公司具有重要意义的产品（和供应商）而设置，其核心成员来自设计、采购、生产、质量等部门，其核心任务是选择和开发供应商，并确定未来几年对供应商的技术、质量、价格等的战略目标。小组通过各种例会来跟踪、协调、总结供应商战略的执行情况，定期向高层领导汇报。

2. 采用早期供应商参与的方式

早期供应商参与是指在产品设计初期，选择建立了伙伴关系的供应商参与新产品开发小组。通过让供应商早期参与到新产品开发及持续改进中，供需双方都可以从中受益。一方面，供应商可以很好地了解制造商的需求、企业文化及决策方式，这些都能够帮助他们更有效地达到制造商的预期需求。另一方面，制造商也可以清楚了解供应商的质量、技术发展蓝图，适宜的库存管理计划，从而更容易抵御供应链的不确定性。这些战略帮助企业彼此很好地进行沟通，实现知识共享，改善决策水平并提高双方的绩效水平。新产品设计中的早期供应商参与使制造商可以开发多种解决方案，从中选出最合适的部件、材料和技术，并从设计评估中接受帮助。

3. 注重供应商关系管理

供应链环境下，沃尔玛与供应商之间已经由单纯的买卖关系转换为更为复杂的、更深层次的关系结构。沃尔玛在进行供应商管理时要注重关系管理，可以考虑设立供应商日和供应商关系经理。沃尔玛需要明白，内外任何一方的正当利益得不到保护，采购方最终是要付出代价的。沃尔玛也可以定期安排供应商日，与主要供应商沟通。通过对最佳供应商的褒奖，强化公司对供应商的奖惩标准。同时，在总结供应商上一年度表现的基础上，提出对来年的期望，发布与供应商有关的举措等。这些信息通过公司最高层领导传递，也给供应商以明确的信号。这些策略都有助于供需双方关系的培养。

4. 实行供应商优化和分类管理

供应商优化是指通过供应商管理保持适宜的供应商群。目前，多数企业的供应商优化都集中在缩小供应商群上，即减少供应商数量、集中采购额，实现规模效益，从而达到降低成本、提高质量和服务水平的目的。不过，并不是供应商越少越好。作为采购方，一定数量的供应商对维持竞争是必要的，只不过在大供应商群的情况下，要实行供应商分类管理。

供应商分类是供应商管理的重要组成部分。沃尔玛的供应商群不是一成不变的，设置分类管理有利于差别和优化管理。可以考虑将供应商分为战略供应商、优先供应商、考察供应商和淘汰供应商。此外，制造商应该建立备选供应商库，逐渐补充和整合现有供应商群。

（资料来源：沃尔玛和供应商的关系，https://wenku.baidu.com/view/c0c3617932126edb6f1aff00bed5b9f3f80f7247.html？_wkts_=1699601164907）

思考：沃尔玛的供应商选择给了你什么启示？

（三）选择营销渠道成员的方法

掌握了一定数量的渠道成员并对他们进行评估后，接下来就要选择渠道成员。选择谁来作为自己的经销商，是一件比较难的事情。前面介绍了渠道成员评估的方法，根据评估的方法对渠道成员进行评估，但还需要进一步确定渠道成员，通过与渠道成员进行沟通交流、洽谈具体合作事宜，强化对方的合作意愿，之后才能确定最终的渠道成员。确定渠道成员的方法有定性分析方法和定量分析方法。定量分析方法就是我们前面介绍的综合因素评分法、销售量评估法和销售成本评估法。定量分析方法比较客观，不受决策者个人主观因素的影响，但也有缺点，由于定量分析方法需要数据做支撑，数据收集比较困难，另外有些因素很难量化，如果考虑的因素不全面，会影响决策质量。下面我们介绍几种定性分析方法。

1. 两步走法

对于制造商来说，选择渠道成员非常重要，在渠道建设初期，可以接受一些基本符合厂家选择标准的渠道成员合作。借助第三方营销渠道成员可以迅速开发产品市场，如果市场反应良好，则可以和渠道成员进行深度合作，并进一步扩充渠道成员的队伍。

2. 跟随战略选择法

跟随战略选择法是美国著名的战略学家钱德勒在其著作《战略与结构》中首次提出的一种战略思想，即以市场领先者的渠道成员作为参考依据来确定自己的渠道成员。市场领先者采用谁作为自己的渠道成员，自己也跟着采用谁作为自己的渠道成员这一方法。美的在渠道成员的选择中通常是以格力作为自己的参考依据，格力选择谁作为自己的渠道成员，美的也跟着确定其作为自己的渠道成员，哪里有格力，哪里就有美的。

3. 逆向选择法

逆向选择是由于信息不对称带来的另外一个问题。在渠道成员确定中利用逆向选择法是指制造商不按照从厂家到消费者的方向来选择渠道成员，而是反其道而行之，先从渠道的终端开始，由终端商销售产品，根据终端销售的情况再确定上一级经销商，一级一级开发渠道成员。洽洽瓜子刚开始进入市场的时候，由于知名度比较低，很难进入大型的零售市场，只能在大卖场周边选择一些小型零售终端进行销售，知名度提高之后，再慢慢打入大型零售终端，这也是一种逆向选择法。

逆向选择法的具体操作如下。

（1）市场运作阶段。

市场运作是指厂家派出业务人员在目标市场设立办事处，自设仓库。由厂家直接向零售终端铺货，当产品达到一定销量后，上一级批发商意识到该产品是畅销产品，从而可以找一些有意向的批发商作为产品的渠道成员。需要注意的是，双方都要签订销售合同，确定各自的权利和义务。

（2）通过竞争来选择经销商。

在同一个区域选择几家有意向的批发商同时向零售商铺货，会形成竞争局面。随着厂家与批发商、经销商之间相互熟悉程度增加，了解了批发商和经销商的经营情况和诚信度后，这个时候厂家可以淘汰一些经营业绩不好的经销商，选择有合作意愿并且经营能力强的中间商作为自己的渠道成员，对于淘汰的中间商可以给予一定的补偿。

（3）确定渠道成员。

在市场推广初期，可能也有一些经销商持观望状态，这个时候就需要渠道推广人员与经销商进行沟通交流，介绍产品有关的知识，树立他们的销售信心。确定了渠道成员之后，就可以做些广告宣传促销活动，促进产品销售，有了良好的销售情况，经销商才会继续进货。

（4）签订经销合同。

对于确定的经销商要及时签订经销合同。签订经销合同的时间要合适，一般以一年为期限，太短了不利于经销商进行市场推广，太长了很难控制经销商的机会主义行为。有时有些经销商会利用经销权限从事一些投机活动，或经销商经营能力有限，很难把市场做好，又不能提前毁约。

在选择中间商的时候，需要注意的是不要轻易承诺总经销权，承诺了总经销权就意味着厂家参与管理和控制经销商的经营权利减少了，承诺越多，企业需要兑现的行为就越多，厂家需要付出的代价也越大，不利于厂家对市场的控制。不过要秉着"谁开发，谁管理到位，谁所有"的原则，保证经销商管理好自己的经营网点。另外需要注意的是，厂家要选择与自身实力相匹配的经销商，数量要合适，数量不是越多越好，只要实用即可。

▶ **案例阅读**

J牌小麦啤酒渠道逆向重构

J牌啤酒在进入太原之初，选择了传统的渠道模式。由于品牌不占优势，加之地方品牌的抵制，市场情况不乐观，销量很不理想。J牌啤酒集团开始认识到依靠传统的渠道模式很难取得成功，因为传统渠道模式对新企业及新产品的推广效率低、代价大，所以J牌啤酒集团采取了渠道逆向重构策略。

1. 铺货阶段

啤酒的消费旺季一般为6-8月，所以J牌啤酒集团在2013年4月初开始对零售终端大规模铺货，J牌啤酒集团通过各种措施充分调动零售终端的积极性和消费者热情，从而提高了J牌啤酒的服务质量以及品牌形象。

2. 调整阶段

2014年，J牌啤酒集团在对太原市的零售终端普遍覆盖的基础上，对超级市场、小型卖场、火车站和汽车站等特殊的渠道和有大的终端展示和宣传价值的地方进行供货，拓宽流通渠道，在实施各项政策下，J牌啤酒的销量不断提高。

3. 对批发市场的招标阶段

随着J牌啤酒的占有率提高，J牌啤酒引起了经销商的兴趣，J牌啤酒集团抓住时机建立主渠道，把太原的某些公司作为总经销商。

4. 在山西全省市场的布点

2014年年底，J牌啤酒集团抓住机会，遵循"中心造市，周边取量"原则推动产品向全省辐射。J牌啤酒于2014年旺季在山西省的月销量达到了6 000吨，年总销售量突破了3万吨。

（资料来源：王水清，《营销渠道管理》）

二、激发营销渠道成员的积极性

（一）营销渠道成员激励的必要性

营销渠道成员激励是指采取一定的措施和方法影响渠道成员的内在需求或动机，激发其潜力，从而加强、引导和维持行为的活动或过程。在组织行为学中，激励主要是指激发人的动机的心理过程。除了采用独家分销之外，一般来说，渠道经销商都会经销多个产品，产品之间有竞争，如果生产商没有激励措施或激励不当，会导致经销商缺乏销售产品的积极性，因此，为了促使经销商积极销售产品，从厂家来说，要制定正确的激励措施来激发中间商的工作积极性。渠道成员的激励方式多种多样，一般而言，可以分为物质激励和精神激励。

通过渠道激励能够提高渠道成员的工作积极性，更好地为制造商销售产品，创造更多的销售业绩，同时也会提高经销商的销售收入，经销商会努力成为制造商和消费者的桥梁。

激励措施的最佳效果是让对方心甘情愿地做企业希望他做的事，这个过程没有任何胁迫或强制的成分。

课堂思考：为什么制造商要想管理好中间商，不能靠行政命令，只能采取"胡萝卜加大棒"政策？

▶ **案例阅读**

善于"画饼"：海尔渠道激励

以前，海尔和其渠道成员在讨论下一年、下一季度或下一个月的任务目标时，总想让对方比上次多压一点货，比如上次压了50台电脑，下个月就说70台应该没问题吧，对方一想，确实差不多，这样，环比增长实现了，双方都挺高兴。

其实这就好像大多数笔记本厂商都在说2023年的任务目标是100%同比增长，任务订得高些，不管能不能实现，至少让大家有紧迫感，得拼命去干。完成了，给员工高额奖金，渠道给高额返点，这是传统的激励方式。

不过最近，海尔在渠道激励方面采取了一个新的方法，相当有效。

首先，海尔把当地市场份额第一的厂商找出来，比如是联想，就让当地的海尔渠道商看一看联想的代理这一年这一季出了多少货。

其次，把当地市场容量算一算，比如按人口、购买力，然后告诉渠道商，这个市场未来会是多大，现在才有多少，市场空间就算出来了。

接下来，要让渠道商明白你的空间不是竞争对手给你让出来的，是你通过自己的努力和上游的配合做到的，然后让渠道商考虑是否要做当地市场份额第一的渠道商。

当地渠道商听了这样一个前所未闻的思路，觉得有奔头了，积极性高了，开始想方设法开拓更多的下级渠道，营业额在3个月之内竟然从几万元爆发式增长到50万元。而且劲头十足地要去争当第一，因为他们认识到下面的市场太大了。

因此，企业在不同发展时期的激励方式是不一样的，特别是在发展中的区域，到处是机会，你不看长远，不抓住机会去拼一把，那你要后悔一辈子。渠道激励"三大法宝"示意图如图 4-1 所示。

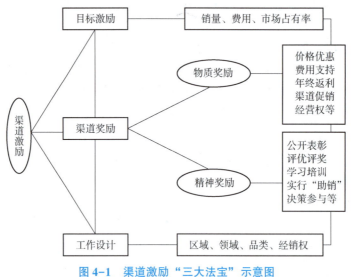

图 4-1　渠道激励"三大法宝"示意图

思考： 海尔采用了哪些激励方式？这些激励方式给了你什么启示？

（二）营销渠道成员激励的类型

知识链接

德西效应及应用

心理学家爱德华·德西在实验中发现：在某些情况下，人们在外在报酬和内在报酬兼得的时候，不但不会增强人们的工作动机，反而会降低工作动机。此时，动机的强度会变成两者之差。人们把这种规律称为德西效应。这个结果表明，进行一项愉快的活动（即内感报酬），如果提供外部的物质奖励（即外加报酬），反而会减少这项活动对参与者的吸引力。

作为管理者，要特别注意正确使用激励的方法而不滥用激励，要避免德西效应，处理好精神激励与物质激励的关系，使员工的工作动机得到最大限度的激发。

现代商业发展出现了这样的局面：一方面，许多人踏进职场；另一方面，其他人却开始挑战新的工作形式。目前，在家庭办公的人数已达 3 400 万人；企业逐渐精简化，跳槽后退休金可以累积，技能愈益专精，一辈子都有保障的工作愈来愈少。许多年轻人正是在工作机会最不稳定的时刻踏入了职场，他们已经明确知道，一份收入稳定可靠，符合人们期望的工作，如今是越来越难求了。年轻人若需要救济，他们的父母未必有能力在经济上支持他们。因此他们必须自谋生路。

激励是管理者激发员工努力工作的利器，对于企业来说，要正确运用物质激励和精神激励，如果运用不好，可能会给员工带来负面情绪从而造成负面影响，要避免德西效应的发生。对于任何一个组织来说，激励的方式和方法必须是员工需要的，要了解员工的需求，根据员工不同的需求采用不同的激励方式，这样才会带来好的效果。

（资料来源：彦涛，《不可不学的管理学 32 定律》）

思考：

1. 你觉得针对当代年轻人需要采用什么样的激励方式？

2. 如何进行渠道成员的激励？

1. 精神激励

精神激励又称为内在激励，是指精神方面的无形激励，包括向渠道成员授予经销权，对他们的工作绩效的认可、表扬、鼓励，公平、公开的晋升制度，提供学习和发展以及进一步提升自己的机会，实行灵活多样的进货制度及制定适合每个渠道成员特点的发展道路，等等。精神激励是一项深入细致、复杂多变、应用广泛、影响深远的工作，它是管理者用思想教育的手段倡导企业精神，是调动员工积极性、主动性和创造性的有效方式。精神激励方式多种多样，主要介绍以下几种类型。

（1）关系激励。

关系激励是指厂家与渠道成员建立良好的沟通和信息交流机制，让渠道成员参与到企业的渠道推广计划和促销安排中，共同制定渠道发展规划，提高渠道成员的决策参与权，通过经常性的交流增进彼此之间的情感，对中间商起到良好的激励作用。

① 建立经常性的沟通机制。

建立经常性的沟通机制能够增进厂家与经销商的相互了解，商家可以将这种沟通机制制度化、常规化。比如格力空调建立的股份制销售公司就是经销商参与渠道开发与管理工作的一个重要的交流平台。公司定期与经销商召开会议，收集经销商在参与渠道管理方面的意见，共同商讨发展大计。

② 开展经常性的情感交流活动。

厂家可以邀请经销商开展丰富多样的活动，加强情感交流，进一步强化彼此之间的关系，比如定期走访，联谊活动，年末答谢会，甚至店庆活动，通过这些活动的开展，可以提高经销商的存在感。

案例阅读

激励人心，把谢意送进心坎

思考： 该公司对员工的激励给了你什么启示？这种激励方式抓住了员工什么样的心理？

（2）发展型激励。

发展型激励是通过创设愿景，以强调人的发展、升迁为内容的一种激励方式。对于渠道成员来说，鼓励渠道成员增加渠道投入，不仅能获得短期的利益回报，还能获得长期的事业发展。

发展型激励主要是通过为员工介绍公司的发展愿景，产品的市场发展前景广阔、潜力巨大，增加渠道成员的销售信心，使经销商认同公司的发展，对销售公司的产品产生自豪感。另外，生产商可以帮助经销商进行产品的铺货和陈列，与经销商一起探讨产品的销售，给予经销商更多的自主权，把他们视为战略合作伙伴。

▶ **案例阅读**

联想的关系营销策略

思考：联想公司采用了哪些激励方法？这些方法对渠道成员有什么激励作用？

▶ **知识链接**

渠道激励的"三大法宝"

第一，目标激励。这是一种最基本的激励形式。厂家每年都会给分销渠道成员制定一个年度目标，包括销量目标、费用目标、市场占有率目标等，完成目标的分销商将获得相应的利益、地位和渠道权力。所以，目标对分销商来说，既是一种巨大的挑战，也是一种内在驱动力。在目标的制定方面，必须考虑目标的明确性、可衡量性、挑战性和激励性特征。

第二，渠道激励。这是制造商对分销商最为直接的激励方式。渠道激励包括物质激励和精神激励两方面。其中物质激励主要体现为价格优惠、渠道费用支持、年终返利、渠道促销等，实际上就是"Money"，这是渠道激励的基础手段和根本内容。精神激励的作用也不可低估，包括评优评奖、培训、旅游、助销、决策参与等，重在满足分销商成长的需要和精神的需求。

第三，工作设计。这是比较高级的激励模式。工作设计的原意是把合适的人放到合适的位置，使他们开心，使他们能够发挥自己的才能。这一思想用在渠道领域，则是指厂家合理划分渠道成员的经营区域，授予独家经营权，合理分配经营产品之类，恰当树立和定位各渠道成员的角色和定位，互相尊重，平等互利，建立合作伙伴关系，实现共进双赢。

（资料来源：易森清，《销售渠道与终端管理》）

2. 物质激励

物质激励又被称为直接激励，是指运用物质的手段肯定渠道成员在市场推广方面的工作，使受激励者得到物质上的满足，从而进一步调动其积极性、主动性和创造性。物质激励有物质、金钱、奖品等，通过满足要求，激发其努力生产、工作的动机。根据著名社会心理学家马斯洛的需要层次理论，物质是满足人们生活的必需条件，物质需要是人类的第一需要，也是最基本的需要，满足它的出发点是关心员工的切身利益，不断满足其日益增长的物质文化生活的需要。对于渠道成员的物质激励主要有以下几种类型。

▶ **案例阅读**

张总是某化妆品厂家的营销老总，去年销售成绩还不错，今年准备大干一场。为了达到这一目标，张总出台了新的奖励政策，在去年基础上，进一步提高销量返利奖励金额。

张总制定了三个不同的年销量指标，即必保任务、争取任务和冲刺任务，完成的年销量指标越高，则年底返利的百分比越大，以此激励经销商提高销量。三项指标为必保任务 200万元、争取任务 250 万元和冲刺任务 300 万元，返利比例分别为 1%、3% 和 5%。

思考：张总采用了哪些返利形式？为什么要采用返利的形式？这种返利形式有什么利弊？谈谈你的看法。

（1）返利。

返利是制造商根据分销商所完成的销量（回款）或其他贡献定期给予分销商一定额度的利润补贴。按照不同的分类标准有不同的类型。

课堂思考：为什么说返利是一把双刃剑？

① 根据返利的时间分为现返、月度返利或季度返利、年度返利。

现返是根据每单销量情况进行及时返利，通常是购货时进行返利。其优点是计算方便，兑现及时，能够激发经销商的工作热情，缺点是忽视了销售过程，会影响产品的市场定价。

月度返利是以月度销售量为依据进行返利，能够让中间商更容易看到返利的诱惑。同时，也便于制造商根据经销商的销售情况及时调整销售计划，合理地安排销售任务，不足的地方是容易导致经销商出现投机取巧的现象。比如，某公司当月订货额达 1 万元以上时，返月订货额的 2%；当月订货额达 2 万元以上时，返月订货额的 3%；当月订货额达 5 万元以上时，返月订货额的 10%。

季度返利是以一个季度的销量来返利。这种返利一方面既是对上一季度销售情况的肯定，也是对下一季度销售活动的支持。

年度返利是以一年的销售情况进行返利，年度返利账面金额比较大，往往对经销商有一定的诱惑，同时能够缓和企业的资金压力，有利于企业的资金周转。比如，某公司当年订货额累计达到 20 万元以上时，返年度订货总额的 2%；当年订货额累计达到 50 万元以上时，返年度订货总额的 5%。

② 根据返利的兑现方式分为明返利和暗返利。

明返利是指厂家直接告诉经销商在某个时间段销量达到一定数量后的返点数量，是给予中间商回款的定额奖励。明返利的优点是能够促使经销商多销售产品，缺点是会导致经销商之间为了得到返点而抢占市场，降价销售产品，恶性窜货，扰乱市场秩序。暗返利是指不明确告知中间商，而是厂家按照与中间商签订的合同条款对中间商的回款给予不确定数额的奖励。暗返利在一定程度上可以消除明返利带来的不良后果，可以对业绩表现好的中间商给予一定的奖励。

③ 根据返利的比例分为固定返利和阶梯返利。

固定返利是指厂家按照一个固定比例返利给中间商，一般是在企业所处的市场比较成熟、产品有一定的知名度、各区域市场趋于成熟的情况下可以采用这种返利形式。阶梯返利是指厂家对经销商随着销量的变化而不断加大返利额度的一种返利方式。这种返利形式适合新产品在某个市场还处于发展阶段时采用。

▶ **案例阅读**

百事可乐公司的返利政策

思考： 百事可乐采用了什么返利政策？这种政策有什么优缺点？

（2）返利的形式。

返利的形式有现金返利、产品返利和折扣返利等。现金返利是指厂家根据经销商的销售情况以现金或冲抵货款的形式出现。现金返利对厂家来说有一定的资金压力，一般很少采用这种形式。可以采用冲抵货款的形式兑现返利，在用现金返利之前要事先约定扣除相应的税款。产品返利是指厂家用经销商销售的同种产品或其他合适的产品作为返利。需要注意的是返利的产品要为畅销产品，否则会让经销商认为厂家是将销售不好的产品作为返利，会带来不好的反应。折扣返利是指返利不以现金的形式支付，而是在经销商提货时给予一定的折扣，但需要现款现货交易。

销售行业不同，返利的形式也不同。采用返利的形式要把握一个"度"，力度太小，对渠道成员没有吸引力；返利太大，会减少商家利润，有些中间商会将一部分返利折入价格，降低价格来销售，以便获得更多的销量和更多的返利。

（3）补贴。

补贴是厂家针对渠道成员在产品销售或推广过程中所付出的努力，给予一项专项补贴以作为奖励，比如广告补贴、运输补贴、商品陈列补贴、促销补贴、样品补贴、新产品推广补贴等。

3. 放宽回款条件

资金回笼是企业最关心的问题，因此，厂家经常将及时回款作为激励渠道成员的重要条件并将此写入合作协议中。放宽回款条件对于一些经济实力不雄厚的渠道成员来说能够缓解资金压力，提高积极性。

4. 渠道建设投入

渠道成员需要投入一定的资金作为装修、店铺的陈列、促销费用的开支，厂家如果在渠道建设中对中间商投入一定的专项资金也可以说是给予了渠道成员物质激励，有利于双方建立良好的合作关系。"渠道促销"是厂家针对中间渠道商（经销商、代理商、批发商、终端零售商）所进行的促销活动，目的是刺激渠道成员的进货热情和销售积极性。其实质同样是渠道利润的再分配（厂家让利），也是厂家惯用的渠道激励方法。在帮助渠道成员做促销活动时需要注意的问题是：渠道促销的时效问题，促销的时间不能太短，也不能太长，否则起不到促销作用，以及渠道促销的力度和频度（促销的频度要合适，不能经常做促销活动）、渠道促销的形式等问题。

案例阅读

佳能公司对渠道成员的全面激励制度

在渠道管理中，佳能公司采取的措施多种多样，主要分为五个方面。

一、产品多样化的支持

公司的全面产品线尽可能地覆盖市场，为渠道成员提供充分的利润空间。佳能公司的产品市场定位从低端到高端全面覆盖，即从普通家庭用户到专业用户。从最受大众欢迎的BJC-265SP型复印机到专业型的BJC-600型复印机，不同层次的产品可以满足不同层次用户的需求。

二、促销活动的支持

根据各地的实际情况开展切实有效的活动，直接提高销售形象和销售业绩。展览展示方面：由佳能公司直接支持经销商参加当地的大型计算机展，很大程度上提高了经销商的组织能力和活动策划能力，同时也能够取得较好的收益。除了参加专业的展示之外，佳能公司还支持经销商开展店面外的展示活动，直接面对普通用户进行销售。在提高经销商的销售形象方面，佳能公司统一对经销商的店面进行装修，发放促销宣传品等。

三、经销商培训支持

佳能公司每年都开展对全国经销商的培训。授课地点在全国的各个城市，由佳能公司优秀的市场人员授课。内容包括公司经营理念的培训、产品培训、技术培训和销售策略培训。所有经销商的销售人员、技术人员和经营管理人员都有机会参加，考核后，向成绩合格的人员发放认证资格证书。这种培训受到佳能经销商的普遍欢迎。

四、售后服务支持

佳能公司在全国各地设定近百家授权维修机构。所有维修站和维修中心的建立和发展都经过公司严格的考核、认证，并由佳能公司统一管理。通过提供完善的售后服务维修网络，在用户心中强化了对佳能产品的信心，同时提高了用户对经销商的依赖，建立起稳固的渠道。

五、奖励机制

除了短期的销售奖励之外，佳能公司还为渠道成员设定了全年奖励制度，业绩越好，获得奖励越多，从而保证公司产品销售数量节节增高。

（资料来源：佳能公司对渠道成员的全面激励制度，https://wenku.baidu.com/view/104f67d75022aaea988f0f0f.html? _wkts_=1699601857391）

思考： 佳能公司采用了哪些激励方式？为什么要采用这种激励方式？

三、培训营销渠道成员

（一）培训营销渠道成员的意义

任何一家成功的企业都有自己独特的经营模式，对制造商来说也是一样，为了集中精力进行生产经营，采用业务外包的形式来销售产品，这样更有利于核心竞争力的培育。但凡成功的企业在渠道管理方面都有着成功的经验。在激烈的市场竞争中，厂家要使自己的产品能够更好的流通，就必须与渠道成员建立良好的战略合作伙伴关系，并不是每个渠道成员都会积极配合厂家做好产品的销售，这就需要厂家为经销商做好产品的培训、为用户提供全方位的服务和沟通，帮助中间商做好产品的售前、售中、售后服务等工作，这样能够与中间商形成紧密的厂商互动关系。

（二）营销渠道成员培训的内容

1. 企业文化培训

企业文化是一个公司在长期生产经营过程中形成的经营理念。厂家要让中间商很好地销售其产品，首先必须让经销商认同公司的企业文化。企业文化培训的内容主要包括公司的理念文化、制度文化和行为文化。通过企业文化的培训可以培养中间商对企业的认同感，提高渠道成员的忠诚度，同时也可以提高企业的综合竞争力。

2. 产品知识培训

产品知识培训主要是培训中间商对产品的知识、生产技术、使用方法、营销卖点等方面的内容。渠道成员在销售产品的过程中，需要宣传产品的卖点以及用途，这样才能让消费者产生购买意愿，并不是每个渠道成员都了解产品的功能和特点，这就需要商家做好这方面的培训工作。产品知识培训是渠道成员培训的主要内容。格力电器产品培训主要是介绍产品的类型、功能以及产品的生产技术、原材料、各类产品的卖点，以及怎么帮助用户提供解决方案等内容。

3. 营销知识培训

营销知识培训主要是指导渠道成员有关营销理论、渠道管理、产品营销、客户服务、市场推广、产品促销、商品陈列等方面的知识，重点是针对不同的产品介绍不同的推广方法、产品的独特卖点，以及竞争对手分析、成功案例和销售技巧等方面的知识。

4. 服务礼仪方面的培训

服务礼仪方面主要是培训服务技巧和客户异议处理等方面的内容，帮助渠道成员做好渠道服务工作。

5. 管理技能的培训

管理技能的培训主要包括管理理念、管理者的相关技能、管理沟通方面的内容，指导渠道成员掌握管理的科学方法和领导艺术，能够更好地与其他渠道成员和睦相处。

知识链接

伊莱克斯的培训

1. 培训部是一支学习的团队

在伊莱克斯，培训部是一个相对独立的部门，为了跟上公司的发展速度，就要求培训部首先是一个学习团队，要求培训部每一名员工首先要有很强的学习能力，有与各部门进行有效合作的能力，并且要充分利用自身资源和公司整体资源，不断创造出公司所需的培训项目。在培训过程中，培训师从课程的设置到讲授的方法上都很注重趣味性，寓教于乐，这样，受训人员接受的效果会更好。

2. 培训内容基于市场调查

培训部每一个课程的设置都需要大量的考察准备工作。比如销售培训，培训师必须跟着销售员一起拜访零售商场，去看伊莱克斯专柜的销售情况，去看销售员怎么卖东西，另外还要征求顾客、商场人员、公司业务人员、零售人员、促销人员、销售经理的意见和需求。根据这些反馈信息确定哪些是必需的，哪些是需要改进的。在培训课程的修订过程中，还要查阅很多资料，召开研讨会。另外，公司各部门有一些优秀的人才，培训部会为他们安排一些课程，充分利用他们的资历和经验为普通员工服务，伊莱克斯还组织员工和经销商培训大会，在培训过程中学习有关市场营销的课程并交流情感。这样就拉近了伊莱克斯员工与经销商之间的距离。

3. 充分利用外部资源

伊莱克斯曾经引进"高效能人士的 7 个习惯"课程，由美国 COVERY 公司负责培训。伊莱克斯公司部门经理听了之后感觉不错，所以公司后来买下了这门课程的版权，并培养了这门课程的讲师。

（资料来源：王水清，《营销渠道开发与管理》）

思考：分组选择一家熟悉的制造商，看看他们是怎么对渠道成员进行培训的，与同学分享体会。

（三）营销渠道成员培训的形式

1. 现场讲授

现场讲授法是企业培训的常见方式，已经被很多企业采用。企业邀请培训讲师集中在一个时间段通过面授的方式对渠道成员进行专业培训。培训的特点是集中在一个场所学习，一般以培训师讲授为主，培训师有着丰富的培训经验，熟悉产品和渠道等方面的知识，可以为渠道成员带来新的产品知识和经营理念。培训师可以是企业内部的人员，也可以是企业从外部邀请的人员。

2. 现场指导

对于一些技术性比较强的产品可以采用现场指导方法。现场指导可以通过现场示范，深层次地培训渠道成员产品知识，指导成员如何操作、使用和维护，指导成员如何陈列商品、促销展示。现场指导能够收到很好的培训效果。

3. 成立培训学院

许多有实力的大公司专门组建了培训学院，承担渠道成员、企业员工的培训。海天酱油就专门成立了海天商学院，海尔股份有限公司也成立了海尔商学院。这些商学院作为专门培训机构有专职培训师，业务能力强，培训效果比较好。

4. 送中间商到高校参加培训

校企合作，共享资源，共派老师相互学习是产教融合的发展趋势。越来越多的企业非常注重与高校合作。有些厂家想重点培养一些业绩比较好的中间商，选派有发展前景的中间商到高校参加相关的业务知识培训。科龙公司曾经选派 30 名中间商代表到清华大学学习现代营销理念。

5. 视频学习

视频学习主要有两种形式，一种是公司购买视频课程让渠道成员观看；二是购买培训公司的网络视频课程，让渠道成员随时都可以观看。视频学习已经被很多公司采用，这种学习方式成本比较低，且方便渠道成员，他们能够利用碎片化时间学习，方便灵活。通过培训，渠道成员的产品知识水平和营销技巧都有所提高。

江淮经销商网销能力的培训

江淮公司为了更好地使经销商适应乘用车事业的发展，改变经销商网络营销能力参差不齐和经销商网络营销意识滞后的局面，通过梳理《江淮 IMC 网销执行手册》中的关键岗位，设计了两轮网销专项培训，共计六场，参加培训人数共计 238 人，覆盖全国 215 家网销平台在用的特许销售服务店。培训采用多种培训方式（理论授课、现场表现加分、问题答疑和案例分享等）相结合的模式。如在电话营销专项培训中，主要以电话营销操作流程和技巧为主要内容，分理论和课堂演练多种授课方式，提升专营店相关人员基础能力，培养专业人员，进一步提升网销成交率。

通过分析网销工具的使用情况以及商务中心意见，培训组首轮选出 30 余家区域标杆店，同时将山东分公司优选为网销试点区域，按计划对区域标杆店以及山东分公司优秀店进行一对一到店辅导。到店辅导主要围绕专营店人员架构、线索管理、绩效考核等多个方面进行梳理，查找专营店目前存在的问题并制定整改方案。同时，按月输出网销标杆店案例，供体系内经销商共同学习提升。

（资料来源：王水清，《营销渠道管理》）

6. 分享读书活动

分享读书活动是指分销渠道成员相互学习，再一起交流学习体会的方法，这种分享学习活动成本比较低，类似于建立学习型团队，可以使渠道成员之间相互学习，有助于培养渠道成员的学习能力。格力空调将公司总经理董明珠编写的《棋行天下》一书送给渠道成员学习，要求成员利用业余时间学习，并在规定的时间内完成，组织大家研讨学习结果，并就自己的实际工作谈谈体会，这种学习活动一方面能够增长专业知识，另一方面可以激励渠道成员相互学习。

课堂思考： 厂家靠什么维系经销商？写下你的体会与同学们分享。

渠道成员信息共享机制

花王公司良好的经营业绩究竟是如何达成的呢？

其中的奥妙就在于花王公司构筑了一个从原材料调配，经生产、销售到零售店铺物流管理一整套完善的垂直整合系统，即供应链管理体系，正是借助于这个体系，不仅保障了花王的产品能有效地为市场所接受，而且大大降低了产品从生产到销售全过程的运营成本，这构成了花王公司强大的竞争力。

日本花王公司通过一个高效的渠道信息系统，将公司的主要部门与批发商和零售商联结，能够在 24 小时内向所有的 28 万家商店发送产品。公司的品牌经理可以同时看到每天的销售、库存和生产数据，以便于随时调整。另外，公司运用一套称为回音系统的营销检测程序，与重点调查组、消费者反馈以及从 216 个零售商那儿获得的 POS 数据一起收集新产品发售的快速信息、及时掌握产品的销售情况和追踪消费者需求的变化，保持渠道的良好弹性。可见，在信息共享的机制下，企业不仅可以保持对市场变化的良好适应性，而且能够比竞争对手更快的对市场变化作出反应，获得竞争优势。

花王从 20 世纪 60 年代就发起了大规模建立销售公司的运动。20 世纪 70 年代是现代物流管理系统得到确立的时期，花王公司为其真正确立起先进的销售管理和物流管理奠定了坚实的基础，并最终推动了 20 世纪 90 年代以来供应链的发展。从 20 世纪 90 年代开始，花王公司已完全建立起了现代化、高度信息化的物流管理系统，物流管理系统已经成为花王公司强大竞争力的支柱之一。

为了保证快速有效的信息沟通，及时把握市场动态，西门子公司注重的是与分销商之间信息上的双向互动，即注重的不是信息的单向传递，而是"自上而下，自下而上"的双向传递。在自上而下的沟通方面，西门子除了在私人关系沟通方面取得良好的效果外，在新产品信息提供、存货信息提供、各型号销售情况、企业经营动向等方面都会定期主动与经销商沟通，并宣传西门子的企业文化，使经销商感到"我就是西门子的一员"。在自下而上的沟通方面，西门子为实现终端信息的快速反馈，在区域分公司设有监督热线，专门用来解答零售商的询问并及时了解市场销售情况。

课堂思考：花王和西门子公司的渠道系统建设给了我们什么启示？

提示：在企业与分销商之间建立这种信息共享机制，不仅可以保持渠道系统的灵活性，而且通畅的信息传递也是避免企业组织僵化，对市场变化保持灵敏反应能力的重要手段。

🔵 思政小故事

从前有个王爷，他手下有个厨师，他的拿手好菜是烧鸭，深受王府里的人喜爱，尤其是王爷，更是对他倍加赏识。不过这个王爷从来没有给予厨师任何鼓励，所以厨师整天闷闷不乐。

有一天，王爷有客从远方来，在家设宴招待贵宾，点了数道菜，其中一道菜是王爷最喜爱吃的烧鸭。厨师奉命行事。然而，当王爷夹了一个鸭腿给客人时，却找不到另一个鸭腿，便问身后的厨师："另一条腿到哪里去了？"

厨师说："禀王爷，我们府里养的鸭子都只有一条腿。"王爷感到诧异，但碍于客人在场，不便问个究竟。

饭后，王爷跟着厨师到鸭笼去查个究竟。时值夜晚，鸭子正在睡觉，每只鸭子都只露出一条腿。

厨师指着鸭子说："王爷你看，我们府里的鸭子不全都是只有一条腿吗？"

王爷听后，便拍了拍巴掌，鸭子受到惊吓便都站了起来。

王爷说："鸭子不全是两条腿吗？"

厨师说："对！对！只不过，只有鼓掌拍手，才会有两条腿呀！"

这个故事说明了要使人始终处于施展才干的最佳状态，最有效的方法就是表扬和奖励，没有什么比受到上司批评更能扼杀人的积极性了。

美国玫琳凯公司总裁玫琳凯曾说过，世界上有两样东西比金钱更重要，那就是认可和赞美。人与人之间交往也要懂得赞美别人，这样会赢得更多的赞许和支持。

（资料来源：彦涛，《不可不学的管理学 32 定律》）

🔵 任务实践

阅读以下案例，结合所学知识进行思考，并在课堂上分享你的看法。

有一家非常知名的饮料企业，这家企业终端做得非常细，每个经销商旁边都有厂家业务员去终端拿订单，再由经销商送货。但经销商不乐意——拿一箱的订单也让我去送货，运费太高。

针对这个问题，厂家出台一项配送补助："月销量 1 000 件，其中自行出货的 800 件，另外 200 件是厂家业务员拿了订单要他送货（送单 200 件）。自行出货 800 件，配送补助一箱 1 毛；送单的 200 件，配送补助一箱 1 元。"

思考：你对该补贴政策有什么看法？

任务二　解决营销渠道的冲突

学习目标

（一）知识目标

1. 了解渠道冲突的内涵。
2. 认识渠道冲突的根源。
3. 掌握渠道冲突的类型。
4. 掌握处理渠道成员冲突的策略。

（二）能力目标

1. 能够确定渠道冲突的性质及类型。
2. 能够制定解决冲突的可行性方案。
3. 具备处理和解决渠道冲突的能力。

（三）素质目标

1. 树立正确的职业信仰，自觉实践遵纪守法、爱岗敬业、积极进取的职业精神和职业规范。
2. 具有精益求精的工匠精神、责任担当和大局意识。

任务导入

渠道成员为了争取各自的利润最大化，不可避免地会产生各种冲突，如水平渠道冲突、垂直渠道冲突、不同渠道间的冲突、同质渠道间的冲突等。因此，解决渠道冲突成为渠道管理中的一项重要工作内容。渠道冲突指的是某些渠道成员从事的活动阻碍或者不利于其他渠道成员实现其目标，渠道成员之间因此而发生的各种争执、敌对和报复行为。简言之，渠道中相关成员的某一方或几方利用某些优势和机会，采取有损于另一个或几个成员利益的敌意行为都可以认为是渠道冲突。因此，当一个渠道成员需要跨越的障碍是另一个渠道成员而不是市场时，该成员就面临渠道冲突。在分销渠道中，成员之间的适度竞争不仅不会产生消极影响，还有可能使顾客获得更好的产品和服务，有利于整个渠道组织绩效的提高。但如果竞争发展到竞争双方相互诋毁、不择手段时，竞争就会演变成冲突。本任务重点介绍渠道冲突的类型以及避免营销成员产生冲突的策略。

课前思考：

1. 企业销售渠道中的渠道冲突属于什么性质及类型？

2. 如何制定出解决冲突的可行性方案？

▶ **任务分析**

渠道成员之间都是独立的经济个体，每个主体都有自己的利益诉求点。这些利益点不一致时会不可避免的产生成员之间的冲突，要想很好地解决渠道成员之间的冲突，我们首先必须认识渠道冲突的类型，分析营销渠道冲突产生的原因，根据不同的原因提出相应的解决办法，尽量让冲突抹杀在萌芽状态。

▶ **案例导入**

"空调老大"遭经销商抛弃，河北格力宣布不做了！转做飞利浦

8月23日消息，据财联社报道，从知情人士处获悉，格力电器已于近日停止对河北经销商供货，此消息已得到多位格力经销商确认。

河北格力总经销商（河北新兴格力电器销售有限公司）董事长徐自发在近日的一次活动中宣布"不做格力了"，转做飞利浦。上述知情人士还透露，格力电器方面已开始在河北筹备新的销售公司。

日前，格力电器一直在线上渠道发力（图4-2），据2021年年报显示，格力电器的线上渠道家电零售额再次超过线下，且已经连续两年占比超过50%。此外，格力电器董事长董明珠也一直在专注于直播带货。

图4-2　格力电器线上发力

或专注于线上渠道影响了线下渠道的经销商利益。最近一年，格力的第三大股东河北京海担保投资有限公司也在密集减持，曾先后在6月、7月减持1.1亿，以及4 288万股股份。值得注意的是，京海担保由格力电器10家区域经销公司共同组建。

思考：格力为什么与经销商发生冲突，这是属于哪种类型冲突，你觉得如何解决这种冲突？

▶ **名人语录**

理必求真，事必求是；言必守信，行必踏实；事闲勿慌；有言必信，无欲则刚；如若春风，萧若秋霜；取象于钱，外圆内方。

——黄炎培

一、认识营销渠道冲突

如何判定和解决渠道冲突，如何避免营销渠道成员产生冲突，维护与平衡关系，都是渠道管理的主要工作任务。渠道冲突是每个企业都希望极力避免但又不得不面对的现实，因为渠道冲突一旦失控，会导致渠道间互相窜货、价格一降再降等现象，最后经销商因无利可图而纷纷要求厂商调低供应价格或干脆拒绝销售。而厂商一旦调价，渠道又会陷入新一轮的价格大战之中，最后导致市场混乱甚至一蹶不振。

（一）营销渠道冲突的类型

1. 多渠道冲突

多渠道冲突是指制造商建立了两条或两条以上的渠道向同一目标市场分销产品而产生的冲突，是几种分销渠道在同一个市场内争夺同一客户群而引起的利益冲突。例如某些皮鞋制造商开了自己的鞋店，销售该厂皮鞋的百货公司就表示不满了。再如，美国的李维斯牛仔裤原来通过特约经销店销售，当它决定将西尔斯百货公司和彭尼公司也纳为自己的经销商时，特约经销店表示了强烈不满。不同渠道间的冲突在某一渠道降低价格或降低毛利时，表现得尤为突出。因此，制造商要重视引导渠道成员之间有效地进行竞争，防止过度价格竞争，并加以协调。

2. 垂直渠道冲突

垂直渠道冲突也称作渠道上下游冲突。垂直渠道冲突是指同一渠道中不同层次之间的利害冲突。这类冲突较为常见。例如，通用汽车公司为了实行有关服务、价格和广告方面的一系列政策，就曾和它的经销商发生冲突。又如，某些批发商可能会抱怨制造商在价格方面控制太紧，提供的服务太少，留给自己的利润空间太小。零售商对批发商或制造商可能也存在类似的不满。一方面，越来越多的上游分销商从自身利益出发，采取直销与分销相结合的销售方式，这就不可避免要同下游经销商争夺客户，大大挫伤了下游经销商的积极性；另一方面，下游经销商的实力增强以后，也不甘心目前所处的地位，希望在渠道系统中有更大的权利，于是向上游渠道发起了挑战。某些情况下，生产商为了推广自己的产品，越过一级经销商直接向二级经销商供货，这也会使上下游渠道间产生矛盾。因此，制造商必须从全局着手，妥善解决垂直渠道冲突，促进渠道成员间更好地合作。

3. 水平渠道冲突

水平渠道冲突是指存在于渠道同一层次的渠道成员之间的冲突。产生水平冲突的原因大多是生产商没有对目标市场的中间商数量和销售区域做出合理的规划，致使中间商为各自的利益争夺市场大打出手。生产商开拓了一定的目标市场后，中间商为了获取更多的利益必然要争取更多的市场份额，在目标市场上拉更多的客户。在某些城市，一些经销商对该城市的另外一些经销商感到不满，抱怨它们将价格压得太低，抢了他们的生意。如果发生了这类冲突，生产商应及时采取有效措施，合理规划渠道，缓和并协调这些矛盾，否则就会影响渠道畅通。

东鹏电商终于不再跟经销商"打架"

思考：

1. 东鹏的渠道主要有哪些类型？

2. 造成东鹏渠道冲突的原因是什么？

3. 东鹏是如何解决其渠道冲突的？

（二）渠道冲突的表现形式

渠道冲突的表现分为关系宏观和市场微观两种表现形式。关系宏观表现是指各个利益单位之间的矛盾冲突，市场微观表现是指不同的利益单位在市场实际运作中表现出的现实问题。

1. 关系宏观表现冲突

在关系宏观表现冲突中，冲突主要体现在各个不同环节之间的矛盾上。

（1）同业冲突。

同业冲突是广义上的市场冲突，是指同一个市场上经营同类产品的经销商，"面对面"争抢同一客户固定市场份额的情况。例如代理青岛啤酒的经销商与代理燕京啤酒的经销商在武汉市场上的竞争。

（2）上下冲突。

上下冲突是指同样的生产商下，不同级别、隶属上下游关系的经销商之间产生的冲突。上下冲突的产生，一方面是执行生产商的渠道扁平化策略时造成的；另一方面是争取大客户时，不同级别的经销商为了维护自身利益而产生的竞争冲突。

（3）同级冲突。

同级冲突是在同样的生产商下，同样级别、经营不同区域的经销商因为利益划分问题产生的冲突。同级经销商之间的冲突表现为窜货。所属市场价格偏低的经销商，为了自身的超额利润，会单方面违反合作协议，将价格偏低的产品销往价格偏高的其他经销商所属的销售地区。另一种冲突表现是通过直接降价销售，来冲击其他地区的经销商。

（4）交叉冲突。

交叉冲突产生于生产商和经销商之间。有些生产商既有多级渠道也有终端渠道，那么面对大客户时，生产商的直营业务人员和经销商就会产生冲突。不同渠道之间的冲突将随着企业多重渠道营销系统的运用增多而扩大。

格力空调：离开国美，走自己的路

思考：格力与国美之间的冲突属于哪种类型的冲突？你认为应该如何解决这种冲突？

2. 市场微观表现冲突

在市场微观表现冲突中，冲突主要体现在价格、库存等实际执行的细节要素中。

（1）价格冲突。

价格是经销商和生产商之间表现最为激烈的冲突，具有一定品牌知名度的企业，几乎都会面临价格问题。经销商经常抱怨企业的产品或者服务价格过高导致销售不理想；而在实际市场中，一方面，由于生产商的定价过低使经销商的利润空间过低，经销商会要求提价，另一方面，企业为了整体市场战略运作也会实施高价策略。生产商与经销商之间的矛盾在市场的"烘烤"下不断升级。

（2）存货冲突。

有些企业喜欢移库，因为企业存货过多，就将产品从自己的仓库转移到经销商的仓库中，但看似销售数量上涨的良性趋势实则为企业的长久经营带来不利影响。企业因现金流等因素而最小化存货的行为，与经销商减小库存压力的意图必然会产生矛盾。

（3）费用分摊冲突。

生产商与经销商的广告、公关费用的分摊问题因生产商辐射的范围越来越大而被提上日程。生产商做市场的同时需要将广告和公关两头抓，由于精力和实力的限制，不可能解决每一个销售地区的宣传问题，那么就需要经销商来做。然而，广告并不能持续地为经销商带来效益，因为宣传是为生产商的品牌服务。经销商不愿意做，而生产商做广告又是必需的，冲突就在"不愿意"与"必需"之间升级了。

（4）保证金和订货金冲突。

经销商经营生产商的产品时，是否需要交纳保证金，订货是赊销还是现金支付，这类问题也会造成冲突。为了现金流，不同的利益主体都想向自己的天平倾斜。

（5）多元化经营冲突。

经销商出于对风险的考量，喜欢多元化经营。将其经销范围扩大可以分担风险，即不将鸡蛋放在同一个篮子里。这样的策略必然导致其精力分散而不能全心全意运作生产商的产品或者服务。相对的，作为生产商来讲，要求经销商减少产品线是非常合理的要求。所以两者之间的冲突在所难免。冲突在良性范围内对生产企业是有利的，但是当冲突超过了一定的范围，成为恶性矛盾时，就会对企业的渠道造成破坏。因此企业规划自己的渠道，防止恶性冲突，是渠道管理中的一项重要工作。

（三）营销渠道冲突的起因

1. 渠道成员的利益至上

制造商、经销商，都是理性经济个体，是以利益为导向的经济运营载体，都追求自身利益的最大化。制造商希望占有更大的市场，获得更多的销售增长额及利润；零售商也希望超高的销售利润；制造商希望中间商将折扣让给买方，扩大销量，而中间商却倾向将折扣留给自己，增加利润。有时，渠道成员为了自己的利益会牺牲其他渠道成员的利益，渠道冲突就会产生。

案例阅读

某品牌休闲服饰企业，在创立初期需要开发西部市场，在品牌知名度不高的情况下，很难找到经销商。后来，经过努力，一位长期从事牛仔裤批发生意的客户成为该企业在西部市场的总经销，这位客户旗下的销售网络覆盖了西部某个省份，批发牛仔裤的规模每年在 30 万条以上，大多从江苏、广东进货。可合作不久后，该企业就与这个客户发生了激烈的经营冲突。

思考：案例中双方冲突爆发的可能原因有哪些？

2. 渠道成员间的功能差异

制造商、经销商、零售商是相互独立经营的个体。感知、期望、目标方面都有差异，这也是造成渠道冲突的一个主要原因。在感知差异方面，如销售终端的 POP 广告，制造商认为 POP 是一种有效的促销方式，有助于营造良好的销售气氛，提升零售量；而零售商通常将 POP 广告视为多余的装饰，可能会影响其他商品销售。在期望差异方面，制造商期望扩大销量，但经销商期望多得利润。在决策领域，制造商认为自己有权定价，经销商获得一定销售利润即可；零售商认为商品价格决策他们说了算。在目标方面，制造商以扩大自己品牌产品的销售量和市场占有率为主要目标；零售商则以销售利润为目标，不在意销售谁家的产品。

3. 渠道体系设计缺陷

如果制造商在渠道结构设计、产品价格体系设计、渠道成员的选择、物流组织设计、渠道控制设计等方面存在缺陷，也会导致渠道冲突的发生。

4. 渠道成员之间的信息沟通

渠道成员的信息不对称是产生渠道冲突的原因之一。制造商是商品的供应者，对商品的信息掌握较多。而经销商和零售商则靠近消费者，对市场需求量、市场份额等重要信息掌握较多。渠道成员各自利用所掌握的信息优势，为自己谋取额外利益。渠道成员多方存在着信息不对称的情况，投机行为就必然产生，渠道冲突就有生存的土壤。

二、如何避免营销渠道成员的冲突

（一）以冲突来提升凝聚力

渠道成员之间时常会发生冲突，并非所有的冲突都是坏事，有时候不同的观点彼此激荡才能迸发出进步的火花。有冲突不一定是坏事，但是不可忽视，它听之无声、观之无影，却以一种无形的力量影响着人们的一举一动。如果处理不妥，后果将是渠道成员流失，绩效下降，所以必须高度重视渠道成员间的冲突。今天的企业，管理者不能消除冲突，但可以引导冲突，寻找冲突的正面效应，把恶性冲突变成良性的、积极有益的冲突，一场正面的博弈冲突可以给企业和个人带来积极的影响。

管理者应该看到团队冲突带来的好处。渠道成员冲突能够充分暴露团队存在的问题，增强成员活力。冲突双方或各方之间不同意见和观点的交锋会打破沉闷单一的团队气氛，各方都能公开表明自己的观点，且在这种交流中，不存在安于现状、盲目顺从等现象，冲突激励着每个人都去积极思考所面临的问题，从而产生许多创造性思维，使整个团队充满活力。这种活力能够提高团队在市场上的竞争力。

冲突是提升渠道成员凝聚力的契机。在时有冲突的团队里，成员会因为彼此竞争而快速进步，团队的凝聚力因冲突得到解决而不断加强。

课堂思考：没有窜货的销售是不红火的销售，大量窜货的销售是很危险的销售。谈谈你对这句话的理解。

（二）解决营销渠道成员冲突的策略

营销渠道既然是合作系统，那么一定要由合作者确立共同的奋斗目标以及共同的合作价值观，这通常是管理营销渠道最重要的内容，也是处理渠道矛盾与冲突的主要方法。

事实证明，试图避免渠道冲突是不可能的。成功的渠道管理不是避免渠道冲突，而是接受渠道冲突。应将渠道冲突看作正常业务活动的一部分，同时寻找各种方法解决渠道冲突。如何成功地解决冲突，从而利用渠道为客户创造价值，主要可以通过以下几种策略来实现。

1. 确立共同目标

由合作者确立共同的奋斗目标以及共同的合作价值观，是处理渠道矛盾与冲突的主要方法。共同价值观的核心是增进各个成员对渠道合作、相互依赖性的认识。这种方法特别适用于渠道成员感觉到有环境威胁时，比如出现强有力的竞争性渠道、市场竞争日益激烈、消费者需求发生变化或者法律环境变化之后，让渠道成员确立共同目标，能够有效地缓解渠道矛盾，遏制渠道冲突。

2. 开展合作活动

合作不是某个企业成员的个别行动，因此不能靠强制、威胁的方式来维持，重要的是共同认可、共同参与。通过确立共同目标，让每个成员把渠道合作作为自己的权利和责任予以认可和接受。一旦全体渠道成员都有了合作的意愿，就可以有效地开展有助于合作的行动，包括组织的共商共议活动，可以让渠道成员有参与渠道建设的机会，提高渠道成员的地位。

3. 发挥渠道领袖的调解作用

如果某个渠道成员由于实力强大和办事公道而赢得其他渠道成员的尊重和信任，取得了渠道领袖的地位，就能充分发挥其在渠道协调和冲突调解方面的作用，从而减少渠道冲突，巩固渠道系统。

4. 相互咨询

间接营销渠道中的合作通常不是由资本渗透引起的，而是由一定的人际关系造就的。渠道成员之间的良好关系主要表现为有关销售人员、管理人员之间的良好关系。彼此尊重、经常沟通，是渠道合作的基础。在管理渠道冲突问题上，让有关成员相互咨询意见，比如召开咨询会议，邀请有关人员参加董事会、专题讨论会等，使合作伙伴感受到自己的意见得到倾听、受到重视，会对对方更加信任和敬重。成员之间经常交流意见，还可以达到不断改进营销工作、提高营销效率的目标。

5. 遵循互利互惠的原则

所谓互利互惠，是指营销渠道中的一位主要成员主动向有关成员提出建议，表示自己愿意为了渠道的稳定而做出某些让步，并希望对方也重新考虑自己的立场。比如，在企业感到库存过多，而中间商却觉得资金周转困难时，企业可以主动提出给中间商 90 天的商业信用期，同时希望对方将进货量增加一倍，以解决双方各自的困难。又如，在某电视生产商的电视销量下降时，大型零售商就可以向厂家提出，愿意继续销售该厂家的电视机，但希望其生产定牌产品，即使用零售商的品牌名称。

运用互利互惠原则解决冲突时，企业要特别注意选择与对方有过交往的人作为代表，以求取得对方的信任。同时还要提出对双方都有吸引力的条件，以达到事半功倍的效果。

6. 互换管理人员

同一渠道的成员之间往往由于各自的特殊情况而缺乏了解，即使进行沟通有时也难以消除误会。解决的办法之一就是成员之间相互派遣管理人员到对方处工作一段时间，让有关人员亲身体验对方的特殊性。不少企业的经理经常到经销商处蹲点考察，亲身体验经销商的经营方式、管理者的思维方式等。经销商也可以派自己的管理人员到企业的销售部门或政策部门去工作一段时间。这些人员回来后，就会根据亲身体验，从对方的角度出发来考虑合作问题。

7. 激发中间商的销售热情

中间商对企业产品销售不够重视是大多数企业都会面临的问题，也是企业与中间商发生冲突的主要问题所在。为解决这个问题，企业可以采取以下几种解决方法：一是提供有足够诱惑力的销售奖励办法；二是协助中间商做促销活动，提高他们的销售业绩，让他们从企业的产品中得到足以与其他品牌产品相媲美的实惠，让他们感受到企业对他们的关心；三是为他们提供必要的服务支持，如售后服务支持，及时供应数量合理和质量合格的产品等；四是提供销售管理方面的专业知识，例如产品陈列、人员训练、库存管理、店面管理、订货系统等方面的知识。

总之，在解决渠道冲突时，常常会遇到相当大的阻力，以至于需要对营销渠道进行改组和重建。上述各种解决渠道冲突的方案，实际上包含着这样一个假设，即渠道冲突是可以控制的。通过有关管理活动，消除引起冲突的不利因素，营销渠道将恢复到正常运行状态。在这种假设条件下，管理渠道冲突的成本将得到有效控制。如果不具备这个条件，采取上述方式不仅于事无补，反而会加快渠道的瓦解，造成"鸡飞蛋打"的后果。

▶ 案例阅读

X市的李经理是江苏无锡Y牌小家电的一家小型经销商。就在李经理稳扎稳打地运作他的市场时，突然发现临近市场的Y牌产品不知何时流入了他的"领地"。李经理是Y牌厂家中的一个微不足道的经销商，对此，李经理心知肚明，在这个人微言轻的年代，他要寻找自己的解决市场窜货之道。

经过察看产品的发货识别码，李经理知道目前窜货的产品来自邻近的A市场。A市场已经运作多年，渠道较为成熟，其代理商王老板是一个很讲义气且异常豁达的人。这次为何会出现窜货呢？是恶意窜货，还是无意窜货，抑或是自然流通窜货？

通过向业务员询问，李经理了解到，当前A市场目标压力很大，在市场增长潜力已经挖掘得差不多的情况下，有可能想通过向外扩张来减缓自己的销售压力。

那么，针对这种情况，要怎么处理呢？是直接向厂家"告状"，还是自己想办法处理？如果向厂家投诉，自己的问题能够解决吗？李经理很清楚自己在厂家的地位。思虑和权衡再三，李经理决定主动一些，通过自己的方式来解决争端。

于是，李经理拨通了王老板的电话，在电话里，除了正常的客套话外，李经理将王老板吹捧了一番，又真心且诚恳地表达了想向王老板学习的念头，并希望第二天能够登门拜访。

李经理只字未提窜货问题，在他的一番盛赞下，王老板答应与李经理见面交流。第二天，在主管当地业务的厂家经理的陪伴下，李经理驱车到了A市。到达A市后，李经理选择了一家距离王老板较近的咖啡厅，然后致电王老板，王老板也很爽快，很快就按约到达。

双方见面后，王老板先从A市这几年的快速发展谈起，一直谈到王老板操作Y牌家电的发家史，对于这些，王老板滔滔不绝，如数家珍。这让李经理受益匪浅，李经理一边点头，一边记录，这让王老板很有成就感。

聊到吃饭时分，在李经理的盛情邀约下，他们每人一份铁板牛排，外加一杯"深水炸弹"（鸡尾酒），喝到酒劲上来，李经理便敞开心扉，道出操作 X 市场的艰难。

见此景况，王老板一拍胸脯，问有什么需要帮忙的，这时，李经理便道出了心中苦水，说可能由于 A 市场操作较好，不知怎么回事，有一部分产品流入了 X 市，致使 X 市场价格秩序大乱，因此希望王老板能够帮忙协调一下这个事情。

王老板一听，立即表态，这些情况他回去后就进行调查，不会再出现这种现象，并请厂家的业务经理做证，如果再出现窜货，甘愿受罚。最后，在友好的氛围中，双方握手道别。其后，在 X 市场上，再也没有出现 A 市场的 Y 牌产品。

思考：

1. 你知道什么是窜货吗？为什么会出现窜货这一现象？
2. 案例中，李经理采用了什么方法来解决渠道冲突？

提示：窜货，又称倒货，也被称为跨区域销售，它是渠道冲突中经常出现的一种现象。窜货有良性窜货、自然窜货和恶性窜货，良性窜货是一种正常的跨区域销售；自然性窜货是相邻辖区的边界附近无意中货随物流走向造成的互相窜货；恶性窜货是指经销商为了某种非正常利润，向自己销售区域以外的市场以低于厂家规定的价格倾销产品的行为。

窜货会带来一定程度的负面影响，会挫伤中间商的销售积极性，使中间商利润受损，导致中间商对厂家产生不信任感，对经销其产品失去信心，直至拒绝销售。

窜货还会导致供应商对假货和窜货现象监控不力，地区差价悬殊，使消费者怕买到假货，怕吃亏上当而不敢问津。

（三）控制住冲突关系人的情绪

在冲突管理中管理者在解决成员之间的冲突时，目标是化解各种矛盾，必须考虑运用各种可能的方法。

冲突的负面影响是：破坏团队的和谐与稳定，造成矛盾和误会。基于这种认识，很多管理者都将防止和化解冲突作为自己的重要任务之一，并将化解冲突作为维系现有团队稳定和保持团队连续性有效的、主要的方法之一。从积极的角度去理解，冲突是另一种有效的沟通方式，管理者建设性地处理冲突反而能实现共赢。

1. 成员冲突的解决方法

营销成员之间的冲突一般可以采用六种方法来解决：协商法、上级仲裁法、拖延法、和平共处法、转移目标法及教育法。

（1）协商法。

这是一种常见的解决冲突的方法，也是最好的解决方法。当冲突双方势均力敌，并且理由合理时，适合采用此种方法。具体做法是：管理者分别了解冲突双方的意见、观点和理由，然后组织一次三方会谈，让冲突双方充分地了解对方的想法，通过有效沟通，最终达成一致。

（2）上级仲裁法。

当冲突双方敌视情况严重，并且冲突的一方明显不合情理时，采用上级仲裁法，由上级直接进行仲裁比较合适。

（3）拖延法。

如果双方的冲突不是十分严重，并且是基于认识的冲突，且这些冲突对工作没有太大的影响，采取拖延法效果较好。因为随着时间的推移和环境的变化，冲突可能会自然而然地消失。

（4）和平共处法。

对于价值观或宗教信仰的冲突，可采用和平共处法。冲突双方求同存异，学会承认和接受对方的价值观和信仰，才能共同发展。

（5）转移目标法。

当成员自身产生冲突时，采取转移目标法更为有效。比如让成员将注意力集中在某个兴趣点上，淡忘不愉快的事情等。

（6）教育法。

如果成员是因为一些不切实际的想法而产生自身冲突，管理者可以帮助成员认清自身的现实情况，教育成员用正确的方法来看待问题、认识问题，从而帮助成员缓解冲突。

除按照既定的方案和对策来解决成员间的冲突问题外，管理者也应该注意一些可能会影响冲突解决的因素，并且尽量将各种对策有机结合起来，使解决方法发挥的作用更为理想。

2. 对冲突中"关系人"情绪的控制

发生冲突时，人的情绪很难控制，有的时候会发生失控的情况，做出一些不应该做的事情或说出一些比较极端的话。所以，管理者除了控制好自己的情绪外，还应注意控制冲突双方的情绪。

人的情绪很难掌握，尤其是在发生冲突的时候，人的情绪往往会发生比较大的变化。有时可能不是因为所说的话或做的事情对某人的影响，而是从根本上就很讨厌对方，这样有可能导致冲突进一步升级。

失控的情绪反应在很多情况下都容易产生负面的影响，因此，管理者一定要注意在冲突中控制情绪，尽可能避免出现激烈对抗的情绪。

3. 综合运用各种解决方法

解决冲突有许多对策与方法。现实中，虽然某一个对策会有比较好的解决效果，但多数情况下，由于冲突双方心态和环境影响，只采用一种对策与方法可能达不到预期的效果，因此，管理者要灵活运用各种对策，包括复合的解决方法。

例如，用强制的方法解决问题。强制的方法能控制事态进一步恶性发展，对局面控制有一定的作用，但产生冲突是有一定原因的，如果问题不解决，即使控制了冲突的局面，但仍潜伏着更大的冲突。所以在控制局面的同时，还要注意解决问题。

我们也可以采取回避的方法，目的是使冲突的各方能自己发现问题所在，但这种方法并非在所有的条件下都能奏效，还需要运用其他的方法来帮助冲突的各方对存在的问题达成一致看法。

（四）促进渠道成员之间坦诚交流

身为管理者，应该适时地引导认知层面的正向冲突，让成员彼此之间公开而直接地交换意见，同时避免情感层次的冲突发生，并确保最后可以达成实质的结果。具体的方法包括以下几种。

1. 鼓励渠道成员表达不同意见

管理者主动引出不同的意见，并确保每个渠道成员有发言的机会。管理冲突的第一个重点就是鼓励所有人公开而直接地面对冲突。管理者应该清楚地让所有成员知道，当他们有任何不同的意见或是心里有丝毫疑惑时，应该直接说出来，当下解决，这是每个成员的责任。

管理者可以运用一些方法，鼓励大家主动发表不同的意见，例如从管理者自身开始做起。有时候要提出反对的意见，总是让人感觉不自在，不如就从自己做起，提出不同的想法或意见让大家讨论或主动反驳自己的意见，这样营销成员也会比较愿意说出一些不同的想法。

当有人提出不同的意见时，管理者可以表示认同，以增加对方的信心或是缓解其心理压力，最好能具体说出这个想法好在哪里，而不只是简短的一句"很好"就匆匆带过。

接受情绪上非理性的反应。在争辩的过程中，每个人都尽力维持客观，但难免还是会有情绪上的波动，例如愤怒的情绪。

许多心理学研究显示，一旦情绪受到压抑或是批评，反而更难摆脱无谓的争执。当一个人感觉受到威胁或是遭受攻击时，就更难改变立场或是接受别人的想法。因此，管理者不应该批评或是指责这些情绪反应，而应鼓励营销成员诚实面对自己的情绪、意识到自己的情绪变化。

除此之外，管理者必须了解每个渠道成员的个性以及响应冲突的模式，尤其是个性内向或比较不喜欢主动发言的人，管理者应该适时地给予鼓励或是引导，避免发言集中在少数人身上。

2. 多听，多观察

只用十分之一的时间表达，其余时候应多听多观察。

除了主动鼓励之外，在过程中，管理者不应过度介入或是干预，当所有人都表达完自己的意见后，再提出自己的想法。

3. 明确冲突的焦点

厘清冲突的发生是因为事实、目标、方法还是价值。加州大学管理研究所教授华伦·史密特与罗伯特·坦能鲍姆认为，领导人在面对任何冲突时，必须厘清冲突的根本原因，才能让讨论过程有明确的焦点，并达成具体的结果。

4. 适当打破僵局

适时提出问题，打破冲突过程中的僵局。有时候讨论的过程可能陷入僵局，争论的双方彼此争执不下，这时管理者可以采取比较间接的方法，如针对之前大家提出的意见做简短的总结，提醒大家先前讨论的重点。而如果发生以下三种情况时，管理者必须立即加以制止，避免让情况继续恶化下去。

（1）当讨论成为彼此之间的责难或相互攻击时。

（2）如果牵涉价值观等争论，也容易导向人身攻击，必须加以阻止。

（3）如果大家的情绪都过于激动，不妨休息几分钟再开始。

作为管理者，最重要的责任就是确保所有不同的意见都有表达的机会，更重要的是能够达成实质可行的结果，这样的冲突管理才是有意义的。

▶ 思政小故事

一天，张先生站在一个珠宝店的柜台前，随手把自己的皮包放在了旁边。在他挑选珠宝时，一个衣着讲究、仪表堂堂的男士也过来挑选珠宝。张先生礼貌地把包打移开，但来者十分愤怒，告诉张先生他是一个正人君子，根本无意偷他的包。张先生的举动是对其人格的侮辱，话说完便怒气冲冲地走出了珠宝店。

张先生莫名其妙地被人嚷嚷了一通，也怒气满怀，没心思再看珠宝了，便出门开车回家。马路上的车非常多，只能缓慢蠕动。看着前后左右的车，张先生就气不打一处来："哪来那么多车，哪来的那些不会开车的司机？"后来，他与一辆大型卡车同时到达一个交叉路口，张先生想这家伙仗着他的车大，一定会冲过去，随即下意识地准备减速让行，此时卡车却先慢了下来，司机将头伸出了窗外，向他招招手，示意他先过去，脸上挂着友好的微笑。张先生将车子开到路口的一瞬间，满腔的不愉快突然消失无踪，心情豁然开朗。

（资料来源：宋洁，《人生三修：道家做人、儒家做事、佛家修心》）

思考：这个故事说明了什么道理？

任务三　终端顾客分类管理

▶ 学习目标

（　）知识目标

1. 了解顾客分类的含义及意义。
2. 掌握顾客分类的方法。
3. 理解顾客分类管理策略。

（二）能力目标

1. 能够根据企业现状选择适合企业的顾客分类标准。
2. 能够使用 ABC、CLV-CS、RFM 分类法对顾客进行分类。
3. 能够运用适当的策略管理各类顾客。

（三）素质目标

1. 产生对顾客管理及相关岗位的职业兴趣，确立诚信经营、顾客导向的意识。
2. 深化社会主义核心价值观中的自由、平等、公正、法治意识。

▶ 任务导入

终端顾客分类的目的是通过科学的终端顾客细分，识别顾客价值，挖掘市场潜力，提升管理水平，为终端顾客提供有价值、有针对性的营销服务，提升顾客满意度，增强企业的核心竞争力。

课前思考：

1. 如何才能合理地对顾客进行分类？
2. 顾客分类有具体的方法吗？

▶ 任务分析

顾客分类的目的不仅仅是实现企业内部对顾客的统一有效识别，也常常用于指导企业顾客管理的战略性资源配置与战术性服务营销对策，支撑企业以顾客为中心的个性化服务与专业化营销。

顾客分类可以对顾客的消费行为进行分析，也可以对顾客的消费心理进行分析。企业可以为不同行为模式的顾客提供不同的产品内容，针对不同消费心理的顾客设置不同的促销手段等。顾客分类也是其他顾客分析的基础，在分类后的数据中进行挖掘更有针对性，可以得到更有意义的结果。

▶ 案例导入

南航明珠俱乐部

明珠俱乐部是中国南方航空股份有限公司的旅客里程奖励计划，其下会员数量已超千万人。明珠俱乐部会员分为四类：南航铂金卡、南航金卡、南航银卡和南航明珠卡。持有南航铂金卡、南航金卡、南航银卡的会员可享受客票预订、值机、登机及机上服务，以及里程服务四方面权益。

顾客只需要注册就可以成为南航明珠卡会员，享受里程兑换、会籍管理、账户查询和个性化定制等服务，之后在一个资格年度（每年1月1日—12月31日）内达到必要条件和其他任何一项升级条件，即可获升相应的级别，如表4-1所示。

表4-1 南航会员卡升级条件

卡种	升级里程/千米	升级航段	消费金额/元	判定标准
南航铂金卡	16万	80个指定航段	15万	升级里程/航段为任一条件，消费金额（元）为必要条件
南航金卡	8万	40个指定航段	5万	
南航银卡	4万	20个指定航段	2.5万	

明珠俱乐部会员还享有休息室升舱、登机口升舱、里程延期、南航商城专区、南航商城折扣等权益。

思考： 中国南方航空股份有限公司对顾客分类的方法是什么？标准又是什么？

▶ 名人语录

生活就像海洋，只有意志坚强的人，才能到达彼岸。

——马克思

▶ 知识精讲

一、顾客分类的含义及意义

（一）顾客分类的含义

顾客分类是指企业根据顾客对企业的贡献率等各个指标进行多角度衡量，最终按一定的标准将顾客分为不同类型。

顾客分类管理分为两部分：一是确定明确的标准，以进行科学、合理的顾客分类；二是依据顾客的不同级别设计不同的顾客服务和关怀项目，以更好地为各级顾客服务。

（二）顾客分类管理的意义

1. 满足不同顾客的需求

不同顾客的价值不同，对企业的需求和期望也不同。通过顾客分类，有利于企业满足不同价值顾客的不同需求。

2. 为实现有效的顾客沟通打下基础

重要顾客通常希望能得到及时的服务响应，因为他们的采购量大，出现的任何一点"小问题"都可能成为"大问题"。

3. 结合生产，优化企业产能

企业都有确定的生产计划，即生产不同订单产品的先后顺序。根据顾客分类，企业可以优化生产，将重要顾客的订单排在前面，甚至可以允许重要顾客的急需订单"中途插队"，优先供应优质顾客。

4. 吸引顾客，提升分类质量

企业对顾客分类的依据是顾客价值，高价值的顾客数量越多、占比越大越好。实施顾客分类管理，顾客就能够知晓自己目前的分类，以及升级到下一分类的条件和好处。

> **案例阅读**
>
> 小红书是一种生活方式平台和消费决策入口，创始人为毛文超和瞿芳。截至 2021 年 7 月，小红书用户数已超过 4 亿，其中 70% 的新增用户是"90 后"。在小红书社区，用户通过文字、图片、视频笔记的分享，记录这个时代年轻人的正能量和美好生活。小红书通过机器学习，对海量信息和人进行精准、高效匹配，满足了不同用户的需求。小红书旗下还设有电商业务。2017 年 12 月，小红书电商被《人民日报》评为代表中国消费科技产业的"中国品牌奖"。
>
> 2021 年 11 月，工信部通报 38 款违规 App，涉及超范围索取权限、过度收集用户个人信息等问题，腾讯新闻、QQ 音乐、小红书等 App 在列。
>
> **课堂体会**：终端顾客分类的基础来自对顾客信息的掌握，在顾客信息的收集中要有效把握过度与适度的问题。

二、掌握顾客分类的方法

（一）ABC 分类法

ABC 分类法的含义为根据顾客的主要特征，即企业选定的顾客分级的标准，将顾客依次排列，最重要的顾客划为"A 类"；中间的、次重要的顾客划为"B 类"；后面的、不重要的顾客划为"C 类"，三者的比例大概为 20∶30∶50。

ABC 分类法只是一种按照顾客价值进行顾客分级的理念，企业不必死板地将顾客分为三类，各类用户的比例也无须严格限制，更多的是根据实际情况划定顾客价值分布情况。比如，基于 ABC 分类法，可以把顾客分为高端顾客、重要顾客、普通顾客和潜在顾客，如表 4-2 所示。

表 4-2 基于 ABC 分类法的四级顾客等级

顾客等级	分级依据	顾客特点	服务策略
高端顾客	利润贡献排名居前 5%	盈利能力最强，贡献了企业的大部分利润。他们对价格并不十分敏感，愿意花钱购买产品，愿意试用新产品，对企业比较忠诚	重视并提供最优质的顾客服务与关怀，包括最完整的服务记录、最充裕的服务时间、最细心周到的服务措施等；建立详细的顾客跟踪档案，定期主动拜访
	利润贡献排名居前且合计利润贡献占企业利润总和 50% 的所有顾客		
重要顾客	利润贡献排名居前 6%~20%	产品的中度或重度使用者，其利润贡献不太高的原因是对价格较为敏感，希望有价格折扣，忠诚度不如高端顾客	对该类顾客进行重点跟踪，不定时拜访他们并听取他们的意见，有优惠活动第一时间通知他们，积极将其培育为高端顾客
	去除高端顾客后，利润贡献排名居前且合计利润贡献占企业利润总和 30% 的所有顾客		
普通顾客	利润贡献排名居前 21%~50%	数量很大，能消化企业的产能，但他们的消费支出水平、忠诚度和盈利能力都较低	不关注具体的顾客，但是要关注这个等级顾客的数量及其变动趋势，如果数量骤减则表明企业的经营和营销出现了问题
	去除高端顾客与重要顾客后，利润贡献排名居前且合计利润贡献占企业利润总和 15% 的所有顾客		
潜在顾客	利润贡献排名在后 50%	数量最多，但购买量少，忠诚度低，绝大多数是交易型顾客，不会复购	复购的可能极低，不值得投入资源进行顾客关系管理，提供基本服务即可
	利润贡献排名最后，合计利润贡献占企业利润总和 5% 的顾客		

ABC 分类法是一种非常流行的顾客分级方法，广受企业喜爱，也有其优劣势。ABC 分类法简单易行，有利于企业合理配置资源；动态管理顾客。但是，ABC 分类的结果较为粗糙，顾客价值判断滞后。了解 ABC 分类法的优劣势，有利于企业更好地运用 ABC 分类法。

（二）CLV-CS 分类法

CLV-CS 分类法考虑的主要因素是顾客终身价值（Customer Lifetime Value，CLV）和顾客满意度（Consumer Satisfaction，CS），认为顾客终身价值越高、顾客满意度越高，顾客价值就越高。

CLV-CS 分类法按照顾客终身价值和顾客满意度两个因素，将顾客分为六个类别，如图 4-3 所示。

CLV-CS 分类法的优势在于使用顾客终身价值和顾客满意度两个维度来评价顾客价值，打破了 ABC 分类法仅考虑顾客历史价值的局限，将顾客的未来价值纳入了考量范围。CLV-CS 分类法还通过顾客满意度判断顾客价值的变化趋势，形成了"面向未来"的顾客价值评价体系，顾客分级的合理性较高。应注意，CLV-CS 分类法依赖的两个指标——顾客终身价值与顾客满意度都不是确定的、可完全量化的数据。

（三）RFM 模型分类法

RFM 是顾客关系管理中常用的一种分析模式。在 RFM 模式中，R（Recency）表示顾客

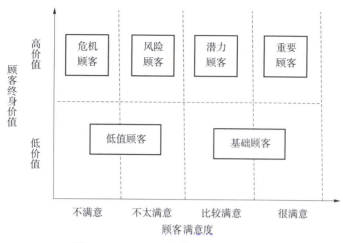

图 4-3　CLV-CS 分类法下的顾客分类

最近一次消费，最近一次消费是指顾客上一次购买的日期与今天的间隔。F（Frequency）表示消费频率，消费频率是指顾客在限定的期间内发生购买行为的次数。M（Monetary）表示消费金额，消费金额是指顾客在统计周期内消费的总金额。一般的分析型 CRM 着重分析顾客贡献度，RFM 则强调以顾客的行为来区分顾客。

按照 RFM 模型，有三个指标就可以得到详略不同的顾客等级。例如将三个指标的维度各分出五个等级，这样就能够细分出"5×5×5＝125"个顾客等级，但是这样的划分过于复杂，并不便于实际执行。如表 4-3 所示，将每个指标分为"高""低"两个等级，将顾客分为"2×2×2＝8"个等级。

表 4-3　基于 RFM 模型分类法的顾客分类

顾客分类	R 值（最近一次消费）	F 值（消费频率）	M 值（消费金额）	对应策略
重要价值顾客	高	高	高	提供 VIP 待遇，专属服务
重要发展顾客	高	低	高	通过营销、促销，吸引其多来消费
重要保持顾客	低	高	高	主动联系，邀请其参加活动，避免流失
重要挽留顾客	低	低	高	积极挽留，请其提建议、说想法
一般价值顾客	高	高	低	提供一般服务，推荐高性价比产品
一般发展顾客	高	低	低	提高其活跃度，交叉营销
一般保持顾客	低	高	低	为其提供近期的活动信息
一般挽留顾客	低	低	低	顺其自然

RFM 模型分类法能够较为动态地展示顾客的全部轮廓，为企业个性化的顾客沟通和顾客服务提供依据。同时，如果企业与顾客建立关系的时间足够长，则能够通过 RFM 模型分类法较为精确地判断顾客的长期价值。

三、理解顾客分类管理策略

（一）重要顾客与普通顾客管理策略

1. 重要顾客管理策略

重要顾客管理策略是指对重要顾客要集中力量，提供优质、优先的服务。

重要顾客创造了 80% 的企业利润，但他们的数量却只占企业顾客的 20%，因此，价值大、数量少是他们的特点。对重要顾客，要密切沟通，维系、发展双方关系，如保持有计划的拜访；时常征求重要顾客的意见；及时处理重要顾客诉求；充分利用多种营销手段。同时可以成立专门服务重要顾客的机构。总之，要做到整合信息，集中服务，动态管理。

2. 普通顾客管理策略

对于普通顾客，企业也不能放任自流，因为普通顾客数量众多，同样具有增值的潜力。对于普通顾客，企业需要从顾客升级和成本控制两方面着手：培养有潜力的顾客，提升其等级；降低无潜力顾客的服务成本。

（二）大顾客与小顾客管理策略

1. 大顾客管理策略

大顾客的特点有：采购规模大、周期固定；采购长期化；销售管理工作复杂；服务要求很高；采购主体复杂；采购对象多。针对大顾客的管理，要积极主动参与顾客采购决策，建立合作伙伴关系，加强售后服务，控制交易流程。

2. 小顾客管理策略

对于小顾客，企业应该加以甄选。对于有价值、有潜力的小顾客，企业应该着力培养；对于没有潜力的小顾客，企业应该降低对其的服务成本，积少成多以获取收益；对于没有价值的"劣质"顾客，企业则应坚决将其淘汰。

▶ 案例阅读

前程无忧的顾客管理

1. 客户信息的存储和集成

客户信息的存储和处理技术是客户信息管理的核心技术，数据仓库技术在其中占有重要地位。前程无忧将海量的客户信息存储在平台数据库中。

前程无忧将企业用户、求职者信息数据按照时间或者空间的序列保存，并进行层次的划分后存储在数据库中。企业和求职者在查询时都使用集成后的数据，服务运营效率得到提高，实现求职者与企业岗位的精准匹配。

2. 客户价值分析

前程无忧从数据库中提取有用的信息，然后对求职者、企业基本信息、服务信息等进行分析，分析客户价值的高低，便于对客户进行分类管理。

3. 文本挖掘技术

通过文本挖掘技术对众多相关岗位非结构化的文本信息进行收集、整理并加以分析，挖掘出相关职位对应聘者知识和技能的需求，比如对基本职业能力、专业技能、学位及学科背景知识的要求等。

4. 数据挖掘技术

通过数据挖掘技术将相关岗位的结构化数据信息进行处理和分析。

5. 强化实名认证

对企业用户的有效的营业执照等资质证明进行人工审核，法人以及账号使用者实行个人实名认证，需身份证、手机验证码等全部符合，方能通过审核。只有通过审核者才能发布招聘信息。

6. 上线"虚拟中间号码"和"简历水印"功能

启用"虚拟中间号码"后，企业主动联系求职者时将通过虚拟中间号码的方式进行沟通。HR 获得的求职者的简历仅显示中间号，且有效期为 7 天。HR 获得的求职者简历上会生成不可修改的企业名称和时间，显示简历流向的路径，一旦求职者简历被泄露或非法倒卖，可以进行及时、明确的追诉。

7. 坚决关闭招聘管理系统接口服务

管理招聘系统之类的第三方软件，在帮助雇主解析和过滤简历时常常会私自截留用户简历，甚至在社交平台上爬取个人信息，造成非法的数据交易，前程无忧呼吁打击和叫停这些隐匿、非法的招聘管理系统接口。

思考： 前程无忧为什么要对客户信息进行管理？

任务四　拜访终端顾客

▶ 学习目标

（一）知识目标

1. 熟悉拜访顾客的准备工作。
2. 掌握约见拜访顾客的方法。
3. 掌握各种拜访顾客的方法。

（二）能力目标

1. 能根据不同的顾客做好拜访准备工作。
2. 会使用不同的方法顺利地约见拜访顾客。
3. 会使用不同的方法有效拜访顾客。

（三）素质目标

1. 产生对顾客管理及相关岗位的职业兴趣，确立诚信经营、顾客导向的意识；
2. 深化职业理想，提高顾客服务意识。

▶ 任务导入

某公司的小李在经过顾客资格审查之后，确定了计划拜访顾客的名单，他准备针对这份顾客名单，正式开始他的工作。在前一个月里，小李跟着经验丰富的师傅熟悉了市场环境，也拜访了一些重要的顾客。从第二个月开始，小李就要独自去拜访顾客了。

课前思考： 为了提高拜访效率和成功概率，小李需要做哪些拜访前的准备呢？

▶ 任务分析

为了更好地完成拜访顾客的任务，小李需要在拜访顾客前做一些准备工作。拜访准备工作的主要目的是搜集更多的潜在顾客的资料，为面谈做好准备。

拜访顾客的准备工作主要是收集潜在顾客的第一手资料。要想成功拜访顾客，就必须做到先全面了解自己的顾客。俗话讲，"磨刀不误砍柴工"，在拜访每一个潜在顾客之前，都要抽出时间做好相关准备，资料准备得越充分，拜访的效率就会越高，效果就会越好。

▶ 案例导入

有一位推销人员了解到，他要拜访的顾客是一位厂长，此人喜好书法。于是，该推销人员决定从厂长的爱好入手，开始推销拜访。这位推销人员第一次走进厂长办公室时，首先发现墙上挂着几幅装裱精美的书法作品，而厂长正在小心翼翼地拂去一幅书法作品立轴上的灰尘。见此情景，他走上前去对厂长说："看来您对书法有一定的研究啊。这幅作品真称得上'送脚如游鱼得水，舞笔如景山兴云'，妙！看这悬针垂露之法的用笔，就具有多样的变化。好极了……"

厂长一听，此人对书法很内行，一定是书法同好，便说："请坐，请坐下细谈……"

这样，两人从书法开始谈起，越谈越投机，双方的距离迅速缩小，很快便建立起融洽的关系。不知不觉，一个下午的时间很快过去了，直到此时，这位厂长才想起来，还不知道来者的身份、姓名、所来何干。

当推销员做了自我介绍，在谈到合同时，就"好说"多了。这次拜访自然取得了成功。

思考： 拜访顾客前需要做好哪些准备呢？

▶ 名人语录

知己知彼，百战不殆；不知彼而知己，一胜一负；不知彼，不知己，每战必殆。

——孙武

▶ 知识精讲

一、拜访顾客的准备工作

（一）拜访个体顾客的准备

这里的个体顾客，是指个人购买者。一般来说，拜访个体顾客前要了解以下内容。

1. 姓名

拜访个体准顾客时，如果能在一见面时就准确地叫出对方姓名，会缩短推销人员与顾客的距离，产生一见如故的感觉。因此，弄清楚准顾客的姓名，是赢得准顾客信任，获得推销成功的第一步。

2. 年龄

不同年龄的人有不同的个性和需求特征，因而会有不同的消费心理和购买行为。在拜访顾客之前，推销人员应采取合适的方法和途径了解该顾客的真实年龄，以便分析、研究、把握顾客的消费心理，制定推销拜访策略。

3. 性别

对待不同性别的准顾客时，应采取不同的推销方式。男女准顾客在性格、气质、需求和交际等方面均有区别，推销人员应区别对待。

4. 民族

我国是一个多民族国家，不同民族的人都有自己的民族风格和民族习惯。了解准顾客的民族属性，准备好有关各民族风俗习惯的材料，是拜访准顾客的一个好方法。如果到少数民族地区去开展推销活动，更要入乡问俗，入乡随俗，切不可做出有违民族风俗习惯的事，尊重对方的民族习惯是长期合作的重要基础。

5. 出生地

推销人员在拜访前，应尽可能了解准顾客的籍贯和出生地。一个人出生和成长的地方会给其生活习惯甚至性格打上很深的烙印，对他们有较大的影响。了解准顾客的出生地，一来可以从侧面揣测其生活习惯和性格特征，二来可以以此为话题拉近感情。中国人对于乡土有着浓厚的感情，"他乡遇故知"，常被颂为人生的一大快事。

6. 相貌特征

推销人员在拜访准备阶段，应了解准顾客的音容、相貌、身体等重要特征，最好能拥有一张准顾客的近期相片。掌握准顾客的身体相貌等特征，既可避免拜访时出错，又便于销售人员提前进入洽谈状态。

7. 职业状况

不同职业的人在价值观念、生活习惯、购买行为和消费内容与消费方式等方面，都有比较明显的区别。因此，针对不同职业的准顾客，在约见方式、认识方式、拜访方式与洽谈方式上也应该有所不同。

8. 学习和工作经历

对于推销员来说，了解推销对象的学习和工作经历有助于约见时与其寒暄，拉近双方的距离。例如，一位推销员了解到顾客和自己一样，都曾在部队里当过话务员的经历，于是他和顾客一见面就谈起了收发报，双方相谈甚欢，最后在愉快的气氛中达成了交易。

9. 兴趣爱好

了解准顾客的兴趣爱好，不仅有利于针对性地向准顾客推销商品，投其所好，而且有利于寻找更多的共同话题拜访准顾客，使谈话气氛融洽，并且可以避免冒犯准顾客。在洽谈方案过程中，结算问题必须先明确，包括结算的方式和时间。

10. 需求内容

这是准顾客资格审查的重要内容之一，同时也是拜访准顾客前准备工作的重要方面。推销人员应尽量了解准顾客需求的具体情况，如购买需求的特点、动机、购买决策权限以及购买行为的规律性等，便于有针对性地做好推销工作。

（二）拜访团体顾客的准备

团体顾客是指除个体顾客以外的所有顾客，包括工商企业、政府机关、事业单位及其他社会团体组织。由于团体顾客的业务范围广，购买数量大，而且购买决策人与购买执行人往往是分离的，使团体顾客的购买行为变得更为复杂，涉及的问题也比较多。同时，由于团体顾客的购买力强，生产周期与消费周期较长，对推销人员来说，完成团体顾客的推销拜访计划显得更有价值，推销人员准备其资料时应比个体顾客更充分。除了个体顾客的拜访准备内容之外，团体顾客的拜访准备还包括以下内容。

1. 基本情况

团体顾客的基本情况包括机构名称、品牌商标、营业地点、所有制性质、注册资本、职工人数等。除此之外还要掌握团体准顾客总部所在地及各分支机构所在地的详细地址、邮政编码、传真号码、公司网址、具体人员的电话和手机号码，以及前往约见与拜访时的交通路线及交通工具、进入的条件和手续等情况。

2. 关键部门与关键人物情况

在购买行为与决策中起关键作用的部门和人物的有关情况也要了解清楚。

3. 采购习惯和购买行为情况

不同顾客有各自不同的采购习惯，包括采购对象的选择、购买途径、购买周期、购买批量、结算方式等方面都可能有差异。在做准备工作的过程中，推销人员要对团体顾客的采购习惯进行认真、全面、细致的分析，再结合推销品的特征和性能，确定能否向顾客提供新的利益，推断团体顾客采购推销品的可能性。

需要掌握的购买情况包括：在一般情况下，由哪些部门提出需求或提出购买申请；由哪个部门与机构对需求进行核准；由哪个部门与机构对需求及购买进行决策及选择供应厂家；顾客目前向哪几个供应者进行采购；供求双方的关系及其发展前景如何；等等。

4. 组织情况

对团体顾客的推销，实际上是向机构决策人或执行人推销，而绝非向机构本身推销。但是，机构本身复杂的组织结构和人事关系，对推销能否成功有着重要的影响。因此，在拜访团体准顾客之前，推销人员不仅要了解团体准顾客的近远期目标、规章制度和办事程序，而且要了解其组织结构和人事状况、人际关系以及关键人物的职权范围与工作作风等方面的内容。

5. 其他情况

对影响顾客购买的其他情况也要了解。例如，购买决策的影响因素有什么？目前进货有哪些渠道？维持原来的购买对象与可能改变的原因是什么？目前顾客与供应商的关系及发展前景如何？目前竞争对手给顾客的优惠条件是什么？顾客的满意程度如何？等等。

（三）拜访老顾客的准备

老顾客是推销人员熟悉的、比较固定的买主。保持与老顾客的密切联系，是推销人员保证顾客队伍稳定、取得良好推销业绩的重要条件。

对老顾客的拜访准备工作与对新顾客的拜访准备工作有所不同，因为推销人员对老顾客已经有一定程度的了解，主要是对原有资料的补充、修订和调整，是对原有顾客关系管理工作的延续。

拜访老顾客前，应该准备的资料有以下几项。

1. 基本情况

应该注意和重视在见面之前对老顾客的原有资料进行温习与准备。见面时可以从原有的资料入手进行寒暄，这样会使顾客感到很亲切。

2. 变动情况

温习老顾客原来档案中的资料时，最重要的一点是对各项资料逐一审查，并加以核对，了解原有资料是否有变动。

3. 信息反馈情况

推销人员再次拜访老顾客之前，应该先了解老顾客（无论是个体顾客还是团体顾客）上一次成交后的信息反馈情况，包括供货时间、产品价格、产品质量、使用效果和售后服务等情况。老顾客反应情况的内容和形式无非是两个方面：一是好的反应；一是不好的反应。无论老顾客反应好坏，推销人员都应该认真听取，并加以研究。

二、约见拜访顾客的方法

（一）约见的意义

1. 约见有助于拜访顾客

如果不预先约见，推销员很可能见不到被访人。现在各单位都有严格的门卫和传达制度，如果不提前预约，推销员很可能在大门口就被拦住，使推销工作"出师不利"，越是重要的人物越难会见。如果是到住宅拜访，顾客的警惕性比较高，如果不提前预约，你说自己是推销员，对方不一定相信，就会造成拜访的失败。因此，拜访顾客一定要事先预约，才能使拜访顺利进行。

2. 预约有助于深入洽谈

预约可以使推销员和顾客都做好充分准备。对推销员来说，有助于制订会谈计划。对顾客来说，采用预约的方式事先征得顾客的同意，既表示出对顾客的尊重，又易于取得顾客的信任。在双方都有准备的情况下，会谈可以很快切入正题，可以缩短双方距离，有利于双方深入洽谈。深入洽谈可以提高推销员推销成功的可能性，这对推销员的业绩提高有极大的帮助。

3. 约见有助于提高工作效率

在当今社会，"时间就是生命""时间就是金钱"的观念已深入人心，人们的时间观念普遍增强，对每天的时间都做了精确安排，如果不预约就去拜访，有可能打乱顾客的计划。有时出于礼貌，顾客勉强同意会谈，但可能说不上三句话就"拜拜"了，或者根本不见。若对方不在，推销员就扑了个空。如果经常这样徒劳往返，推销员的工作效率会大大降低。

（二）约见的内容

1. 确定约见对象

要进行推销拜访，就要先确定具体的拜访对象。约见对象指的是对购买行为具有决策权或对购买活动具有重大影响的人。推销员在尽力约见购买决策人的同时，也不能忽视那些对购买有影响力的人物，如总经理助理、秘书、办公室主任、部门经理等人。这些人虽然可能没有最终购买的决定权，但他们可以在公司中行使较大的权力，对决策者的决策活动有很大的影响。

2. 确定拜访事由

确定了拜访对象，接着就要向对方说明拜访事由。任何推销拜访的目的都只有一个，就是向顾客推销产品或服务。拜访事由一般有以下几种。

（1）推销产品；

（2）市场调查；

（3）提供服务；

（4）签订合同；

（5）收取货款；

（6）走访顾客。

3. 确定拜访时间

约见顾客的时间安排是否适宜，会影响到约见顾客的效率，甚至关系到推销洽谈的成败。约见的时间应主要根据顾客的情况确定，尽量避免在顾客忙碌的时间前往。选择顾客较为轻松和闲暇的时间约见为最好。当与顾客约定好时间以后，推销员要立即记录下来，并且要严格按照约定时间准时到达，应坚决避免迟到或约而不到。

（1）根据拜访顾客的特点来选择最佳拜访时间，要尽量考虑顾客的作息时间和活动规律，设身处地为顾客着想，要尊重对方意愿，共同商定约见时间；

（2）根据拜访目的来选择最佳拜访时间；

（3）根据拜访地点和路线来选择最佳拜访时间；

（4）尊重拜访对象的意愿，留有充分余地。

4. 确定拜访地点

拜访地点应与被访顾客、拜访目的、拜访时间和拜访方式相适应。选择拜访地点的基本原则是方便顾客，以利于推销。选择拜访地点时，推销员应该研究所在区域的推销环境及其变化趋势，综合分析，全面考虑，做出科学的决策。

（三）约见的方法

推销员要达到约见顾客的目的，不仅要考虑约见的对象、时间和地点，还必须认真地研究约见顾客的方式与技巧。现代商务活动中常见的约见顾客的方式主要有以下几种。

1. 电话约见法

电话约见法即通过电话来约见顾客，这是现代推销活动中最常用的约见方法。它的优势在于经济便捷，能在短时间内接触更多的潜在顾客，是一种效率极高的约见方式。

2. 网络约见法

网络约见法是推销人员利用互联网与顾客在网络上进行约见的一种方法。互联网的迅速发展为现代推销提供了快捷的沟通工具，不仅为网上推销提供了便利，而且为网上购物、商谈、联络情感提供了可能，尤其是电子信箱的普遍使用，加快了网上约见与洽谈的进程。

3. 当面约见法

当面约见法是指推销员与顾客面对面约定见面时间、地点、方式等事宜的一种方法。这种约见方式简便易行，也极为常见。但是这种机会并不常有，要求推销员时时留心，了解重要顾客的生活习惯、兴趣爱好，创造机会与顾客见面，进而约定正式见面的时间。

4. 委托约见法

委托约见法是指推销员委托第三者约见顾客的一种方法。受托人一般都是与拜访对象本人有一定社会关系或社会交往的人，与拜访对象关系密切的人或对拜访对象有较大影响的人士是最为合适的受托人。

三、拜访顾客的方法

在实际的拜访工作中，常用的拜访方法如下。

（一）介绍拜访法

介绍拜访法是指推销员通过自我介绍或他人介绍的方式来拜访准顾客的方法。介绍的形式可以是口头介绍或者书面介绍。在实际推销工作中，拜访的准顾客不同，介绍的方式也要随之调整。

（二）产品拜访法

产品拜访法又称实物拜访法，是指推销员直接利用所推销的产品引起顾客的注意和兴趣，从而顺利转入推销洽谈的拜访方法。这一方法主要是通过产品自身的魅力与特性来刺激顾客的感官，如视觉、听觉、嗅觉、触觉等，通过产品无声的自我推销来吸引顾客，引起顾客的兴趣，以达到拜访顾客的目的。

（三）拜访圈拜访法

拜访圈拜访法是指推销员扮演顾客所属社会阶层与拜访圈的人，去参加顾客的社交活动，从而拜访顾客的方法。拜访圈是指有一定范围的、有一定内容的社会联系。同一拜访圈的人，以满足各自的需求为出发点建立起互相联系的关系。

（四）好奇拜访法

推销员利用准顾客的好奇心理达到拜访顾客的目的，这种方法就是好奇拜访法。在实际推销工作中，在与准顾客见面之初，推销员可通过各种巧妙的方法来唤起顾客的好奇心，引起其注意和兴趣，然后引出推销产品的利益，转入推销洽谈。

（五）利益拜访法

利益拜访法是指推销员利用顾客求利的心理，强调推销品能给顾客带来的实质性利益从而引起顾客的注意和兴趣，以达到拜访顾客目的的一种方法。顾客之所以购买产品，是因为它能给自己带来一些实质性的利益或提供解决问题的办法，如增加收入、降低成本、提高效率、延年益寿等。

（六）震惊拜访法

震惊拜访法是指推销人员利用某种令人吃惊或震撼人心的事物来引起顾客的注意和兴趣，进而转入面谈的拜访方法。在现代推销中，推销员的一句话、一个动作，都可能令人震惊，引起顾客的注意和兴趣。

（七）戏剧化拜访法

戏剧化拜访法亦叫马戏拜访法、表演拜访法，是推销员利用各种戏剧性的表演活动引起顾客注意和兴趣，进而转入面谈的拜访方法。一句古老的生意格言是："先尝后买，方知好歹。"这句格言精髓是：要让顾客认识你所推销的产品，就必须把产品的优点展示在顾客面前，让顾客亲自体会产品的好处。

（八）赞美拜访法

卡耐基在《人性的弱点》一书中指出："每个人的天性都是喜欢别人的赞美的。"赞美拜访法是指推销员利用顾客的虚荣心理，通过赞美顾客进而拜访顾客的方法。良言一句三冬暖，推销员正是利用人们希望被赞美的愿望来达到拜访顾客的目的。

（九）讨论拜访法

讨论拜访法是推销员直接向顾客提出问题，利用所提的问题引起顾客的注意和兴趣，并引发讨论来吸引顾客的拜访方法，故又称问题拜访法。讨论拜访法符合现代推销学原理与推销本身发展的一般规律，因为推销的过程就是帮助顾客找出问题、分析问题和解决问题的过程。

（十）调查拜访法

所谓调查拜访法，是指推销员利用调查机会拜访顾客的一种拜访方法。在许多情况下，无论推销员事先如何进行准备，总有一些无法弄清的问题。因此，在正式洽谈之前，推销员必须进行拜访调查，以确定顾客是否可以真正受益于推销品。

（十一）求教拜访法

求教拜访法是指推销员依据顾客的兴趣爱好和专长，提出相关的问题向顾客请教，以引起对方沟通的兴趣，借机拜访顾客的一种方法。例如，顾客喜欢钓鱼，就可以向他请教一些关于钓鱼方面的技巧和方法等。

（十二）搭讪与聊天拜访法

顾名思义，搭讪与聊天拜访法就是指利用搭讪与聊天的形式拜访陌生顾客的一种方法。搭讪与聊天拜访法不会很快进入推销程序，有时要用很长时间追踪与寻找机会，因此会花费较多精力。所以，采用时一定要选准顾客和时机。

（十三）馈赠拜访法

馈赠拜访法是指推销员利用赠品来引起顾客的注意，进而与顾客认识的一种拜访方法。推销前先向潜在顾客赠送一件小礼品，满足其求小利、求雅趣的心理，这样容易形成融洽的关系。

（十四）其他方法

除上述所列的拜访方法外，还有连续拜访法、陈述拜访法等。

连续拜访法也叫重复拜访法、多次拜访法或回访拜访法，是指推销员利用第一次或上一次拜访时所掌握的有关情况又一次拜访顾客的方法。在推销中，有些顾客一次拜访就可以成交，有些顾客则需要多次拜访才能转入实质性的推销洽谈阶段。

陈述拜访法又称报告拜访法、说服拜访法或说明拜访法，是指推销员利用直接陈述来引起顾客的注意和兴趣，进而转入洽谈的拜访方法。陈述的内容可以是一件有关商品的事实，也可以是其他顾客的评论。无论拜访陈述的具体内容如何，都必须与顾客有密切的利害关系，才能引起顾客的注意和兴趣。

▶ **思政小故事**

东晋的王蓝田是一个很性急的人，脾气极为暴躁。有一次，王蓝田在自己的家里吃鸡蛋，他用筷子去扎鸡蛋，想挑起来吃，结果鸡蛋圆滚滚、滑溜溜，一筷子下去，居然没有扎中。王蓝田暴跳如雷，一把将鸡蛋扔到了地上。结果鸡蛋在地上还旋转不止，仿佛在挑衅一般。王蓝田更加愤怒了，一脚踩上去想把鸡蛋踩扁，结果居然又没踩中。王蓝田简直快要被鸡蛋气疯了，他一把捡起鸡蛋放在嘴巴里，狠狠咀嚼之后又狠狠地吐出来，这才感觉心里舒服了一些。

（资料来源：宋洁，《人生三修：道家做人、儒家做事、佛家修心》）

思考：这个故事说明了什么道理？

这个故事告诉我们，一个人无论在什么时候都要控制自己的情绪，一个真正有能力、有本事的人，都是能够控制自己情绪的人。一个控制不住自己情绪的人，很难给别人一个好的印象。人与人交往，不能因为一点小事就大发脾气，尤其是对待顾客，更加不能乱发脾气。愤怒不能解决任何问题，无休止地发脾气只会事与愿违。

任务五　维护渠道顾客关系

🔵 学习目标

（一）知识目标

1. 了解顾客不满。
2. 掌握顾客异议的原因及处理方法。
3. 掌握顾客投诉的原因及处理方法。

（二）能力目标

1. 能够有效处理顾客咨询。
2. 能够有效处理顾客异议。
3. 能够有效处理顾客投诉。

（三）素质目标

1. 具备团队协作能力、语言表达能力、问题分析能力和归纳总结能力等基本素养。
2. 弘扬以爱国主义为核心的民族精神，引入"为人民服务"的观点，培育学生诚信服务的职业素养。

🔵 任务导入

某公司的小李在经历收集顾客信息、约见顾客、接近顾客和促成交易的各个阶段后，经过不懈努力，终于与目标顾客签订了买卖合同，双方拟定合作期为一年。与此同时，小李与另外几家顾客也达成了一些零星的业务。那么，在交易达成后，小李的任务是否就结束了？小李应如何维护好与这些顾客的关系？

课前思考：

1. 顾客的不满有哪些类型？
2. 顾客异议有哪些类型？
3. 顾客为什么会产生异议？
4. 如何处理顾客异议？

🔵 任务分析

与顾客签约并不意味着工作的结束。顾客使用产品后会对产品有一定的评价，这些评价会直接影响到企业及产品的声誉。企业应该抓紧时间开辟与顾客之间的沟通渠道，保持与顾客的密切接触和联系，了解顾客使用产品的情况。更重要的是利用沟通渠道来解除顾客的异议，维持并发展与顾客的长期合作关系。

案例导入

"HEAT"服务——2021年

针对不断个性化的服务需求,携程宣布将再次升级顾客服务理念为"HEAT",即"Heartwarming(暖心)、Effortless(简单)、Active(主动)、Trust(信任)"。

携程要求客服以真诚温暖对待每一位用户,必要时能够跳出流程,解用户之所急,用服务填补规则缝隙,有别于"挂断电话后凡事与我无关"的客服体验,携程还要求客服要能够预见顾客可能会产生的连带需求并主动询问。全新升级后的服务理念还保持了携程一贯坚持的"信客"原则,相信和理解顾客需求的合理性并能以同理心为顾客找到最佳解决方案。

据了解,"H-E-A-T"服务理念试运行5个月以来,携程客服收获好评次数同比提升约10%。其中,一次性解决顾客需求的平均值高达95%;为用户减少等待时长约30万分钟;为顾客挽回经济损失高达3亿元。

名人语录

诚信者,天下之结也。

——管仲

知识精讲

一、了解顾客的不满

(一)正视顾客的不满

1. 顾客不满中含有商机

顾客对产品的不满中往往蕴含着巨大的商机,正确分析顾客的不满可以使商家更容易抓住商机,提高业绩。

2. 顾客的不满是创新的源泉

企业如果能够通过顾客的不满发现和解决顾客并没有提出的问题,顾客一定会对这样的产品作出积极的响应。

3. 顾客的不满使企业的服务更加完善

顾客对商家服务的不满意,往往是商家服务的漏洞所在,完善服务的漏洞,会使自身的服务更到位。

(二)辨别顾客不满

针对顾客的申诉,企业要迅速查找引起顾客不满的真实原因,才能在处理过程中做到心中有数,有的放矢。

1. 分清恶意不满

随着市场竞争的白热化,企业间的竞争手段也越来越复杂,不可否认,有些企业会利用顾客的不满向竞争对手发动攻击。

2. 认准善意不满

大多数顾客的投诉确实是对企业的产品或服务感到不满,认为企业的工作应该改进,其出发点并无恶意。这些不满大多是企业工作失误或顾客与企业之间沟通不畅造成的。对于这些顾客不满，企业若能够认真处理，则可以提高顾客的忠诚度。

案例阅读

2020年，新型冠状病毒感染爆发期间，九成餐饮商户资金短缺。此时，美团和多家银行共同提供200亿元专项贷款，用以纾解商户资金周转难题。通过"春风行动"推出外卖流量帮扶举措，让商家供货有出路、业务有活路。美团在危难时刻对商家不抛弃、不放弃，维护了其与商家的关系。

疫情期间，广州美团无人配送团队快速响应抗疫需求，连夜赶赴抗疫一线。在减少人员接触的情况下，保障高风险区居民物资配送。美团忠于自身的品牌理念，忠于顾客，贯彻服务到底的精神，也赢得了顾客的赞美。

思考：如何有效维护顾客关系？

二、顾客异议的原因及处理方法

（一）顾客异议产生的原因

1. 顾客方面的原因

（1）顾客拒绝改变。

（2）顾客情绪处于低谷。

（3）没有购买意愿。

（4）产品无法满足顾客的需要。

（5）顾客缺乏足够的购买力。

（6）顾客抱有隐藏异议。

2. 产品方面的原因

（1）产品的质量。（产品的质量不符合顾客的需求）

（2）产品的价格。（顾客对产品的价格不满意）

（3）产品的品牌及包装。（顾客对产品的品牌及包装不认同）

（4）产品的销售服务。（顾客对产品的服务不满意）

3. 服务人员方面的原因

服务人员本身的不当表现，如举止不当、态度不当、陈述夸大、沟通不当等，都可能导致顾客产生各种各样的异议。

4. 企业方面的原因

顾客可能会对企业的产品宣传、经营方式等产生异议。

（二）顾客异议处理的方法

1. 转折处理法

转折处理法，是推销工作常用的方法，也就是营业员根据有关事实和理由来间接否定顾客的意见。应用这种方法时，首先要承认顾客的看法有一定道理，也就是向顾客作出一定的让步，然后再说出自己的看法。

2. 转化处理法

转化处理法，是利用顾客自身的反对意见来处理。这种方法是直接利用顾客的反对意见，再转化为肯定意见，但应用这种技巧时一定要讲究礼仪，不能伤害顾客的感情。

这种方法一般不适合用于与成交有关的或敏感性的反对意见。

3. 以优补劣法

以优补劣法，又叫补偿法。如果顾客的反对意见的确切中了产品或公司所提供的服务中的问题或不足，千万不要回避或直接否定。明智的做法是肯定所提的意见，然后淡化处理，利用产品的优点来补偿甚至抵消这些问题或不足。

这种方法有利于使顾客的心理达到一定程度的平衡，做出购买决策。

4. 委婉处理法

营业员在没有考虑好如何答复顾客的反对意见时，不妨先用委婉的语气，将对方的反对意见重复一遍，或用自己的话复述一遍，这样可以削弱顾客的气势。

有时换一种说法会使问题容易回答得多。但只能减弱而不能改变顾客的看法，否则顾客会认为你在歪曲他的意见而产生不满。

5. 合并意见法

合并意见法，是将顾客的几种意见汇总成一个意见，或者把顾客的反对意见集中在一个时间讨论。总之，要能削弱反对意见对顾客产生的影响。

▶ **案例阅读**

网易客户的流失与挽回

三、顾客投诉的原因及处理方法

（一）正确面对顾客投诉

投诉是被服务对象对服务者所提供的服务不满而采取的一种表达方式。

企业人员对投诉应持欢迎的态度，把处理顾客投诉的过程作为改进管理与服务的机会。企业应该认识到大部分顾客不会轻易投诉，他们一般把不满埋在心底，或者把不满告诉自己的朋友、亲戚。这样一传十，十传百，企业在无形中就失去了一群顾客。顾客投诉可以让企业认识到自己的错误或不足，是提高服务质量的一个机会。妥善处理顾客投诉，是一次与客交友，从而培养回头客，甚至是忠实顾客的好机会。妥善处理顾客投诉，能够让顾客感受到企业的重视，高效的处理过程可以在顾客心中树立管理严格、制度完善的良好企业形象。

（二）处理顾客投诉的流程

（1）倾听顾客的投诉：不要打断顾客，在倾听中做出回应。

（2）控制自己的情绪：通过深呼吸平复情绪，思考问题的严重程度，转换思考方式。

（3）与顾客建立共鸣：复述，回应顾客的感受，顾客服务人员进行换位思考。

（4）寻找问题的实质。

（5）把握顾客投诉的真正意图：关注顾客反复重复的话，注意顾客的建议和反问。

（6）提出解决方案，迅速处理，给出方案，及时跟进，适时回访，深刻检讨，记录留档。

（三）处理顾客投诉的注意事项

（1）在找到问题实质原因之前就开始承担责任，一味地向顾客道歉或者批评同事，只会让自己陷入被动境地。

（2）不可与顾客争辩、争吵，只向顾客强调自己正确的方面，言辞要温和，不可带有攻击性。

（3）不可怀疑、批评、讽刺顾客，或者直接对顾客说"这种事情绝对不会发生"。

（4）不可对顾客的投诉表现出不耐烦的样子，如在顾客表达意见时东张西望、皱眉头、看手表等，也不能为了让顾客打退堂鼓，为解决问题设置障碍，责难顾客。

（5）不应向顾客提出一些无关紧要的问题，以期找到顾客的错误，实际却无视顾客真正的需求。

（四）顾客投诉的处理技巧

（1）认真听取意见。

在听完顾客的投诉后，要对顾客的遭遇表示抱歉，即使顾客反映的不完全是事实，或企业并没有过错，但至少顾客感觉到了不舒服、不愉快；同时对顾客的遭遇表示同情和理解。这样会使顾客感觉受到尊重，自己来投诉并非无理取闹，同时也会使顾客感到你和他站在一起，而不是站在对立面，从而减少对抗情绪。

（2）保持冷静。

在投诉时，顾客总是有理的。不要反驳顾客的意见，也不要与顾客争辩。为了不影响其他顾客，可将顾客请到办公室内，私下交谈容易使顾客平静。最终解决投诉只有在"心平气和"的状态下才能进行。因此，接待投诉顾客时，首先要保持冷静、理智，同时要设法消除顾客的怒气。

（3）表示同情。

应设身处地考虑分析问题，对顾客的感受要表示理解，用适当的语言给顾客以安慰，如"谢谢您告诉我这件事""对于发生这类事件，我感到很遗憾""我完全理解您的心情"，等等。

（4）给予关心。

不应该对顾客的投诉采取"大事化小，小事化了"的态度，应该用"这件事情发生在您身上，我感到十分抱歉"等话语来表示对顾客的关心。在与顾客交谈的过程中，注意用姓名来称呼顾客。

（5）不转移问题。

把注意力集中在顾客提出的问题上，不随便引申，不嫁罪于人，不推卸责任，绝不能怪罪顾客。

（6）记录要点。

把顾客投诉的要点记录下来，包括顾客投诉的内容、顾客的姓名、投诉时间等，这样不但可以放慢顾客的讲话速度，缓和顾客的情绪，还可以使顾客确信企业对他反映的问题是重视的。此外，记录的资料可以作为解决问题的根据。

（7）把将要采取的措施告诉顾客并征得顾客的同意。

如有可能，要请顾客选择解决问题的方案或补救措施。绝对不能对顾客表示由于权力有限，无能为力，也千万不要向顾客做不切实际的承诺。

（8）把解决问题所需要的时间告诉顾客。

要充分估计解决问题所需要的时间。最好能告诉顾客具体的时间，不含糊其辞，切忌低估解决问题的时间。接待顾客投诉的人，并不一定是实际解决问题的人，因此顾客的投诉是否最终得到了解决，仍然是个问号。事实上，很多顾客投诉并无法在当时得到解决，如一时解决不了，应留下顾客的姓名、联系电话，待事情解决后给顾客答复，如解决不了，也要给顾客一个答复，说明原因，询问顾客是否需要其他帮助。因此，必须对投诉的处理过程进行跟踪，对处理结果予以关注。

（9）与顾客再次进行沟通。

询问顾客对投诉的处理结果是否满意，同时感谢顾客。

（10）投诉的统计分析。

投诉处理完以后，有关人员，尤其是管理人员，应该对投诉的产生及其处理过程进行反思，分析该投诉的产生是偶然的还是必然的；应该采取哪些措施，制定哪些制度，才能防止它再次出现；另外，对这次投诉的处理是否得当，有没有其他更好的处理方法。只有不断思考，才能不断改进服务质量，提高管理水平，并真正掌握处理顾客投诉的方法和艺术。

▶ 案例阅读

王先生在导购员的推荐下购买了一款价格比较高的空调，导购员对王先生说："这款空调使用了新技术，省电且静音。"可是王先生使用了一周之后，觉得空调的制冷速度较慢，于是他找到商家说明了情况，并要求商家为他另换一款空调。

商家不同意换货，并对王先生说："鱼和熊掌不可兼得，想要空调省电、静音，就不能要求空调的制冷速度很快。"

王先生认为导购员在向他推荐空调时只强调了空调节能、环保、噪声小，并没有说明空调的制冷速度较慢，自己是因为受到导购员的误导才购买了这款空调，因此商家应该为自己换货。但是，商家认为是王先生主动选择了这款空调，而且空调也不存在质量问题，因此不能为王先生换货。

双方争执不休，最后，王先生又向商家提出退货的要求，商家更是不同意。于是，王先生向相关市场监管部门进行了投诉，并表示如果商家不能满足其要求，他将寻求法律途径。

思考：请分析以上情境中顾客投诉的类型、顾客投诉产生的原因，并尝试提出解决该顾客投诉的方法。

（五）企业危机的处理

危机是一种使企业遭受严重损失或者面临严重威胁的突发事件。一些客户投诉如果处理不当可能会给企业带来危机，面对因客户投诉引发的危机，企业要积极应对，尽可能地降低危机给企业带来的伤害。

▶ 思政小故事

××毛巾厂有心改造产品，想来想去除了质地、颜色、图案这些老旧的改造点之外，实在不知该从何处着手。有人提议，应该让呆板的毛巾生动活泼起来，使消费者觉得既实用又有趣，这样才能压倒他人，拔高自己。主意是不错，可办法在哪里？

带着这一目标，毛巾厂的研发人员找到一种特殊染料，生产出了变色毛巾，这种毛巾非常奇特。毛巾干燥时的图案是猪八戒背媳妇，泡水时的图案则变成猪八戒背孙悟空；毛巾干燥时的图案为贾宝玉娶薛宝钗，泡水后的图案会变为贾宝玉牵手林黛玉；干燥时的图案是小学生刻苦学习，泡水后的图案变成戴上博士帽的高才生……各式各样应有尽有。这种毛巾上市后果然一枝独秀，压倒了竞争对手。

（资料来源：宋洁，《人生三修：道家做人、儒家做事、佛家修心》）

思考：这个故事说明了什么道理？

在服务至上的时代，企业必须为顾客提供更多的让渡价值，才会赢得更多的顾客青睐。作为 21 世纪的营销人员，应该把工作做到细致，并且做到最好，要持续不断地改进工作方法，改变自己的工作思路，要抱有精益求精的态度，这样才会干出满意的成绩。

▶ 任务实践

每五个同学一组，以小组为单位进行讨论：对顾客而言，顾客分类是否是一种"不公平"？是否对所有顾客都一视同仁才能体现企业的"商业道德"与"商业诚信"？各小组汇总本小组的讨论结果，并与全班同学分享。

☑ 项目小结

本项目主要介绍如何对渠道成员进行绩效评估、根据渠道成员的绩效情况进行调整，采用物质激励和精神激励进行激励，同时还要做好渠道成员的培训工作。营销渠道冲突的类型有多渠道冲突、垂直渠道冲突和水平渠道冲突；渠道冲突的表现形式分为关系宏观和市场微观两种表现形式；营销渠道冲突的原因主要有渠道成员的利益至上、渠道成员间的功能差异、渠道体系设计缺陷、渠道成员之间的信息沟通；如何避免营销渠道成员的冲突；以冲突来提升凝聚力，解决营销渠道成员冲突的策略，控制住冲突关系人的情绪，促进营销成员之间坦诚交流。最后介绍了如何对终端客户进行分类管理、如何进行终端客户拜访和维护渠道客户关系，让终端客户真正成为企业的忠实客户。

☑ 知识巩固

一、选择题

（一）单项选择

1. 当冲突双方敌视情况严重，并且冲突的一方明显不合情理时，应采用（　　）解决。

　A. 上级仲裁法　　　　　　　　　　B. 和平共处法

　C. 转移目标法　　　　　　　　　　D. 教育法

2. 代理青岛啤酒的经销商与代理燕京啤酒的经销商在武汉市场上的竞争，属于（　　）。

　A. 同业冲突　　　　　　　　　　　B. 上下冲突

　C. 同级冲突　　　　　　　　　　　D. 交叉冲突

3. 属于水平渠道冲突的是（　　）。

A. 连锁店总公司与各分店之间的冲突

B. 某产品的制造商与零售商之间的冲突

C. 玩具批发商与制造商之间的冲突

D. 同一地区麦当劳各连锁分店之间的冲突

4. 特许经销属于（　　）。

A. 水平渠道系统　　　　　　　　　B. 垂直渠道系统

C. 平衡渠道系统　　　　　　　　　D. 多渠道系统

5. 下列不属于顾客分类方法的是（　　）。

A. ABC 分类法　　　　　　　　　　B. 矩阵分类法

C. RFM 模型分类法　　　　　　　　D. CLV-CS 分类法

6. 按照 ABC 分类法，利润贡献排名前 5%，占企业利润总和 50% 的顾客称为（　　）。

A. 高端顾客　　　　　　　　　　　B. 重要顾客

C. 普通顾客　　　　　　　　　　　D. 潜在顾客

7. 拜访个体顾客不需要提前了解的是（　　）。

A. 相貌特征　　　　　　　　　　　B. 兴趣爱好

C. 关键部门与关键人物情况　　　　D. 需求内容

8. 下列不属于约见顾客意义的是（　　）。

A. 有助于拜访顾客　　　　　　　　B. 提高工作效率

C. 目标一定达成　　　　　　　　　D. 深入洽谈

9. 下列确定拜访时间时不需要考虑的因素是（　　）。

A. 推销员轻松和闲暇的时间　　　　B. 拜访顾客的特点

C. 拜访地点　　　　　　　　　　　D. 拜访的目的

10. 推销员利用第一次或上一次拜访时所掌握的有关情况实施又一次拜访顾客的拜访方法是（　　）。

A. 说服拜访法　　　　　　　　　　B. 说明拜访法

C. 连续拜访法　　　　　　　　　　D. 报告拜访法

11. 平息顾客不满，不包括（　　）。

A. 询问顾客意见　　　　　　　　　B. 跟踪服务

C. 给出解决方案　　　　　　　　　D. 分清恶意不满

12. 顾客的几种意见汇总成一个意见，或者把顾客的反对意见集中在一个时间讨论属于（　　）。

A. 转化处理法　　　　　　　　　　B. 以优补劣法

C. 委婉处理法　　　　　　　　　　D. 合并意见法

（二）多项选择

1. 营销渠道冲突的起因有（　　）。

A. 渠道成员的利益至上

B. 渠道成员间的功能差异

C. 渠道体系设计缺陷

D. 渠道成员之间的信息沟通

2. 促进营销成员之间坦诚交流的方式有（　　　）。

A. 鼓励营销成员表达不同意见　　　　　B. 多听，多观察

C. 明确冲突的焦点　　　　　　　　　　D. 适当打破僵局

3. 关系宏观表现冲突有（　　　）。

A. 同业冲突　　　　　　　　　　　　　B. 上下冲突

C. 同级冲突　　　　　　　　　　　　　D. 交叉冲突

4. 顾客分类管理的意义有（　　　）。

A. 满足不同顾客的需求　　　　　　　　B. 为有效的顾客沟通打下基础

C. 结合生产优化企业产能　　　　　　　D. 吸引顾客提升分类质量

5. 按照 ABC 分类法，针对重点顾客的服务策略有（　　　）。

A. 重视并提供最优质的顾客服务与关怀

B. 建立详细的顾客跟踪档案

C. 积极将其培育为高端顾客

D. 对该类顾客进行重点跟踪，不定时拜访并听取他们的意见

6. 拜访团体顾客需要做的准备有了解（　　　）。

A. 基本情况　　　　　　　　　　　　　B. 关键部门与关键人物情况

C. 采购习惯和购买行为情况　　　　　　D. 职业状况

7. 拜访老顾客的准备工作有了解（　　　）。

A. 基本情况　　　　　　　　　　　　　B. 变动情况

C. 信息反馈情况　　　　　　　　　　　D. 兴趣爱好

8. 约见的方法有（　　　）。

A. 电话约见法　　　　　　　　　　　　B. 网上约见法

C. 当面约见法　　　　　　　　　　　　D. 委托约见法

9. 拜访的方法有（　　　）。

A. 产品拜访法　　　　　　　　　　　　B. 好奇拜访法

C. 利益拜访法　　　　　　　　　　　　D. 震惊拜访法

10. 处理顾客投诉的技巧包括（　　　）。

A. 认真听取意见　　　　　　　　　　　B. 保持冷静

C. 给予关心　　　　　　　　　　　　　D. 记录要点

二、判断题

1. 身为管理者，应该适时地引导认知层面的正向冲突，让成员彼此之间公开而直接地交换意见，同时避免情感层次的冲突发生，并确保最后可以达成实质的结果。（　　　）

2. 双方的冲突不是十分严重，并且是基于认识的冲突，如果这些冲突对工作没有太大的影响，采取拖延法效果较好。随着时间的推移和环境的变化，冲突可能会自然而然地消失。
　　　　　　　　　　　　　　　　　　　　　　　　　　　　　　　　（　　　）

3. 冲突的正面影响是：破坏团队的和谐与稳定，造成矛盾和误会。（　　　）

4. ABC 分类法的结果较为粗糙，顾客价值判断滞后。（　　　）

5. RFM 是顾客关系管理中常用的一种分析模式。在 RFM 模式中，R 表示顾客最近一次

消费。   （   ）

   6. 重要顾客要集中力量，提供优质、优先的服务。   （   ）

   7. 选择拜访地点的基本原则是方便自己。   （   ）

   8. 推销员在做拜访准备时，应尽可能了解准顾客的籍贯和出生地。   （   ）

   9. 求教拜访法是指推销员依据顾客的兴趣爱好和专长，提出相关的问题向顾客请教。

                                                   （   ）

   10. 顾客的不满都是恶意的。   （   ）

三、案例分析

【案例一】

生产主管与物料主管孰是孰非

问答题

   1. 该企业中每次冲突的原因都是什么？应该如何处理？

   2. 你是否认为有矛盾、有分歧、有冲突就一定不好？比如，关于原材料是否应该低价处理的问题中，刘大明和江淮之间的冲突是好还是不好？

【案例二】

与众不同的奶茶店

   王薇的奶茶店与众不同，她选用的牛奶、茶粉、巧克力、水果、蜂蜜等原料都是知名品牌，这些原料像艺术品一样摆在临街的橱窗里。奶茶店的杯、勺、托盘都很精致，配上小巧舒适的座椅和优雅的装潢，整个奶茶店弥漫着文艺的气息。奶茶制作区 360° 开放，客人可以清楚地看到奶茶的制作过程。王薇在制作奶茶时坚持戴口罩、手套，穿围裙。每次制作前，她都会详细询问客人的口味、喜好，并给出自己的建议。要是客人对奶茶不满意，可以无条件要求王薇免费再做一杯；若还是不满意，王薇会全额退款。

   下雨天，王薇会为客人准备鞋套和雨伞，无论是否消费，客人都可以在她的店里休息，她不仅不会赶人，还准备了一些书供在店里逗留的客人阅读。

   在普通的奶茶店，一杯奶茶的均价为 10～15 元，王薇的奶茶却标价 20 元以上，但这丝毫不影响她的生意，很多客人都是王薇店里的常客，甚至觉得王薇做的奶茶已经成了他们生活的一部分。

   问答题

   （1）从顾客分类管理的角度出发，讲一讲王薇为什么能收获大量忠诚的顾客。

   （2）运用顾客价值模型的相关知识，分析王薇奶茶店生意好的原因。

【案例三】

网店顾客投诉记

   某网店最近收到了一位顾客的投诉，投诉对象是该网店的一位客服人员。当网店"老板"向涉事客服人员询问事情的前因后果时，该客服人员却表示自己也很委屈，称自己完全是照章办事，是顾客蛮不讲理。网店"老板"觉得奇怪，便调出了该客服人员与顾客之间的对话内容。

顾客：你们这什么破手机，才用了两天屏幕就坏了！退货退款！

客服：亲，您好，造成这种情况我深表歉意。请问屏幕是怎么损坏的呢？

顾客：谁知道啊！莫名其妙就坏了！你们不是7天无理由退换货嘛！赶紧给我退了，我不要了！

客服：您好，我们无理由退换货的前提是不影响商品的二次销售，您这屏幕坏了，如果是我们商品质量的问题，我们肯定免费为您退换货，但您也要提供证据啊！

顾客：什么证据？它都坏了，还不是证据！

客服：这边记录显示，您签收时是当面验货的，产品没有问题。用了两天后屏幕坏了，我们肯定要先找到原因。这样吧，您先申请售后维修，将手机寄回，我们这边由专业人员鉴定后再协商，您看怎样？

顾客：这么麻烦，你肯定是故意不给我退，我要投诉你。

客服：请您遵守我们的规则，合理地表达您的诉求。

顾客之后再也没有回复，而该网店很快便收到了投诉信息。

问答题

（1）案例中的这位客服人员是否做错了？如果是，你认为他哪里做错了？

（2）该网店应该如何处理这起投诉？

四、知识应用

请简述委托约见的具体操作方法。

五、技能题

班级同学每5人分为一组，选择一种已学习的拜访顾客的方法，模拟情景对话内容，并派代表在全班进行演示，其他小组在旁边予以指正。

参考文献

[1] 苏朝晖. 客户关系管理 [M]. 北京：人民邮电出版社，2022.

[2] 隋兵. 推销实务 [M]. 长沙：湖南大学出版社，2021.

[3] 盛强，王志峰. 客户关系管理与实务 [M]. 北京：人民邮电出版社，2022.

[4] 栾港. 客户关系管理与应用 [M]. 北京：人民邮电出版社，2020.

[5] 王水清. 分销渠道管理 [M]. 成都：西南财经大学出版社，2010.

[6] 易淼清. 销售渠道与终端管理 [M]. 北京：北京交通大学出版社，2019.

[7] 朱岩，李树玲. 营销渠道管理 [M]. 北京：机械工业出版社，2017.

[8] 李为. 渠道管理 [M]. 北京：中国人民大学出版社，2020.

[9] 肖建玲，杨英. 渠道开发与管理 [M]. 3 版. 北京：中国人民大学出版社，2021.

[10] 常永胜. 营销渠道：理论与实务 [M]. 北京：电子工业出版社，2009.

[11] 朱岩，李树玲. 营销渠道管理——理论与实务 [M]. 北京：机械工业出版社，2021.

[12] 郑锐洪. 营销渠道管理 [M]. 3 版. 北京：机械工业出版社，2022.

[13] 周冰. 渠道管理 [M]. 北京：中国人民大学出版社，2021.

[14] 李为. 渠道管理 [M]. 北京：中国人民大学出版社，2020.

[15] 徐珠华. 超市商品陈列对顾客消费行为的影响探讨 [J]. 现代营销（下旬刊），2017（10）：238.

[16] 做好超市商品陈列的六个基本原则 [J]. 时代经贸，2016（36）：84-87.

[17] 尹航升，徐付保，陈海云，等. 名创优品万象城店店铺布局与商品陈列研究 [J]. 商场现代化，2022（04）：5-8.

[18] 卢易菊. 基于商业美学与品类管理原则和消费者差异化需求的卖场商品陈列问题与对策 [J]. 广西职业技术学院学报，2018，11（01）：74-77.